現代に生きる塩尻公明と木村久夫

中谷　彪　著

まえがき

本書は、塩尻公明の生涯と思想、及び彼の名随想文「或る遺書について」と、塩尻の教え子で、太平洋戦争で非業の死を遂げた戦没学徒木村久夫の「遺文（手記と遺書）」とが、現代に生きている私たちに問いかけている問題を考察することを目的としている。

ここで塩尻が問いかけている問題とは「真に生甲斐のある人生とか何か」であり、木村久夫のそれは、日本を無謀な15年戦争に引きずり込み、日本とアジアの人民と国土とに甚大な被害をもたらした日本政府と軍国主義を告発するとともに、そうした事態を招いた「国民の遠い責任とは何か」である。ふたりの表現は違っているが、その共通する問いかけは「われわれは如何に生きるべきか」という問題である。

第1章は、塩尻の生涯と思想の遍歴とを追跡しながら、塩尻思想の到達点をまとめたものである。塩尻的人格主義の真髄を分かりやすく整理したつもりである。

第2章は、塩尻から久夫に出した書信（手紙と葉書）を解説した論稿である。高校から大学へ、しかし間もなく軍隊の生活を送ることになった久夫から送られた書信に対して恩師の塩尻が書いた返信を紹介し解説したものである。資料が往復書簡でない制限があるが、ほとんどが本邦初公開の資料であり、塩尻と久夫の生き方と交流とを十分に読み取ることができよう。

第3章は、塩尻の「或る遺書について」が久夫の「遺文」からどれほどの引用がなされたのか、を究明しようとした論稿である。

塩尻と久夫の師弟関係は稀に見る美しい関係であった。しかしその関係は、久夫の徴兵と戦没とによって断ち切られた。還らぬ久夫の「遺文」を素材として執筆したのが塩尻の「或る遺書について」であった。この随想文によって、久夫は歴史に埋められていた存在から歴史上の人物となり、さらに彼の「遺文」が父の久によって編集されて「木村久夫遺稿」となり、『きけ わだつみのこえ』の中で白眉の文章たる位置を占めるに至っている。今日、「或る遺書について」と「遺文」とは歴史的文書となって、現代の喫緊の課題である〝戦争と平和の問題〟に積極的に取り組むべきことを私たちに要請している。

第4章は、久夫の「遺文」を父の久が編集して「木村久夫遺稿」にまとめ上げていった過程を究明しようとした論稿である。筆者は「木村久夫遺稿」を編集したのは久であると主張してきたが、本稿ではさらに進めて、「遺文」のどこを、どのように引用して「木村久夫遺稿」を編集したのかを詳細に検証しようとした。「遺文」の分析と考察を通して、久夫が現代に問いかけている「こえ」に耳を傾けていただければ幸いである。

さて各論稿の叙述に当たって、塩尻家と木村家とから本邦初となる多くの資料をご提供いただくことができた。それらの資料の多くは今日では歴史的価値を有するものであるので、筆者としてはできるだけ公的なものにする責任を感じた。本文でそれらの資料をふんだんに引用して分析の対象にしたのは、そういう意味合いもあった。引用した文書の一覧と収録頁及び本文に関連する資料については巻末の付録に収録したので、参考にしていただきたい。

2017年10月1日

著　者

◉目　次

目　次

第1章　塩尻公明 ―〝いま親鸞〟の生涯と思想―

塩尻公明

はじめに

時の流れは塩尻公明を〝忘れられた思想家〟の一人としている感がある。しかし、塩尻の生き方とその思想とは今こそ見直され再評価されるべきではなかろうか。何となれば、彼は〝いま親鸞〟であるとも考えるからである。

本稿では、塩尻の生涯を素描しながら、その過程で彼の思想がどのように形成され進化を遂げていったのか、また彼が最終的に到達した思想の真髄とは何であったのか、を簡潔に論じることにしたい。

1 塩尻公明の実像を追う

(1) 〝忘れられた思想家〟か〝いま親鸞〟か

塩尻公明といっても、ほとんどの人は知らないであろう。彼は1969年に67歳で早世しているので、すでに没後48年、もうほぼ半世紀も経過しているからである。

しかし彼は、戦前・戦中・戦後を通じて、自由と民主主義とを熱愛する人格主義者として、また優れた思想家・政治学者・教育者として全国的に知られていた人物であった。(1)とりわけ彼が書いた人生論・随想文は、戦後直後から長い間、生き方に悩み葛藤する青年・学徒や、人生問題に直面して真摯に苦悩する老若男女にこぞって読まれた。なかでも旧制高知高校教授時代の教え子であった木村久夫（京都大学経済学部学生2年生で召集され、戦後、戦争犯罪人として刑死）の遺書を紹介・解説した「或る遺書について(2)」は彼の一連の「……ついて」シリーズの随想文の中でも特に有名で、戦後ながらく全国青年の必読書の一つであったのみならず、全国民の間に深い悲しみと強い感動とを巻き起こした。

(2)「随喜の心」を追求した求道者・学者・教育者

塩尻はその専門の多面性から、政治学者、経済学者、哲学者、思想家、宗教家、人生論者などと呼ばれていたが、改めて塩尻をどういう人であったかと問われれば、筆者は次のように答えたい。①「官吏を経て政治家へ」という当時の典型的な立身出世コースを捨てて、「随喜の心」を追求した求道者、②「利他心」の獲得のために挫折と失敗を重ねつつも、その境地に限りなく近づいた人、③我々凡人に代って天分と愛情の問題の他、人間の業の問題について解決と対処との方法を示そうとした人、④強烈な個性を持った人・アクの強い人・強靭な人・強情な人・謙遜の人・自信の人・実力の人、⑤自由と民主主義をこよなく愛し、心から人格主義の正しいことを信じ、生き方において人格主義に真摯に且つ忠実に生きた人、であると。

このように表現すれば、塩尻公明の実像がますます掴み得ない気がするが、塩尻はこれらの側面をすべて持っていて、どの一つの側面を欠いても塩尻の実像を表現できないように思われる。否、むしろ人間の業の問題と闘い、且つ多面的な人間であった塩尻の中にこそ、塩尻公明という人の実像を見出すことができると考える。
以下、塩尻の生涯とその思想の遍歴とをみていくことにする。

2　塩尻の生涯と求道の遍歴―塩尻公明の人生論の要諦―

(1)　天分と愛情の問題に悩む

i　天分の欠乏に悩む

旧制一高時代の塩尻が設定していた野性的人間の二つの条件は、(学業成績等において)「人に勝つこと」と、「異性の心を得ること」とであった。しかし彼は、それを獲得し得たと思った次の瞬間に、その二つをともに喪失することになった。

前者について言えば、塩尻は読書を通して世の中に秀才の遙か上に天才と呼ばれる者が存在することを発見し、その天才たちと比すれば、秀才と呼ばれている自分などはまったくの凡人で、ほとんど何の価値もない存在であるということを知る。このことを、彼は次のように言う。

　高等学校にはいって色々の書物をあさり読むようになってから、世の中に天才と呼ばれる者のいることがわかった。自分はこれまで買い被《かいかぶ》られて秀才と呼ばれたことがあるが、天才と呼ばれる者に比較するとき、その能力に於いても業績に於いても、凡てに対する無の如きものであることが理解されて来た。生まれ乍らにこれ程の相違があって、如何なる努力を以てしても此の相違を埋めることが出来ないということは、勝他心の強い自分にとっては、解《と》くべからざる不合理のように思われた。…立身出世などということは何の魅力もなかった。位人臣《くらいじんしん》を極めても、憐《あわ》れな平凡人であるという事実はどうにも動かすことが出来ないからである。[3]

天才の存在を知った塩尻は、秀才程度では満足できなかった。天才でなければならなかった。だが、そこから彼の苦悩が始まる。天分の不平等をどう克服すべきか、どう解決すべきか、という問題との対決であった。

塩尻によれば、天賦の能力の不平等はあらゆる不平等の中で最も根本的なものであり、人間の力では排除することのできないものであった。天才と比べて、自分の頭の悪さ、才能の乏しさ、不器用さなどが、塩尻を悩ます最も深刻な問題の一つとなった。

塩尻はこの時の心境を、「天才は一切であって、凡人はゼロだ、という感情である。一流の天才たちに比較して私はゼロであり、人類に対して何ら永続的なプラスを与えることはできない存在だ、という劣等感である」[4]と言い、さらに自らの天分が乏しいという問題について、「親も教師も友人先輩も其の他如何なる人とてもこれを解決して呉れるものはなく、又如何なる種類の同情とても此の苦しみを和らげて呉れるものはない…。ただ自分自身の人間が全く生まれ変わって全く別種の意識を持ち得るようになる他にはみちはない[5]」という決断を下すに至る。

塩尻は彼自身の目標が余りにも高く、天才や完璧な人間になろうとしたために、却って自信を喪失し、劣等感にさいなまれ、自己嫌悪に陥ったのであった。

ii　愛情の問題に悩む

後者については、塩尻は愛して欲しい人に愛されないという悲劇（失恋）に直面する。彼の愛した少女は、奇しくも縁戚にあたる義妹であった。だが彼は、彼女の心を得ることができなかった。彼は、この悲劇を次のように回顧している。

悲劇の出生は…自分が高等学校に入学した当座の頃に遡《さかのぼ》る。自分が彼女に会わなかったなら、自分の一生はまるで別のものであったろう。コンディションは最も意地悪く悪魔の巧《たく》らんだような巧《だくみ》さに出来上がっていた。…かの牧歌的な感情は、自分の場合…激しい現実的な残酷な失望と変わった。更に世の男達の心の醜さ、また女の心の醜さ、凡て人間社会なるものの実相の醜《みにく》さ、最後に自分自身の心の底知れぬ醜さを次第に自覚して来たことは、必然的に自分の愛欲にも次第に醜い複雑さを加え、同時に幾多の変態的な精神的痼疾《こしつ》を造ったのである。(6)

相手の心さえ変わって呉れれば万事は解決するように見えるが、そのことは相手にとっても生まれ変わって来ない限りは出来ない相談なのである。此の苦しみに依って、自分は初めて、他人の心が、小さな少女の感情ですらが、自分の命をかけての熱望を以てしても自分の思い通りには動かぬものであることを知り、鉄の如く固く冷たく曲げ難い運命の力にふれたような気がした。(7)

塩尻は、少女の心を変えられないことを承知しながらも、自分自身の心を統御できなくて苦しんだ。それは、彼の二つ目の決定的な挫折であった。

失恋の苦しみは、塩尻の生まれつきの一元論的性格、すなわち「一生に唯《ただ》一度唯《ただ》一人の人に」というゾルレンによって増幅した。彼はこの失恋の後遺症《こういしょう》で、生涯にわたって苦悶することになる。

天分と愛情の問題で大きな壁にぶち当たった塩尻は、その当時の心境を「人生の出発点に於いて既にこの二つの問題に突き当たらなくてはならなかった自分は、よくよく業の深い者というべきであろうか。最早普通人の普通の精神生活は自分には期待し得べくもなかった[8]」と記すに至る。

塩尻は１９２２年3月に一高を卒業し、同年4月に東京帝国大学法学部政治学科入学するが、すでにその時、人間の根源的な業の問題に悩み、本人の少年期からの希望であり、周囲の人々たちも期待していた「官吏を経て政治家へ」というコースを完全に放棄していた。彼は大学さえ辞めようと何度も思うが、その都度思い直して大学に留まり、卒業だけはすることにした。

後に塩尻は大学生活を回顧して、「法学部的の勉強をおろそかにすると共に、自らの好んだ種類の勉強の方も深入りせず、浪費、荒廃そのもののような大学生活を送った[9]」と、悔恨の文章を書いている。実際、大学時代を通して彼の精神的危機は解消されるどころか、ますます深淵に沈潜していくという状態であった。彼は卒業を迎えても就職する気もなく、また、できるような精神的状態でもなかった。

(2) 刀葉林地獄を超えて「受取るの一手」へ

i 一燈園に入園

1925年3月に東京帝国大学法学部を卒業した塩尻は、直ちに京都市山科区にある西田天香主宰の一燈園に入った。一燈園の生活は、「無所有の生活に甘んじ、凡ゆる時間を他人の為に、また他人の希望する仕事の為に、捧げるところの生活」[10]であった。

塩尻の一燈園入園の動機は、天分と愛情の問題、愛他的能力・利他心の獲得の問題等々を解決するためには「随喜の感情を育成」する必要があり、自らをその境遇に投げ入れるというものであった[11]。ところが一燈園における生活体験は、彼自身が覚悟していたよりも遥かに厳しいものであった。托《たく》鉢《はつ》の生活では、塩尻は請われた家々を訪問して、慣れない種類の作業に従事しなければならなかった。不器用な塩尻には苦手な作業が多々あった。しかし、そうした生活の中で塩尻は、時折、ある程度の随喜の感情を得たような手応えを感じることもあった。

ii 求道心なき自己を自覚

しかし、塩尻が言うところの随喜の感情や大我的感情なるものの確実な体得は、容易ではなかった。一燈園の生活を継続する中で、彼は「自己の求道的実力」がどの程度のものであるかを徐々に自覚するようになる。そして遂に、次のように告白するに至る。

自分は恰《あたか》も現実に大我的感情を活かし得たかの如くに錯覚した。…自分の所謂大我的感情とは、如何に我が儘《まま》な利己的なものであったことか。真実の大我的感情は、此の如く他を愛するが故に、子の幸福が自然に親の幸福となり得るが如くに、他人の凡てのプラスが自然に自己のものとなるに過ぎない。自分の所謂大我的感情は、自己のマイナスを補填《ほてん》せんがために、強いて他人のプラスを掠奪《りゃくだつ》し来らんとする痩《や》せ細った大我的感情であった。他人に対する自分の感情は如何に乾燥しているものであるか(12)。

錯覚で大我的感情を得たと考えていた自分、他人に対して痩せ細った乾燥した感情しか持ち得ていない自分を知って、塩尻は改めて慚愧《ざんき》の念に苛《さいな》まれる。それは、大我的感情を獲得し得ていない塩尻の敗北宣言でもあった(13)。

iii　一燈園を去る

塩尻にとって一燈園での生活は、真剣に随喜の心を磨くことのはずであった。しかし現実には、自分自身の内にいよいよ根深い利己心が強固に存在することを発見するだけであった。「(自分には)真に利他的・随喜的人間となりうる見込みはどこにもない(14)」と思い知った塩尻は、約二年半で一燈園の生活から離れる決心をする（養父が亡くなったことも、一燈園を出る一因であったと思われる）。

この挫折は、彼の苦悩が未解決のままに残されたことを意味した。彼の苦闘はその後も続くことになる。

iv　母子二人の人生航行に

1927年は塩尻家にとっては激動の年であった。養父が亡くなり、収入の術をなくした塩尻家は経済的にも斜陽していった。芦屋に新築中であった家も、放棄しなければならなくなった。養母の卯女としっくりいかなくなっていた養女が、遂に実家に帰ることになった。

そこで卯女は、塩尻家の財産を整理分配することにした。卯女は、財産を養女と塩尻と自分の三人に等分した。卯女は自分の分け前分で塩尻家の借金を清算したために、残金は僅かになった。そして塩尻家の家族は、今や卯女と塩尻の二人になった。これ以後の人生は、塩尻と卯女の二人旅となった。

v　越後曽根村に向かう

二人が向かった先は、(新潟県)越後曽根村であった。越後は、塩尻母子が尊敬する親鸞が流された地であって、信仰篤い卯女と塩尻とが求道生活に浸ろうと考えたことも一因であったろうが、塩尻の記述するところによれば、彼の一高時代からの親友苅部一衛が肺結核を患い、東大を中退して帰郷し療養生活を送っていたのを頼って行ったということであった。

確かに苅部は、塩尻の越後への来訪を手紙で幾度も書いたようであるが、塩尻母子が家を畳んで引越して来るとまでは予想しなかったのではなかろうか。しかし、苅部とその一家は寛容であった。

vi　田舎で百姓と読書三昧の生活

塩尻母子は初め苅部宅に寄宿したが、間もなく苅部家の近くの三番町村田酒屋の借家に移った。ここで塩尻は読書三昧の日々を送りながら、時折、苅部家の百姓仕事を手伝った。塩尻の読書三昧の生活は、自己の時間の少しもなかった一燈園生活の反動でもあった。

塩尻の読書の対象は、トルストイ全集、道元の『正法眼蔵《しょうぼうげんぞう》』と『正法眼蔵随聞記《しょうぼうげんぞうずいもんき》』、親鸞の『教行信証《きょうぎょうしんしょう》』と『歎異抄《たんにしょう》』のほか、多方面にわたった。公明がすこぶる博識だったのは、彼が生涯にわたって多種多様な分野の本を読み漁り、その内容を吸収してしまう猛烈な読書家であったからでもあった。

塩尻の越後での生活は、表面だけ見れば、毎日が晴耕雨読の生活に見えていたが、実際は長閑《のどか》なものではなかった。彼の心中には、「真に利他的・随喜的人間となりたい」という願望とそれを実行し得ない自己への叱責《しっせき》、及び愛欲の苦悩を克服し切れない自己への憤懣と怒りなどが渦巻いていた。⒂

vii　越後から大阪に戻る

越後での生活が一年半ばかり過ぎた頃、塩尻母子はそこでの生活を切り上げる決断をする。その理由としては、①塩尻は学僧のような生活を一年半ばかり送ったが、未だ求めていた随喜の感覚を得ることができなかったこと、②苅部が健康を取り戻し、医学を学ぶために1929年3月に上京したこと、③経済不況が一段と深刻になり、農村の困窮が著しく進行したこと、④母の尊敬する蜂屋賢喜代《はちやよしきよ》師から帰阪の勧めがあったこと、などがあげられる。⒃

こうして二人は、一九二九年六月に大阪に戻ることになった。塩尻にとっては、またもや挫折のままの帰阪であった。

viii　順正寺で座禅修行

大阪に戻った塩尻母子は、大阪市郊外の北轟木《きたとどろき》（現在は池田市）にあった順正寺《じゅんしょうじ》の貸間に居を定めた。順正寺には、一時、塩尻の長姉の次男・新林晃一《にいばやしこういち》（公明の甥）が同寺の一隅に居住していたこともあったようである。当時、同寺には幾つかの貸間があって、部屋を求める人たちが出入りしていたと聞く。

この寺で塩尻は、昼夜、坐禅の修行に励んだ。当時、彼が坐禅に励んだ目的を次のように書いている。

　随喜の感覚を手に入れることに失敗してのち、私はまったく新しい方法をこころみることになった。それは一行三昧（精神集中のこと、一時には一事に没頭すること）といい、没入といってもよい方法（坐禅による方法）によって、一条の活路を見出そうとすることであった。…このようにして、これまではただ頭の上だけの禅にかんする机上の読書をやめて、いまや実地に身をもってすわってみることになった。(17)

挫折続きの彼には、坐禅による方法こそが随喜の感覚を獲得できる最後の道と思われた。案の定、坐禅による没入の体験は、彼に大きな効能をもたらした。やがて彼は、次のように書くに至る。

　自分は坐禅の実際の如何なるものであるかを未だ知らないのであったが、恰も自分自身の現状が、今一度決死の勇気を振ってどうにか処置しなければ生きて行けない窮迫した立場にあった。そしてともかく一週間

> の間、早朝から深更《しんこう》に至る迄《まで》只管《しかん》坐《すわ》り通して煩悩と戦うという、其の精進の姿に自分の必要としているものを見出したので、喜んで親切な勧誘に従うことにした。…然し乍ら、無思惟の世界の匂いを微《かす》かに嗅《か》いだばかりであるのに、自分の実生活の各方面に及ぼされた効果はまことに顕著である。…自分は坐禅を始めて以来、日常生活の中に於いても時々彼女を忘れることが出来るようになった。[18]

塩尻は坐禅によって、幾年にもわたって一刻も頭をはなれることのなかった脅迫観念を、瞬間的にではあったが抹殺することができた。

ix　坐禅の効能

坐禅の効能を体験した彼は、それ以降、坐禅を生活の一部に位置づけていくことになる。三一歳の時に書いた「没入の効能」で、彼はその心境を次のように書いている。

> 信仰というものとは凡《およ》そ縁遠き存在と見える自分が、ただ一つの信仰のみはこれを無意識裡《むいしきり》の前提として来ていたことが反省される。即ち、坐禅より涅槃《ねはん》に至る途が如何に遠くあろうとも、例えば道元の『賢愚利《けんぐり》鈍《どん》を論ぜず坐禅すれば自然によくなる』ということのみは、何時の間にか確く信じているのである。目に見ゆる効果は毫《ごう》も獲得され得ないにも拘わらず、如何に多忙なるときにも、坐禅することのみは時間の損失とは感じられないのである。また、途半ばにして命終るときにも、無駄の営みとならないものは、坐禅の道のみであることが感じられ、坐禅の道に一歩を進めることは、それだけ確実に自他を益するものであるという

ことが、確信されているのである。(19)

塩尻は、その翌年に書いた感想文「中道に斃《たお》れんとする虚栄心」においても、坐禅すなわち「一四《いちよん》の原則」(毎日一時間の坐禅と四時間の勉強)への信仰をますます強くしていく。

日本一の無識《むしき》怠惰な教師が、ともかくも三年の年月を経る間に、一四の原則を打立て得るだけの所に進んだのではないか。…今や自分は、学問も求道も自分の運命の一切を一四の原則に任せて、最早他の何事をも考える必要はないのだ。(20)

時代が下がるが、塩尻が四六歳の時に書いた随想文「書斎の生活について」でも、坐禅の効果には目覚ましいものがあると述べている。

自分は長年の間、天分の問題と愛欲の問題との他には宇宙間に心から関心を寄せる問題は何一つないという気違いじみた心的状態にあった…。この難問を解決するためには、自分は外から厳格な形式的な生活規則を自己に強制することに依って、精神の改造を断行しなくてはならなかった。自ら一四の原則と名づけて、毎日少なくとも一時間の坐禅と四時間の勉強とは、どんなに大儀であってもどんな故障があっても最少限度の日課として必ず果たさなくてはならないことにした。…そしてともかくもその時以来十数年の間を、此の原則をもち続けて来たのであった。…

然し乍ら、一四の原則の効果は、少なくとも自分にとっては、確かに目覚ましいものでありまた感謝に値するものであった。…今日の自分は学問に対して限りない興味を抱いている。自分のこれ迄の生涯に於いて、今日程勉強に対する興味と気力との二つ乍ら強盛《きょうせい》であったときは物心ついて以来一度も覚えがなかった気がするのである。(21)

塩尻が坐禅の効能に確かな自信を持っていることが、読み取れる。

x　受取るの一手

坐禅の効用を体得した塩尻は、やがて坐禅を超えて彼独自の境地に到達するに至る。それは、坐禅の効用は疑い得ないとしても、自分の実力では「受け取る」という生活態度の方が自分自身にはよりふさわしい方法であるというものである。彼は次のように書いている。

坐禅の与える初歩の効能だけでも自分にとっては相当にありがたいものがあった（が）…、心頭滅却すれば火もまた涼しいというような精神力は、自分の実力では到底企及することが出来ないように思われ、また必ずしも企及する必要もないように思われた。坐禅を以てしても処理することに困難な種類の苦痛については、苦痛そのものをすなおに受取り之に没頭しようとすることの方が、むしろ自分にはふさわしい方法と感じられた。(22)

坐禅の効用を超えて塩尻が辿りついた独創的な方法は「苦痛そのものをすなおに受取りこれに没頭」すること、言い換えれば「受取るの一手」または「すべてよく受取る」という生活態度であった。[23]

xi　他力本願の求道者

三十年近くにわたる艱難辛苦《かんなんしんく》を乗り越えて、塩尻は「受取るの一手」（塩尻は「生活的真理に触れる」、「宗教的真理に触れる」、「宇宙の運行に委ねる」とも表現した。）という安心立命の境地に到達した。「河合教授の想い出」を書いたころの塩尻は丁度47～8歳ごろで、その頃の彼は、学究的教育者でもあったが、より正確には、親鸞教に篤い他力本願の求道者でもあったという表現が最もふさわしい。[24]

3　塩尻の生き方に学ぶ

(1)　人生の生甲斐と生き方

i　人生最高の生甲斐は平等に開かれている

塩尻は、十代後半から三十代中期までの約二十年間、涙ぐましい求道生活を通して人間の生きる意味を問い続けた。この道程に完結はあり得ないと思われるが、その結果、彼が得た一応の到達点は次のようなものであった。

まず塩尻は、人生最高の生甲斐の条件について、次のような一つの形式的規定を与えることができるという。

人生最高の生甲斐は、いかなる才能、容貌、地位、職業、境遇の人々にも、万人平等に獲得できるということである。否、逆に万人平等にかち得るようなものの中にでなければ、人生最高の生甲斐はありうるはずはないのである。(25)

人生最高の生甲斐は万人平等に、凡そどのような地位職業能力容貌の持主にも平等に、かちえられるものの中にあり、また逆に、万人平等にかちえられるようなものの中にでなければ最高の生甲斐は存在しうる筈はない…。(26)

それでは、それに合致する人生最高の生甲斐とは何であるというのか。それに対して塩尻は、平凡な言葉で「幸福な人間になること」「人間らしい人間になること」であるという。ただしその場合、塩尻は「幸福の中味」について、また「人間らしい人間とは何か」を慎重に吟味することが大切であると付け加えることを忘れなかった。

塩尻にとって「幸福な人間になること」と「人間らしい人間になること」とは、表現は違っても、二にして一なることであった。しかも塩尻によれば、「幸福な人間になること」と「人間らしい人間になること」の可能性は万人に平等に開かれている、ということであった。

ii　人格の完成した人間になること

塩尻自身は、「幸福な人間」と「人間らしい人間」のことを「人格の完成した人間」であるとも表現し、それへの接近は、万人の前に平等に開かれているとも強調した。

塩尻のいう「人格の完成した人間」とは、人間諸能力の最大限かつ調和的に伸長された人間、または多面的に成長発達した人間を意味したが、彼の真骨頂は、その段階に留まらず、「人格の完成した人間」の要素、または「人間諸能力」の内実を吟味し、人格完成の要素、人間諸能力の要素の価値を序列化したことであった。

塩尻が膨大な時間とエネルギーとを投下して普遍的人間性の要素を考究して得た結論の一つは、「人格完成の中核的要素は、愛他的精神（利他心）の豊かなる伸長にある」ということであった。この結論に対する塩尻の確信は、生涯揺らぐことがなかった。

(2)　人格の完成の中核的要素

i　人格完成の中核的要素としての愛他的精神

塩尻は、「人生最高の生甲斐」は「人格の完成した人間」もしくは「人間らしい人間」になることであり、「人格の完成した人間」もしくは「人間らしい人間」の中核的要素は、他を心から愛する人（豊かな利他心＝愛他的能力を持った人）のことであった。塩尻はこのことを繰り返し強調した。幾つか示そう。

最高の生甲斐の実態を最も平凡な最もありふれた言葉を以て強いて言い現わしてみれば…人間らしい人間となることであり、特に他を愛しうるような人間となりうることである。[27]

我々は真に幸福となるためにはよき人間即ち人格完成せる人間とならねばならぬ。然るに人格完成の中核的要素は己自身の如くに他の一切を愛しうる心情であるから、我々が真に幸福となるためにはよく愛しうる得る人間とならねばならない。[28]

人生最高の幸福は心から他によって愛されること、あるいは心から他を愛しうることのなかにのみあるからである。[29]

もっとも塩尻は「人格完成の中核的要素は、愛他的精神（利他心）の豊かなる伸長にある」と言い、「人間らしい人間とは、他を愛しうる人間である」と言ったが、「愛他的精神（利他心）を豊かに伸長すること」や「他を愛しうるようになること」は、彼自身の体験から、普通一般の人間にとっては容易なことではないとも釘を刺した。そのことを塩尻は、「人は一般に、このままでは無条件に他を愛しうるだけの力をもつことは出来ない[30]」と述べている。

ii　他を愛しうる条件

もしそうであるならば、どういう条件が整えば、人は他を愛しうる力を持つことができるというのであろうか。そもそも利己的な人間が他を愛しうるような力などを持つことができないのではなかろうか。

しかし、この問いに対して塩尻は、次のような場合には、辛うじて人は他を愛しうる力を持つことができると主張する。

自からが無条件に愛され且つ一切の苦悩から救済せられ得るという保障があることに依ってのみ辛うじて他を愛しうるにすぎない。故に親鸞の如くに、『五劫思惟《ごこうし》の願はひとえに親鸞一人がためなり』という自覚―人間と社会と歴史と自然との一切の構造のうちに、また凡そ宇宙に起り来る一切の事件のうちに、自分を真実の人間に、従ってまた真実の幸福者に育成せずにはやまない大慈悲なる作用が浸透しているものであるという自覚―に到達することに依ってのみ、ようやく他を愛することが可能となる。たとい自分がこの地上に於て文字通りの人格完成を実現し得ないとしても人格完成への必然の不退転の途上にある存在であることを感受し得るなら、人格完成に依って獲得し得る筈の幸福を予め獲得することができると云ってよい。如何なる不幸と苦痛との中にも尚根本に於て幸福の実質を確保していることができる。(31)

つまり塩尻は、人間が無条件に他を愛し得るだけの力をもつことは出来ないが、自からが無条件に愛され且つ一切の苦悩から救済せられるという保障がある時には辛うじて他を愛しうるにすぎない、と言うのである。それは、逆に言えば、人は自らが無条件に愛され且つ一切の苦悩から救済せられるという保障がある時には辛うじて他を愛しうることができる、ということを意味する。

その具体的な条件として塩尻が例示しているのは、人が「親鸞の如くに、『五劫思惟の願はひとえに親鸞一人がためなり』という自覚」に到達するならば、別言すれば、「人間と社会と歴史と自然との一切の構造のうちに、また凡そ宇宙に起り来る一切の事件のうちに、自分を真実の人間に、従ってまた真実の幸福者に育成せずにはやまない大慈悲なる作用が浸透しているものであるという自覚」に到達するならば、「ようやく他を愛することが可能となる」ということである。前者は宗教的真理に、後者は生活的真理に触れるということを意味する。この自覚に到達する方法については後に触れよう。

iii　利己心の絶滅を

塩尻は「人格完成の中核的要素は、愛他的精神（利他心）の豊かなる伸長にある」と主張したが、それは、愛他的精神（利他心）と正反対の性格を持つ〝利己心〟の〝止揚と絶滅〟とを主張するものであった。

人格の完成とはとりも直さず利己心の絶滅という一面をもっているのである。利他心の完成と知的美的行動的諸能力の完成さえあるならば、即ち所謂《いわゆる》人格の完成さえあるならば利己心はかけら程も必要でないのである。(32)

塩尻は、〝利己心の絶滅〟と〝愛他的精神（利他心）の豊かなる伸長〟とが人格完成のための最重要条件であると主張したのであった。

ただし、〝利己心の絶滅〟と〝愛他的精神（利他心）の豊かなる伸長〟とは楯の両面を言ったものであって、実は一つのことを言ったものである。そこで以下では、〝愛他的精神（利他心）の豊かなる伸長〟の方法について、塩尻のいうところを見ていくことにする。

(3) 愛他的精神の伸長の方法

i　愛他的精神を伸長するには「よく受取る」こと

人格完成の中核的要素である愛他的精神を豊かに伸長するための最高で最も確実な方法は何であるのか。

これに対する塩尻の答えは、起こり来るすべての出来事を素直に「よく受取る」ことであるという。塩尻によれば、この方法は自分自身があらゆる宗教書や古典と言われる文献の読破と、また何よりも彼自身の生涯にわたる求道的体験とを経て到達した結論であると言い切る。

さらに塩尻は、この「よく受取る」という方法は誰にでもできる生活法であるという。もし「よく受取る」ことが１００％できなければ60％、否、30％でもよいともいう。これが、塩尻のいうところの「60％主義の生き方」である。しかも塩尻は、こうした「60％主義の生き方」は真に健全で道徳的な態度であり、生き方であるという。

以上の所説は、他人の説の受け売りでなく、塩尻自身が自己の苦悩と戦った実践的体験を通して到達した結論であった。彼はこの結論を次のような形で表現している。

　自分には、自分がここ数年の間、しばしば口にしてきた『自己の受取るべきものを素直によく受取ってゆく』という心構え、この心構えを百たび、千たび、否、幾万たびも新たにして、内外の一切の問題と苦渋とに対処してゆくことは、上のような必然性に対する信頼をいつの間にか自然のうちに手に入れることのできる、しかもいかなる人にもただ今の瞬間から実行可能であるところの、最も確かな方法論であると信じられるのである。(33)

　結局自分の到達したところは、よく受取るということが最上の方法であるというところにあったのである。今にして思えば、受取る態度を真に手に入れるための最も確実なる方法は、ただの一度でもよい、自ら進んでよく受取ろうと試みてみることであり、受取ることを実践してみることである。目前の義務を、対話を、食事を、休息を、また最も厭《いと》わしき悲痛を、よく受取ってまっしぐらにそれに没入してみることである。…然もそれは何の信仰も前提も必要ではなくて何人にもただ今の瞬間から出来ることなのである。(34)

　受取ると云えばきわめて消極的に聞こえるが、実は最もまともな、勇敢な、しかも誰にでも出来る生活法なのである。なにものにも背を見せず、逃げかくれせぬ故に勇敢である。いかなる信仰をも理論をも必要とせず、一切の経験をただ受取るというだけなのであるから、何人にとっても唯今の瞬間から出来るやさしい

ことなのである。(35)

ii　宗教的真理に触れること

いま一つの方法は、「宗教的真理に触れる」又は「生活的真理に触れる」ということであった。「宗教的真理に触れる」とか「生活的真理に触れる」という表現は、五十代になった塩尻がよく口にした言葉であった。例えば、彼は次のように言っている。

人間としての成長、完成と、人間としての最高の幸福の達成とは二にして一であること、人間的感性の中核的要素は愛他的能力（他の凡ての個人に対し、また社会全体に対する）の完成であり、また人間最高の幸福は他を愛しうる心の中にあること、その愛他的能力を伸長するためには万人に妥当する具体的方法論が存在していること、人生と自然との一切の存在と事件とは、人間としての成長、従ってまた愛他的能力の伸長を促進するように、換言すれば人間としての最高の幸福の達成を必然的ならしめるように、各人一人一人を囲繞《いじょう》して協力しつつあること、換言すれば各人一人一人が宇宙の中心にあって、全宇宙によって愛されていること、またこういう事実を体感することによって各自のうちにある愛他的能力はすくすくと成長し得るに至ること、凡そそれらのことを示すものが宗教的真理である。(36)

塩尻が「宗教的真理に触れる」ということを口にしたのは、宗教的真理に触れることによって、「よく受取る」態度ができるということであった。このことは、逆に、「よく受取る」という態度は

「宗教的真理に触れる」ことに通じるということでもあった。したがって塩尻の思想においては、「宗教的真理に触れる」ことと「よく受取る」こととは、二にして一のことを言ったに他ならなかった。

ただし筆者には、「宗教的真理に触れる」という言葉の方が、「よく受取る」又は「受取るの一手」という態度よりもさらに高次の意味合いがあるように思われる。というのは、「宗教的真理に触れる」という境地には、すべてを宗教的真理に任せておけばよい、そのままにうち任せるのがよろしい、人間は生まれながらにすでに仏によって守られ救われるようになっている、という他力本願の窮極的境地（現状肯定感と安心立命感と）があるように思われるからである。

しかし、「宗教的真理に触れる」という言葉に抵抗を感じる人たちにとっては、「よく受取る」又は「受取るの一手」という態度でよいのである。

おわりに

塩尻公明が到達した深奥な人生論の核心を簡潔にまとめれば、次のようになろう。

ⅰ 人生最高の幸福は、万人が平等に獲得しうるようなものの中にある。否、万人が平等に獲得しうるようなものの中にでなければ、人生最高の幸福はありうるはずはない。

ⅱ 人生最高の目的は、人格の完成（「人格の完成した人間」又は「人間らしい人間」になること）である。

iii　人格の完成（及び人生最高の幸福）の中核的要素は、愛他的精神（利他心）の豊かなる伸長にある。
iv　愛他的精神（利他心）の豊かなる伸長のためには、「すべてよく受取る」こと、又は「宗教的真理（生活的真理）に触れる」ことである。

以上のように、塩尻の人生論の真髄は、大層簡潔で、且つ明瞭である。繰り返しになるが、再度、文章化すると、人生最高の生甲斐（幸福）の獲得は「豊かなる愛他的精神（利他心）」又は「随喜の心」の獲得であるが、それは、われわれが自己の受取るべきものを素直に「よく受取っていく」という心構えを誠実に実践実行して行くだけでよいということである。しかも、この「よく受取っていく」という生活方法は、いかなる人間にとってもただ今の瞬間から実行可能であるところの、最も確かな方法論であるということである。

（追記）

最後に追記として、冒頭で筆者が、塩尻を「いま親鸞」であると書いたことについて説明しておこう。

筆者が何をもって塩尻を「いま親鸞」であると考えるかという理由を簡潔に論じようとするならば、別の一書が必要であろうが、以下では、筆者の感じた親鸞と塩尻の共通点を簡潔に触れることによって、その任務を果たすことにしたい(37)。

i　**自力に破れる**

第1は、共に青年期に深い煩悩に悩み、悟りを得ようと苦闘したが挫折し、自力の限界を思い知ったということである。

親鸞は9歳の頃に比叡山で得度を受け、天台宗の僧侶となるべき人生を歩み出した。しかし、「いずれの行もおよびがたき身」と表現したように、いくら修行に励んでみても、その行が期待する精神の集中や三昧を得ることができず、ついに29歳の年に下山することになった。それは、〝自力無効〟を徹底的に自覚したためであった。

塩尻の場合も、17歳頃から天分と愛情（愛欲）の問題に悩み続け、「随喜の心」を得るために一燈園に入って無所有と奉仕の修行をしたり、越後の農村で晴耕雨読の生活をしたり、順正寺に籠って座禅修行を重ねた。しかし、我執への執着を払底することが至難で、随喜の密やかな手応えさえ得ることができず、自らの弱さを徹底的に自覚させられた。挫折の連続の末に辿り着いた先は、〝自力〟に破れた哀れな自分であった。

このように、「自力を尽くして自力に破れ、生きることに疲れ傷つく」という挫折を体験した二人であった。だが、それであったからこそ、彼らは〝自力無効〟を自覚し、〝他力〟を仰ぐことになったのであった。

ii　**他力に生きる**

第2は、その後、二人は〝他力〟に真摯に生きることにより、最終的に、人間の最高の生き方を見出し、彼らの言葉で表現したということである。

親鸞の場合は、仏教の経典や、善導、法然といった先人たちの教えから学びながら、自らの教えを、例えば「本願を信じ、念仏を申さば、仏になる」(『歎異抄』)と表現した。

塩尻の場合、聖書や仏教書の読書、とりわけ親鸞や道元などの著作と生き方学びながら、彼なりの言葉で、「すべてよく受取る」こと、又は「宗教的真理(生活的真理)に触れる」ことであると表現した。

iii 体験したことしか語らない

第3は、二人は自分が悩んだ問題や直面した事柄を正直に告白し、それらの問題や事柄とどう対決し、どう対処したかを赤裸々に書いたが、自分が体験しなかったことや、自分が納得し得なかったことなどは書かなかったということである。

この事例については親鸞の著作(『教行信証』『歎異抄』その他の著作)や塩尻公明の著作(『天分と愛情も問題』『生き甲斐の追求』その他の人生論)を参照されたい。それらの著作に描かれた彼らの生涯は喜怒哀楽に満ち、また波乱万丈でもあるが、その生き方の一駒一駒から、後世に生きる人々は、もし謙虚であるならば、多くの教訓を学ぶことができる。

iv 底辺から人を優しく見る眼

第4は、二人は他の人々を温かく、優しく見る眼を持っていたということである。これは、彼らがともに青年期に徹底的な挫折とどん底とを体験したことによって、底辺から人間の実相を見る眼を身につけることになったからであった。

親鸞は、〝群萌〟(「いなかの人びと」、すなわち、漁師、狩人、商人、農民)と同じ地平に生き、彼らを友として生きようと願い、彼らを救うための方策を探求し続け、その到達した教え(〝本願の道〟)を説いた人であった。

塩尻は、一高―東大を優秀な成績で卒業後は、〝官僚を経て政治家に〟という当時の立身出世コースを歩んでいたが、そのコースを放擲し、〝人間如何に生きるべきか〟〝人間の真の幸福は何であるか〟を追求する求道生活に入った。彼はその求道生活の過程と到着点とを書き綴って随想文にしたが、その対象は主に名もなき人々であり、とりわけ塩尻と同じような人生問題に悩み苦しんでいる弱い人々であった。

つまり、二人は民衆の苦悩を自らの体験で実践し、その結果を民衆に還元したということである。民衆はその過程と結果とを知ることによって、随分と助けられ、力づけられたに違いない。

V　権力の横暴に勇敢に闘う

第５は、二人は反権力であり、権力の横暴や暴走には徹底的に闘い、毅然と抵抗したということである。

親鸞は、比叡山での20年にも及ぶ修行生活を棄てて、出家・在家の区別なく、ただ一人の凡夫として〝ただ念仏〟の一道に立てよと仏教改革運動の旗手であった法然の弟子になったが、その行動は、国家体制と完全に一体になっている延暦寺や興福寺という聖道仏教に対する抵抗勢力になることであった。その後、専修念仏を弾圧する「元久の法難」（１２０４年、親鸞32歳）、「承元の法難」（１２０７年、35歳、越後へ流罪）、「嘉禄の法難」（１２２７年、52歳）を体験することにより、為政者とその権力の不正義に対して厳しく批判し憤った。この親鸞の反権力的姿勢は終生変わらなかった（『教行信証』）。
塩尻は、5年の放浪生活を経て、29歳で旧制高校の教授に就き、以後は国立の神戸大学の教授、定年退職後は私立大学である帝塚山大学の教授を務めた。彼は自由と民主主義を愛する人格主義者であって、国民の絶対的な精神的自由と国民の経済的生活とを十全に保障する制度の確立を政治に求めた。それゆえに彼は、それらを保障しない政治や、それらを侵害する政治に対しては毅然と反対し、厳しく批判した。

注

1　塩尻公明の評伝については、中谷彪『塩尻公明―求道者・学者の生涯と思想―』（大学教育出版、２０１２年）、同『受取るの一手―塩尻公明評伝―』（大学教育出版、２０１３年）、同『塩尻公明評伝―旧制一高教授を断った学究的教育者―』（桜美林大学北東アジア総合研究所、２０１３年）を参照されたい。

2　塩尻公明「或る遺書について」『新潮』、１９４８年6月号、のちに塩尻公明『或る遺書について』新潮社、１９４８年。
なお現在、中谷彪ほか編・塩尻公明『新版　或る遺書について』（大学教育出版、２０１３年）、同『或る遺書について』（桜美林大学北東アジア総合研究所、２０１３年）で復刊されている。

3　塩尻公明「母の手紙」『自と他の問題』、羽田書店、１９４７年、39頁。
4　同前『あなたの人生論』学生社、１９６９年、86～87頁。
5　前掲「母の手紙」『自と他の問題』、39～40頁。天分の悩みについては、次のように書いている。「天賦の能力の不平等は、凡ゆる不平等の中で最も根本的なものであり、人力を以て之を排除することの予想され得ない不平等である。…これは愛欲の苦と共に自分の生涯を狂わせた最も大きな障害であった。…結局天分の大小が人生の勝敗を決する唯一の契機であるかの如くに信じ込むに至ったのであった」（塩尻公明「天分の問題」『天分と愛情の問題』新生社、１９５０年、90～93頁）。
6　塩尻公明「眼を閉じて切る」『天分と愛情の問題』、５頁。
7　前掲「母の手紙」『自と他の問題』、40頁。
8　同前、40頁。
9　神戸大学教育学部社会科研究室内・塩尻公明先生還暦記念会編『塩尻公明先生著作目録』収録の「年譜」、１９６１年、32頁。
10　前掲「天分の問題」『天分と愛情の問題』、102頁。
　一燈園生活の理念は、生命本来の姿にかえって自然にかなった生活をすれば、人は何物も所有しなくても、働きを金に換えなくても生かされるものであることを信じ、つねに路頭の立場で無所有奉仕の生活を行っていくというものである。それゆえに、一燈園生活は「托鉢の生活」であるとも言われている。一燈園では、信者たちが、絶対平等、無所有、無一物の共同生活を営み、奉仕の托鉢行を行う。
11　前掲「天分の問題」『天分と愛情の問題』、99～100頁。一燈園への入園の動機については、前掲『あなたの人生論』の53頁などでも述べている。
12　前掲「天分の問題」『天分と愛情の問題』、102～103頁。

13　同前、104頁。
14　前掲『あなたの人生論』、53～58頁参照。
15　前掲『塩尻公明評伝―旧制一高教授を断った学究的教育者―』、51～53頁。
16　同前、55頁。
17　前掲『あなたの人生論』、59～60頁。
18　塩尻公明「眼を閉じて切る」『天分と愛情の問題』、20～29頁。
19　同前「没入の効能」『天分と愛情の問題』、39頁。
20　同前「中道に斃れんとする虚栄心」『天分と愛情の問題』、88頁。
21　同前「書斎の生活について」『書斎の生活について』新潮社、１９５３年、72～74頁。
22　同前「虚無について」『書斎の生活について』、313頁。
23　前掲『あなたの人生論』、64頁。
24　塩尻公明「人生訓について」『生甲斐の追求』現代教養文庫、１９５８年、147頁以下参照。
25　同前「青年よ　明るく」、塩尻公明・木村健康編『青年と自信』現代教養文庫、１９５５年、108頁。
26　同前「生甲斐について」『生甲斐の追求』、168～169頁。塩尻は、さらに次のようにも言っている。
「自己が何か特殊の生れつきをもち、特殊の環境に生き、他人にはもち得ない何らかの条件を備えているが故に、かちえられたような幸福や誇りは、必ず何処かに利己的な下賤な面をもっている。歴史に残る偉勲と称えられ、国民の誇りと讃美されるような文化的業績でも、ただそれだけでは真の生甲斐を構成しえない。万人平等にかち得られるものの中に最高の生甲斐を発見してこれを説き明かそうとするのでない限り、特殊の専門的知識や技能の伝達者として世に立つことはできても、幸福について人生について生活術についての教師を以て自ら任ずる資格はない」（同書、169頁）。

27 前掲「生甲斐について」『生甲斐の追求』、169頁。
28 同前、169頁。
29 前掲「青年よ 明るく」『青年と自信』、111頁。
30 塩尻公明「ヒルティの幸福論」『生甲斐の追求』、72頁。
31 同前、72〜73頁。
32 塩尻公明「絶対的生活」『塩尻公明人生論』六月社、１９５８年、22頁。
33 前掲「生甲斐について」『生甲斐の追求』、170頁。
34 塩尻公明「絶対的生活」『塩尻公明人生論』、19〜20頁。
35 塩尻公明「若き友へ」『塩尻公明人生論』、119頁。
36 塩尻公明「人生と信仰」『塩尻公明人生論』、90頁。
37 筆者は、親鸞の著作についてはかなり収集し、彼の評伝についても数冊読んだ。ここでは、寺川俊昭『親鸞のこころ―人間像と思想の核心―』（有斐閣新書、１９８３年）、古田武彦『親鸞』（清水書院、１９７０年）を挙げておく。

（２０１７・２・14）

第2章　塩尻公明から木村久夫への書信

―教育人間学的考察―

はじめに

塩尻公明と木村久夫との師弟関係の美しさについては、塩尻公明著『或る遺書について(1)』の記述から鮮明に読み取れるところである。

塩尻公明の評伝研究から塩尻公明の各論研究として、塩尻公明の「或る遺書について」と木村久夫研究とに軸足を移していた筆者は、塩尻と久夫との間に交わされた書信について考究してみたいと願っていた。というのは、塩尻が「或る遺書について」の中で、久夫が或る時に、「先生から頂いた手紙なども全部保存してあるから、いつかきっと先生のことを書きます(2)」と言っていた、と紹介している箇所が印象深く筆者の心に残っていたからである。この引用は、二人の間で交わされたかなりの数の書信が存在する、ということを示唆していたからである。しかしながら、二人の間で交わされた書信については何の手がかりもなかったので、放置したままであった。

しかし突然というか、想定外というべきか、幸運の女神が舞い降りてきてくれたのである。２０１４年春に、木村久夫の妹

『或る遺書について』

木村久夫

塩尻公明

孝子様のご子息泰雄氏（木村久夫の甥）から、これまで門外不出であった資料（久夫が「手記」を書き込んだ『哲学通論』と久夫の「遺書」）の拝見と写真撮影、それに塩尻公明から木村久夫と父の木村久とに宛てた10数通の書信（手紙やハガキ類。以下、同じ）をコピーする機会に恵まれた。これらはすべて、筆者が久しく探し求めていた資料であった。念願していた夢が叶った喜びと興奮とは、文言では表現できないほどであった。

さらなる喜びは、その数カ月後の年末に到来した。今度は、塩尻公明のご遺族の道雄氏から、木村久から塩尻公明に宛てた数通の書信と資料との提供を受けることができたのである。

筆者が入手し得た書信類は、おそらく塩尻と久夫・久との間で交換された書信のほんの一部であると考えられるが、それらの資料をパソコンに打ち込んで幾度となく読み込んでいると、その書信の何れもが塩尻や久夫や久に重い意味と貴重な意義とを持っていると考えるに至った。そこで、思い切ってそれらの書信を紹介・解説し、それらの書信の意義を明らかにしてみることにした。

本稿で取り上げる文書のほとんどが私信類であるが、幸運にもご遺族から公表することについての御承諾を得ているので、この際、それらの文書を原則として全文掲載することとしたい。掲載する書信のすべてはおそらく本邦で初めて公表されるものであるが、そのいずれもが現代における政治、社会、文化、教育、戦争と平和の問題等々を考える際の貴重な資料としての価値を有していると確信している。

（なお本稿で紹介する書信のほとんどは旧仮名遣いであったので、記述においては現代仮名遣い文に修正した。ただし、漢字表記の方が読み易いと思われる箇所についてはそのままとした。また、研究論文であるので、筆者の他の論稿と同じく、敬称を省略した。）

1　塩尻公明と木村久夫の出会いと交流

本稿の目的は、塩尻公明から木村久夫に出した書信について紹介し、若干の解説を付すとともに、最後に小括として塩尻から久夫への書信の意義についてまとめることである。

しかしその前に、そもそも塩尻公明と木村久夫がこの世で出会い、世にも珍しいほどの麗しい師弟関係を結ぶことになったのかについて若干の歴史的経緯を見ておくことは、書信を理解するうえでも参考になると考える。

木村久夫の生い立ち、塩尻公明と木村久夫との出会い等についてのより詳細な記述については、拙著『戦没学徒　木村久夫の遺書―父よ嘆くな、母よ許せよ、私も泣かぬ―』(3)を参照されたい。

(1)　塩尻と久夫の関係と手紙の背景

〈久夫の生い立ち〉

吹田の素封家の長男として生まれた久夫であったが、彼は８カ月の早産児として生まれ、幼少期はずっと病弱児であって、薬を飲まない日は珍しかったという状態であった。それゆえに、自宅からかなり遠距離にあった小学校にはほとんど通うことができなかったという。

久夫の健康状態がそういう状態であったので、もともと子煩悩で且つ教育熱心であった両親ではあったが、彼の健康を慮《おもんぱか》って、彼が義務教育を終えればそれで我慢しようと考えていた。ところが上級生になった久夫が、やや健康になったこともあったが、中学校への進学を強く希望するに至ったので、両親は進学を許す気になった。

久夫が旧制の豊中中学校（現在の大阪府立豊中高等学校）に進むと、家族は久夫の健康を考えて、通学に不便な佐井寺から中学校に近い豊中市内に借家を借りて家族全員が移住するという気配りをした。千里村の村長であった父は、そこから役所に通ったという。

中学生になった久夫は、小学校時代とは違って元気になった。彼は豊中中学校で研究熱心な吉永登教諭に出会い、学問研究の魅力を知るようになり、また外国人英語教師のジョン・ケア・ゴルジィーからはネイティブの英語を学ぶ機会を得た。久夫の英語の能力が大きく伸びたのはこの時であり、これ以降、英語は彼の得意科目となった（しかし、この優れた英語能力のゆえに、彼は高知高等学校では学年担任の英語教

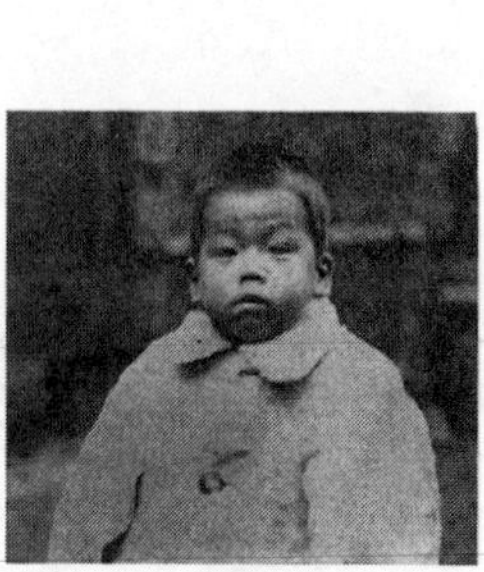

幼少期の久夫

幼少期の久夫

少期の久夫

授たちには可愛がられるという幸運に浴したが、軍隊では民生部に配属されながらも、英語が堪能であったところから、やがて通訳の仕事も命じられることになった。このためスパイ取り調べに従事することになり、敗戦直後に戦犯として死刑判決を受け、非業の死を遂げることになった）。

〈旧制高知高校での荒れた生活〉

久夫は豊中中学校卒業後、1年間の浪人生活を送るが、翌年には旧制高知高校（文・甲）に入学する。旧制高校では1年生は寮生活を送ることになっていたが、久夫の健康を心配した家族（母と妹、後には父も）は、今度は、高知高校の近くに借家を借りて移住した。このため久夫は、自宅（借家）から通学することになった。

この間の事情について彼の担任（指導教官）であった八波直則教授は、久夫の当時の行状を次のように書いている。

> 木村久夫は大阪の資産家のひとりむすこで、高知高校入学とともに両親は挙家高知に移住し彼を自宅通学させた。ところが、高校生の自由独立の気風が彼を親の意向とは逆にむかわせ、彼は学校を休み寮や友人の下宿を泊まり歩いたりして、一年原級した。学科の好悪が多く、某教授の講義な

中学校卒業アルバムの久夫

豊中中学校教員
（枠左・吉永、右・ゴルジィー）

豊中中学校４年生頃、別府温泉へ家族旅行

ど前年同様だとて最前列に出席しながらノートをとらず、にらまれてまた落第点をもらったりした。(4)

また八波は、次のようにも書いている。

高校生活は乳離れしての、オトナになる修業だ。このひとりむすこは、父の素行が母に与える精神的違和もある家庭がおもしろくなく、友人たちと遊び歩いて家をあけることが多くなり、級担任、指導教官徳田弥先生と私とは度々母の相談を受けることになる。学科にも好悪があり…。(5)

塩尻も「或る遺書について」の中で、当時の久夫の無頼《ぶらい》ぶりを次のように書いている。

彼は所謂秀才肌の学生ではなかった。殊に高等学校時代の初期には家庭的な葛藤、殊に父親と母親とが感情的にしっくりゆかず、父親にはかなり封建的な我儘が見られるということを苦にして、勉強も手につかず、写真を写してまわったり、喫茶店めぐりをしたり、酒を飲んで町を歩いたりしていたので、学校当局からは無頼の生徒と見られ、友人や町の人々からも

旧制高知高校に
入学頃の久夫

旧制高知高校の教室校舎

旧制高知高校の全景

放逸の生徒と見られていた。殊に講義のより好みをして彼の好まぬ講義は徹底的にさぼるので、教師たちの人望も甚だ芳しくなかった。(6)

生徒思いの八波や塩尻でもこのように書くのであるから、久夫は学校では相当の〝要注意生徒〟であったのであろう。

〈2年生で落第する〉

こうした学習態度と生活態度の結果、久夫は2年生で落第してしまった(一回目の落第)。久夫自身も、自分の高校生活が荒れていたことを自覚していたらしく、彼の自伝的小説「物部川」で、主人公の謙蔵の行動を次のように書いていた。

> 学校の無責任なすべての講義に嫌悪を覚え、無視していた彼…。深刻な家庭苦に悩み、学校を無視するのあまりに、他の教授たちから白眼視され、日々酒の巷を徘徊していた…。(7)

久夫の高校生活の荒れは、自由で独立な校風、父母の夫婦間の深刻な葛藤、父子間の感情的対立、学校の教師や講義への徹底的な嫌悪とサボりなどが幾重にも重なって生じていたと考えられるが、そこには、久夫自身の我儘と甘えと未熟さとがあったとも言わなければならないであろう。

〈塩尻に出会って魅了される〉

しかしこの落第によって2年生を繰り返したことは、久夫に幸運をもたらすことになる。それは再度の2年生の前期で「法制」を、2年生で「経済」を開講する塩尻と出会うことになったからである。

塩尻の授業を受けた久夫の変化を、学級担任であった八波教授は次のように書いている。

> 裏の2年のとき塩尻先生の法制、つづいて3年次の経済の講義が彼を魅了した。自己の進むべき道は社会科学の勉強だ！(8)

八波の記述を当時の「授業時間表」（別表）を参考にして、筆者なりに整理してみる（久夫がまず1年生で1回目の落第をしたという説があるので検証したいのである）。

再度確認するが、八波は「裏の2年のとき塩尻先生の法制、つづいて3年次の経済の講義が彼を魅了した」と書いていた。もし高知高校が「授業時間表」通りのカリキュラムであったとすれば、塩尻は文科生に対して2年生の「法制」と3年生の「経済」の授業（通年授業）を担当していたことになる。

徳田弥教授

八波直則教授

塩尻公明教授

一方、久夫は文甲の生徒であったから、まず2年生（1938年度）の時に塩尻の「法制」の授業を履修したはずである。ところが久夫は落第したので、2度目の2年生（つまり裏の2年生、1939年度）に再度、塩尻の「法制」の授業を履修したはずである。

さて、先の八波の文章に従えば、久夫は2度目の2年生の時、塩尻の「法制」の授業で魅了されたことになる（久夫が3年生の時、塩尻の「経済」の授業でも魅了されるが、今これは問わない）。だが、それならば、次のような疑問が残る。

久夫が2年生になった1938年度に、1回目の塩尻の「法制」の授業を受けたはずであるが、その時には塩尻の授業に魅了されなかったのか、なぜ2回目の授業の時に魅了されたのか、ということである。筆

大正末年における高等学校の1週間当たりの授業時間数

文科

		修身	国語漢文	英語	独語	歴史学	地理学	哲学概論	心理学 論理学	法制学 経済学	数学	自然科学	体操
第一学年	甲	実践道徳 1	6	9	4	日本史 3	2				3	生物学 地質学 2	3
	乙	実践道徳 1	6	3	11	日本史 3	2				3	生物学 地質学 2	3
第二学年	甲	国民道徳 1	5	9	4	東洋史 西洋史 5			論理学 2	2		物理学 化学 3	3
	乙	国民道徳 1	5	3	10	東洋史 西洋史 5			論理学 2	2		物理学 化学 3	3
第三学年	甲	倫理学 1	5	9	4	西洋史 4		3	心理学 2	2			3
	乙	倫理学 1	5	3	10	西洋史 4		3	心理学 2	2			3

理科

		修身	国語漢文	英語	独語	数学	物理学	化学	植物学 動物学	鉱物学 地質学	心理学	法制学 経済学	図学	体操
第一学年	甲	実践道徳 1	4	8	4	4			植物学 2	2		2	2	3
	乙	実践道徳 1	4	3	10	4			植物学 2	2		2	2	3
第二学年	甲	国民道徳 1	2	6	4	4	3	3	動物学 2		2		2	3
	乙	国民道徳 1	2	3	9	4	3	3	動物学 2		2		2	3
第三学年	甲	倫理学 1		6	4	4	3 実験 2 *初等力学 2*	3 実験 2	*2*				*2*	3
	乙	倫理学 1		3	9	4	3 実験 2 *初等力学 2*	3 実験 2	*2*				*2*	3

*斜体字*は選択科目

者には、八波の文章を読む限り、この辺りの事情が理解できないでいる。

ともあれ落第した久夫は、多くの教官たちが毎年、内容のない、面白くない授業を繰り返している中で、塩尻のみが前年度と内容を異にした、しかも充実した内容の授業をすることに感動し、たちまち塩尻ファンになってしまったのであった（先の括弧内の文の続きであるが、久夫が３年生に進級した１９４０年度には、塩尻の「経済」の授業を履修して、ますます塩尻の授業に魅了されてしまう。ただし久夫は３年生でも落第して、１９４１年度に再度、塩尻の「経済」の授業を履修することになったはずである。ただし、久夫が２年生の時に落第点をつけたのがドイツ語担当の教師、３年生の時のそれは軍事教練の配属将校であった）。

(2) 塩尻と久夫の出会い

〈塩尻の青年を魅惑する不思議な魔力〉

久夫をも魅了した塩尻の魅力について同僚の先輩教授、阿部孝（後に旧制高知高校長、初代高知大学長）は、塩尻を「青年を魅惑する不思議な魔力を備えていた。彼（は）…生徒たちを金縛りにする神通力[9]」を持っていたと評している。塩尻の魅力を「不思議な魔力を備えていた」とか、「生徒たちを金縛りにする神通力」を持っていたという表現は言い得て妙であるが、阿部にしても塩尻の魅力は不思議で解明できないものであったのであろう。筆者は、塩尻の魅力を〝彼の深い学識と誠実で真摯な人間性である〟と考えているが。

ともあれ久夫は塩尻の授業で、塩尻の魔力と神通力とにまったく魅了され、自分自身の中に新しい生き方があることを発見したのであった。いわば久夫の中に一種の精神革命なるものが起こったのであった。

久夫は生まれ変わったように塩尻の授業を真面目に受け、塩尻の一言一句を脳髄に刻み込んだ。久夫の質問や疑問に、塩尻が懇切丁寧に応じたことは言うまでもない。

〈塩尻宅での面談日に参加する〉

久夫は、塩尻が生徒たちに設けていた週一回の木曜日の面談日にも欠かすことなく参加した。塩尻は普段は勉強に専心しているので、生徒たちの来訪を遠慮して貰っていたが、その代わりに木曜日を面談日として設定し、生徒たちの相談に応じることにしていた。したがってこの日は、塩尻を慕う上級生から下級生に至る生徒たちが遠慮することなく塩尻宅に押し掛けた。

塩尻宅で開かれる面談日では、学習や勉強の話が中心であったが、いろいろな話題が語られ、話されるのが常であった。

塩尻は、いわゆる聞き上手で、生徒たちの話のよき聞き役であったが、自らが高校生時代から悩み苦しんできた体験、例えば天分と愛情（愛欲）の問題について、人間の業について、また、自分が実行してきている一四の原則（毎日、１時間の坐禅と４時間の勉強の実行）などについて語ったに違いない。また、自分は休暇になれば宿坊か旅館に籠って勉強することを習慣としていることについて語ったことであろう。青年期の真っただ中にある生徒たちは、塩尻の体験談や苦労話を興味深く聴き、多くの知見や教訓を習得したことであろう。久夫もその生徒たちのうちの一人であった。

〈塩尻の〝学僕〟としての久夫〉

久夫の場合は、特別な生徒であった。特異な生徒であったと言ってもよい。勉強時間の確保を大事にする塩尻が、〝木村君は、いつ来てもいいよ〟と言うほど、特別扱いを受ける存在であった。このために、久夫は塩尻宅をしばしば訪問した。

久夫は、塩尻が学校から帰宅する前に訪問することもあったが、そうした時は母の卯女に歓待され、書斎に通されるのが常であった。そして塩尻が帰宅するまで、塩尻の書斎の掃除、書類と書籍の片づけなどをした（ただしこの片づけには、研究途中の書籍や資料も含まれていて、〝並べ替えられて困った〟と塩尻先生がおっしゃっておられました、と孝子が、後日、紹介している。その他、久夫は塩尻が授業で配布する資料の印刷なども喜んで手伝ったので、塩尻は〝大いに助けられた〟と感謝している）。おそらく久夫自身は、自分は〝塩尻の書生〟（八波教授は久夫を塩尻の〝学僕〟と表現した。）であると自負していたのではなかろうか。それほど久夫は塩尻にすっかり心酔していた。知と理の人と見られていた塩尻は、慕ってくる相手には情で応える人でもあったのだ。

やがて久夫は、塩尻の勉強方法をも真似するようになる。例えば久夫は、塩尻が旅館に籠って勉強に没頭するという習慣や、書物への書き込みの様式（購入書店と購入日、読書投下労働時間数、感想・メモ等の記入）や、書き抜きメモ方法なども真似るようになる。〝学ぶことは、真似ること〟を実践したのであった。

他方で久夫は、自分の生い立ちのこと、家庭不和のこと、落第したこと、学校への不満と注文などについて胸襟を開いて塩尻に語ったことであろう。塩尻は聞き上手の妙手であったこともあるが、久夫のすべてを寛容に受け止め、彼なりの感想と意見とを提示したものと思われる。

おそらく塩尻は、当時の久夫の心情をもっとも深く理解した教師であったと考えられる。久夫も塩尻を慕い、父には反抗しても、塩尻の意見には素直に従ったはずである。この親密な師弟関係と美しい師弟愛とを如実に示しているのが、二人の間に交わされた書簡であり、また塩尻が、悲運にも戦犯として刑死した久夫の遺書を紹介した彼の名随想文「或る遺書について」である。

〈学問の厳粛さを感得する〉

塩尻は1939（昭和14）年度の授業で、久夫に読書すべき経済学の本を数冊紹介した。そのうちの一冊が小泉信三著『経済原論』であった。思い込んだら一直線という性格の久夫は、同年5月に同書を購入するや、塩尻の勉強方法を真似て、同年の夏季休暇中の7月末から8月上旬にかけて石鎚山の山麓にある面河《おもご》の宿「渓泉亭」（今は営業休止）に閉じ籠って同書を読み切ることにした。

面河茶屋と旧「渓泉亭」

旧「渓泉亭」

面河の旧「渓泉亭」玄関

彼が同書の読書に取り掛かる前の感想は次のような内容であった。

> 恩師塩尻公明先生に指導を受けて経済学第一歩として此書を読まむ。昭和14年７月20日、面河にて。ランプの光に照らされ乍ら記す（表表紙の左裏）

塩尻に出会って数か月しか経っていないのに、久夫は堂々と「恩師塩尻公明先生」と書いている。久夫の塩尻への傾倒ぶりが窺える。

さて、その７日後の読後感想文は次のような内容であった。

> ７月27日読了　渓流さゝやく面河峡に傾く渓泉亭に於て、投下労働約30時間、第一編、第二編は平易なりしが第三編は未だ認識浅き今の私に取っては難解であった。第三編は他日再読する必要と価値とがある。14，７，27、日、木村久夫（裏表紙の右裏）

単純に日数を考えると７日間、投下労働約30時間に及ぶ『経済原論』との対決であった。しかし、この対決で久夫が感じた学問研究の

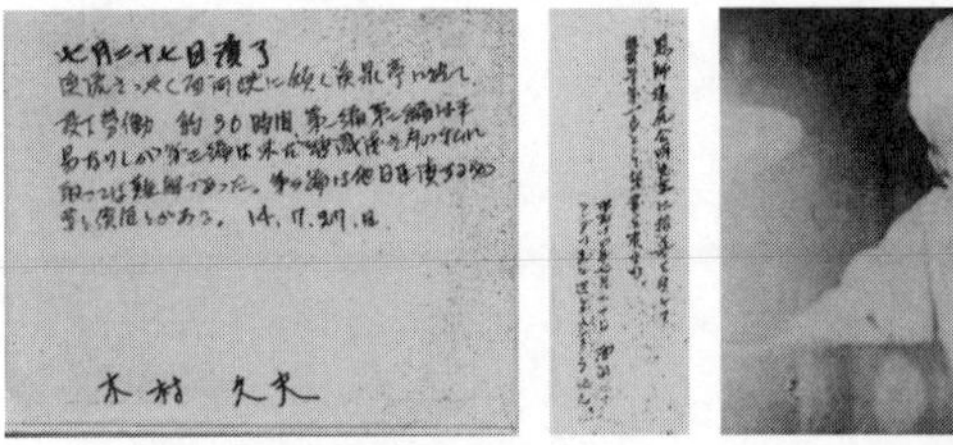

小泉信三『経済原論』への
７月20日と７月27日の感想メモ

1939年７～８月、
面河渓の宿で読書の写真か

厳粛さは強烈であった。その証拠に、久夫はこれ以降、自分の目指すべき道は経済学研究であると決断するに至ったからである。塩尻の指導と『経済原論』の読書とが久夫の心に火を付け、彼を学問研究の道へと導いたのであった。

2　塩尻公明から木村久夫への書信

以上のような塩尻と久夫との関係を理解した上で、塩尻が久夫に送った数通の書信（手紙とハガキ）について時系列的に紹介し、若干の解説及び説明を付していく。本来ならば、久夫から塩尻に出した書信の方が多数にのぼると推察されるが、現時点では、それらは塩尻宅では見当たらない。従って久夫から塩尻に出した書信については、塩尻から久夫への書信から推測するしかない。そうした限界はありながらも、塩尻と久夫の交流関係はかなり明らかにすることができるのではないかと考える。

なお、書信の中で、本来なら漢字表現の方が理解しやすい（と思われる）箇所や、読み方に注意すべき（と思われる）箇所については、筆者が傍点を付した。また、難しい漢字に読み仮名を付したのも筆者である。

(1)　1940（昭和15）年8月16日午後付の手紙

宛先：大阪府吹田市大字佐井寺4029　木村久夫君

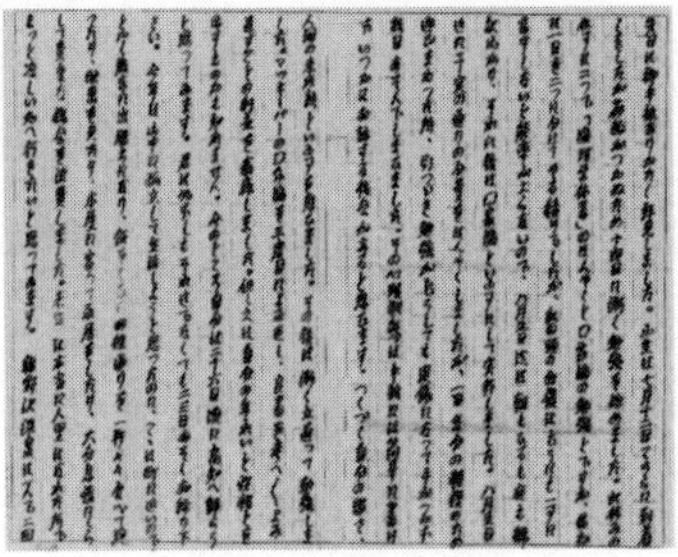

1940. 8. 16（1）

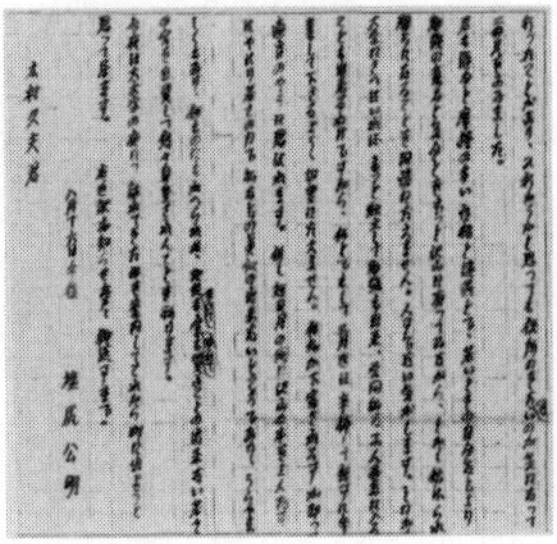

1940. 8. 16（2）

先日は御手紙ありがたく拝見しました。小生は7月12日こちらに到着しましたが荷物がつかぬため、14日に漸く勉強を始めました。此休みの仕事は二つで「論理学体系」のほんやくと国家論の勉強とですが、最初は一日を二つに分けてやる積りでしたが、私の頭の我儘はどうにも一事に集中しないと能率が上らないので、8月5日迄は、朝とひるも夜も翻訳ばかり、それに後は国家論という事にして実行しました。8月5日迄に予定の通りの分量をほんやくしましたが、一日気分の転換のため遊びまわった所、引きつゞき勉強がどうしても退儀になって手がつかず、数日あそんでしまいました。その心理状態は手紙には簡単に書けず、いつか又お話する機会があると思います。つくづく自分の弱さ、人間の未成熟という事を思いました。その後は漸く立直って勉強しました。マッキーバーの国家論を三度目によみ返し、良書を考え考えよみ直すことの利益を痛感しました。但し、之は自分の年れいと性格とを示すものかも知れません。今のところ自分は26日頃に高知へ帰ろうと思っています。君は必ずしもそれ迄でなくても、二、三日おそくお帰り下さい。今年は山中に孤立して生活しようと思ったのに、こゝは町に近いので、とかく散歩に出勝ちになり、飯をくいに四條通りを一軒々々食べて廻ったり、映画を見たり、本屋に寄って永居をしたり、大分怠惰にくらして貴重な機会を浪費しました。来年は、本当に人里はなれた所で、もっと涼しい処へ行きたいと思っています。猪野沢温泉へは、一人で二回行ったことがあります。

君も随分と摩擦の多い性格と境遇とで、若いときの自分などより勉強の意志と気分とをずっと沢山に有っていながら、とかく妨げられ勝ちになることを同情にたえません。人事《ひとごと》でない気がします。とにかく大学にさえはいれば、もっと独立して勉強も出来、学問的なふんい気に入ることも出来るわけですから、何とでもして三月迄は辛俸して無事に卒業して下さるよう、切望にたえません。何処か下宿される事が却って適当のように思われます。併し短日月の間に沢山の本をよんだ事はやはり若さの力で、私などの真似の出来ないところであり、うらやましくもあり、何ものにもかえられぬ、地位を以ても金を以ても買うことの出来ない若さの宝を自覚して愈々自重されんことを祈ります。

今夜は大文字の夜にて、訪ねてきた母を案内して、これから町に出ようと思って居ます。上近状お知らせ旁《かね》て御返事まで。

８月16日午後

塩尻公明

木村久夫君

（解説）

塩尻から久夫への書信としては長いものである。屋上屋を架することになるが、数点の解説を加えておこう。

１つは、この手紙は塩尻が研究・執筆するために籠った宿泊先の京都（東福寺内の塔頭の龍眠庵）から久夫に出した返信の手紙であるということである。「こちら」とは、龍眠庵という意味である。塩尻はまとまった休暇があると、しばしば寺や旅館や友人宅（例えば、越後の親友の苅部一衛宅）に泊り込んで勉強した。研究計画を持って宿に籠り研究に没頭するという塩尻の研究スタイルは、恩師の河合榮治郎のそれを見習ったものである。

河合の場合、週末や休暇に箱根の別荘（旅館の一室を契約して借用した。）に通って計画通りに研究と執筆とを続けた。ただし塩尻の場合は、定宿を持たなかったようである。

さて塩尻は、この年は７月12日に京都に来て、８月26日に高知に帰る予定であるというから、ほぼ１カ月半の京都滞在である。宿に滞在中の塩尻の生活は、いつもは食事と睡眠の時間の他は机の前に座って猛勉強することを常としていた。時にはごく短時間、散策をすることもあった。

手紙を書いた８月16日は丁度祇園祭の最中で、訪ねてくる母（卯女）を案内して大文字（の送り火）

を見に行く予定であったという。

2つは、この合宿の研究テーマは「論理学体系」(*A System of Logic, Ratiocinative and Inductive*, 1843)の翻訳と国家論の研究を集中的に行なうということである。「論理学体系」の翻訳とは、J. S. Millの最大の著書の翻訳のことで、塩尻自身がミルの著作の中では最も学問的価値があると評価していたものであった。塩尻は同書の翻訳(素訳)に30歳半ばの3年余りの時間とエネルギーとをかけたようであるが、その膨大な原稿(原稿用紙で約4、000枚。)は刊行に至ることはなかった。塩尻よりも先に、大関将一の翻訳[10]が出てしまったからである。

3つは、猪野沢温泉「依水荘」で宿泊合宿中であった久夫が、その一時期、即ちお盆の時期に、吹田の自宅に帰省していて、いつ高知に戻るべきかについて塩尻に相談したと思われることである。塩尻を慕い、塩尻の〝学僕〟のように行動を共にしていた久夫であったから、塩尻が高知に戻れば、自分も直ちに高知に戻ろうと考えていたようである。これに対して塩尻は、「自分は8月25日頃」に高知に帰る予定であるので、「君は必ずしもそれ迄でなくても、二、三日おそくお帰り下さい」と書いたのであろう。

筆者は先に、久夫は「お盆の時期に、吹田の自宅に帰省」していたと書いたが、これには少し説明が必要であろう。というのは、久夫は猪野沢温泉(依水荘)で7月30日から9月初め頃まで長期滞在していたことになっているが、久夫がその期間、ずっと猪野沢温泉に宿泊し続けていたかは疑わしいと考えるからである。

筆者は、塩尻が8月16日付で吹田の実家宛で久夫に手紙を出しているところから、久夫は短期間であれ、例えば木村家のお盆行事のために、8月16日以前に一家で高知の借家から吹田の実家へ帰省していたのではないかと推測したからである。(11)

4つは、久夫は猪野沢温泉滞在中か、吹田の実家に帰省早々に、自分の勉強の進捗状況を塩尻に手紙で報告したのではないかということである。

おそらく久夫は、塩尻に紹介された猪野沢温泉に滞在して勉強に励んでいること、今は吹田に帰省中であるが再び猪野沢温泉に行く予定であること、昨夏に滞在した面河渓谷の「渓泉亭」よりも猪野沢温泉の方が落ち着いて勉強できることなどを書いたと思われる。そして終わりに、〝先生も是非、猪野沢温泉にお越しください〟と誘ったのであろう。

これに対して塩尻は、今年の京都での研究生活は、自分の弱さ、人間の未成熟さのために「貴重な機会を浪費」し、予期したほどの成果を上げ得なかったので、来年はどこか〝人里はなれた所〟に籠って研究したいと、自己反省を告白している。

また、久夫に勧められた猪野沢温泉について、塩尻は「猪野沢温泉へは、一人で二回行ったことがあります」とだけ書いている。(12) その後、塩尻が猪野沢温泉に宿泊したかどうかは未確認である。

5つは、塩尻が久夫の摩擦の多い性格と彼の境遇とに同情を示しつつも、大学に入ればもっと自由に好きな勉強（経済学）ができるので、今し

焼失した「依水荘」の隣の久夫の歌碑

吉井勇揮毫の「依水荘」額

久夫が勉強した猪野沢温泉「依水荘」

ばらくは忍従して3月には無事に卒業するようにと切望していることである。

塩尻は、久夫が強い勉学意志と気分、短期間にたくさんの本を読み切る高い能力を持っているが、他方で、一本気で好悪をはっきりさせる性格、嫌いなことに対して露骨に反発と拒否の反応を示す性格を持っていることも理解していた。実際、久夫の場合、それらの性格のゆえに1年生で落第し、同学年を再履修する羽目になった（第1回目の落第）。そこで塩尻は、今は3年生になった久夫に対して、くれぐれも自重して来春3月に無事に高校を卒業するようにと諭したのであった。

6つは、久夫の高校生活で最後となるはずであった夏の休暇は、彼にとって収穫が豊かであったということである。久夫は手紙で、読書の成果を塩尻に詳細に報告したのであろう。塩尻は若い久夫の猛勉強ぶりに感嘆し、「短日月の間に沢山の本をよんだ事はやはり若さの力で、私などの真似の出来ないところであり、うらやましくもあり、何ものにもかえられぬ、地位を得ても金を得ても買うことの出来ない若さの宝」である、と書き送っている。

こうした励ましを受けた久夫の満足感と充実感とは如何ほどであったであろうか。褒めて伸ばす塩尻の教育的魔力が若者の魂を奮い立たせずにはおかなかったのではなかろうか。塩尻の上述の手紙の文章にも魔力の片鱗を窺い知ることができよう。

7つは、久夫や彼の母からの相談に応じてのことであろうと推測するが、塩尻は、9月から久夫が家族から離れて下宿生活をするのが適当であると助言していることである。

塩尻は以前から、久夫が新屋敷の家では常に父親とことごとく対立する関係にあったことを熟知していたこともあるが、久夫がこの際、下宿生活することによって、自主独立の精神を養うことができること、家族のありがたさを知ることができること、学習や大学の受験勉強に専念することができることの他に、久夫の行動に見られる少々気ままで我儘な性格を正すことができる機会として、下宿生活することも一案であると提案したものと思われる。

久夫が塩尻の家の近くに下宿するようになったのは、その後間もなくであった。塩尻が期待したように、久夫は下宿生活を契機としてさらに勉強に励むようになった。久夫は塩尻宅で毎木曜日に開かれる相談会に必ず参加するとともに、塩尻に読むべき本を教えられると必ず読み、自らも興味ある本を次々と購入していった。久夫の下宿を訪れた友人たちはみな、その書棚に並んだ専門書の多さに驚いた。

久夫の経済学研究への熱情はますます燃え上がり、経済学の専門書はもちろんのこと、政治学、歴史学、哲学、社会学関係の本も購入し続けた。木村家は久夫が本を購入することや、勉強のために旅館に宿泊することについて金を惜しむということは一切なかった。

さて、後日談に進もう。久夫の３年生としての学習は順調に進んだかに思えた。しかし年度末の卒業判定会議で、久夫は再び落第することになった。

〈教練の単位が取れず、２度目の落第〉

１年生での落第は久夫がドイツ語の授業をさぼった（実際はドイツ語担当の教授の態度を嫌い、授業をさぼった）結果であったが、今度は教練の出席日数が足りないというものであった。戦争と軍隊とを嫌っていた久夫は、２人の配属将校うちの１人をとりわけ嫌い、その将校の軍事教練に出席しなかったからであった。

旧制高校での落第は珍しくなかったが[13]、3年生で2度目の落第が決定した時、さしもの久夫もショックを受けたようである。久夫はその時の心の動揺とやるせなさとを、彼の自伝風小説「物部川」（未完成）で次のように描いている。謙蔵が久夫である。

> 3月の始め、卒業の予定だった謙蔵に大嵐が吹きまくり、彼は落第の憂き目を見たのだった。落第はこれが始めてではなかった。2年生から3年生になるときにも落第をした。「おれは落第の常習犯だな」とそう思って苦笑した。母は悲嘆にくれた。殊に永年のいきさつのある父は学校をやめてしまえと言った。長い間父の横暴に苦しめられてきた彼は、こんなに侮辱されるよりは、いっそのことこの機に学校をよして一農夫になって一生を送ろうかと考えた。何の屈託もない農夫となって楽しい家庭生活に一生を送るのももともと大きな理想であった。幾重にも重った家庭苦の中に育ってきた彼にこれが最終の目的となったのも当然であった[14]。

久夫が2回目の落第を体験した時の木村家の家族の失望と落胆とが

旧制高知高校時代の久夫と級友

旧制高知高校時代の久夫

リアルに描かれている。すなわち、久夫本人は「おれは落第の常習犯だな」と自嘲し、母は「悲嘆にくれ」、父は「学校をやめてしまえ」と怒鳴った、と。親の過重な期待は子どもの重荷となり、子どもを苦しめた。逃げ道は何か。彼が考えた道の一つは、退学して農夫になることであった。彼はその道を真剣に考えたようである。

〈説得されて、３年生を再履修する〉

２回目の落第で落胆失望して退学まで考えた久夫であったが、今度は久夫の周りに相談する先生たちがいた。それは、敬愛する塩尻教授であり、指導教官の徳田教授であり、八波教授であった。塩尻ら三人の先生たちの親切な説得と心温まる励ましとがあったのであろう。久夫は退学する意思を撤回し、３年生を再履修する決断をした。

再履修すると決めた久夫が立てた目標は、これまで蓄積してきた経済学の知見を論稿にまとめるというものであった。彼はこの目標を達成するために研究スケジュールを立て、且つ実行した。夏季休暇に入ると、彼は猪野沢温泉の「依水荘」に籠った。この（１９４１年）夏の滞在は２回で、１回目は１９４１年７月31日から８月９日までの10日間で（この時は学友の橘尚道と一緒）、２回目は１９４１年８月17日から20日間余りであった（この時の滞在は一人で、宿泊名簿に記帳がない）。

この長期滞在中にほぼ仕上げたのが、後に学内雑誌『南溟報告会誌』第１号に投稿することになる論文であり、短歌集「猪野々山居」である。

〈経済学の研究論文〉

久夫が研究論文「転換期に立つ経済学・序論―政治経済学論争に際して―」[15]を脱稿したのは、後期が始まった1941年10月5日であった。専門外の筆者には、同論文の内容を適切に評価する力量はないが、経済学の基本文献の理論を系統的に整理して解説し、しかも手厳しい批評を加えている同論文は、なかなかの力作であるように思われる。

同論文で注目したいのは、その「あとがき」の末尾で、久夫が謝辞を書いている箇所である。

以上粗雑にして未熟なる労作であるが、私にとっては長き学問修業上の記念す可き一里塚であり、又過去永きに渉る高校生活を顧みる時、精神的、学問的に日夜御指導下された恩師塩尻教授への報恩の一つとして、また一身上の面倒な諸問題にまで常に慈父の如く御指導下された尊敬せる徳田、八波両教授への感謝の念の一つの現われとして、本論を公にした次第である。今や私が感激に溢れつゝ、此処に筆を擱く事の出来るのも、実に三先生のお蔭に外ならないのである。[16]

京大経済学部入学当時の久夫（1）

京大経済学部入学当時の久夫（2）

ここには久夫の高校生活の総括としての処女論文発表の感激と、５年間にわたってお世話になった３人の恩師に対する心からの謝意が表されている（しかし同論文が、久夫が学問研究者として出発することを宣言した記念すべき処女論文であったと共に、意に沿わない徴兵によって戦場で散る運命を辿ることになる久夫の絶筆になったことは、何としても悲しくて残念なことである）。

さて久夫は、今度は全ての必要単位を修得して１９４２年3月に旧制高知高校を卒業する。そして経済学研究をより深めるために京都帝国大学経済学部に入学する。この入学は、これまでの5年間にわたる高知での高校生活に終止符を打ち、京都での新しい学生生活が始まることを意味した。

(2)　１９４２（昭和17）年４月11日消印の手紙（速達）

京都市上京区紫野下鳥田町27　洛北荘内　木村久夫君

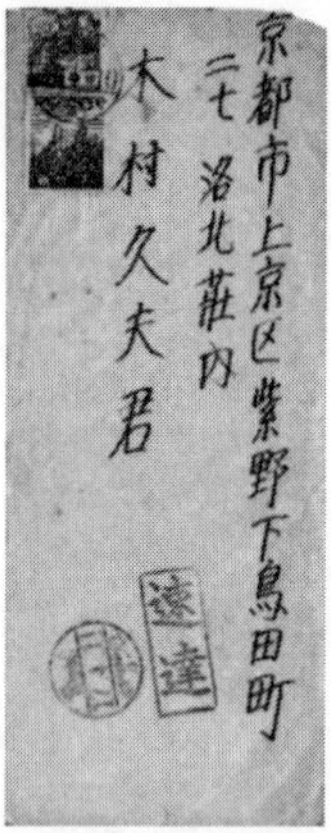

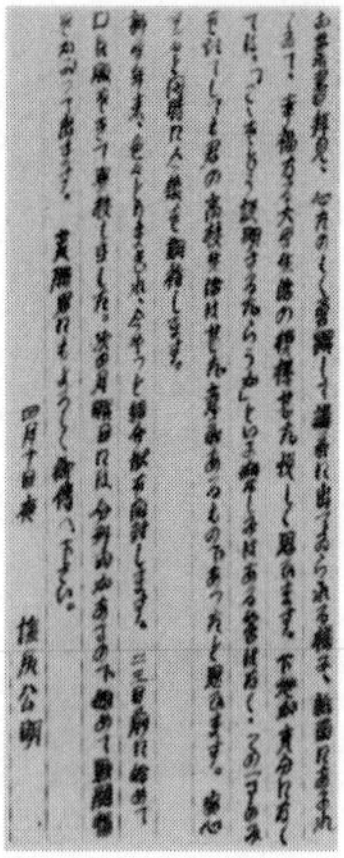

お葉書拝見。心たのしく勇躍して講義に出ておられる様子、紙面にあふれていて、幸福なる大学生活の様

子甚だ悦しく思ひます。下地が充分になくては、「こゝをどう説明するだろうか」という楽しみはある筈はなく、この一事のみを以てしても君の高校生活は甚だ意義あるものであったと思います。安心すると同時に今後を期待します。

新学年末、色々とりまぎれ、今やっと紹介状を同封します。二、三日前に始めて国民服をきて登校しました。次の月曜日には分列式があるので始めて戦闘帽をかぶって出ます。荒勝君にもよろしく御傳え下さい。

（1942年）4月10日夜

塩尻公明

木村君

〈解説〉

〈久夫、京大で楽しい研究生活を享受する〉

塩尻のこの速達郵便は、京都帝国大学経済学部の1年生となった久夫からのハガキに対する返信である。手紙の宛先は、京都市の下宿の久夫である。この返信から、次のことが指摘できる。

1つは、久夫がどのような手紙を塩尻に送ったかは不明であるが、塩尻の文章から、久夫が「心たのしく勇躍して講義に出て」いること、「幸福なる大学生活」を送っていることが読み取れることである。

塩尻が（1）の手紙で、高校を卒業して大学に入れば、自由に好きな勉強ができると忠告していたが、久夫が実際に大学に入ってみて、塩尻の忠告が真実であったことが実感できたようであった。

ところで、入学早々の久夫が塩尻にどのような内容の書信を出したのかを推測できる資料がある。それは、久夫がその後、高校時代の恩師の八波教授に出した手紙である。その中に、つぎのような文言がある。

京に来て早や1月、漸く心が落ち着きだした次第です。いよいよ本格的勉強に掛っています。塩尻先生、八波先生の向うを張って小生も翻訳（経済原論）を始めています。8月頃には是非完成させたいと意気込んでいます。その節はご一読下さい。…高等学校時分とは正に１８０度反対の気分をもって通学しています。何を申しても〝好かぬ教師〟の顔を見ないだけでも愉快です…。[17]

ここには、向学心に燃え、本格的に勉強に取組んでいる久夫がいる。久夫の「いよいよ本格的勉強に掛っています」や「高等学校時分とは正に１８０度反対の気分をもって通学しています」には、若さと生気と活気が満ち溢れている。さらに彼は、今取り組んでいる勉強の具体例として、経済原論に関する著書の翻訳を始めていると言い、しかも8月頃には完成させる予定なので、その節はご一読くださいとまで書き切っている。頼もしいまでに勉強への本気度が伝わってくる。おそらく塩尻にも、同旨の報告をしたのではないかと推測できる。

２つは、塩尻は、久夫が楽しい大学生活を享受することができるのは摩擦の多かった高校生活時代に学問研究の下地を十分に作っていたからであって、久夫に忍従を強いた高校生活も、今となっては「甚だ意義ある」ものであったこと、今後の勉学のさらなる進展を期待していることを述べて、激励していることである。

久夫は〝好かぬ教師〟を徹底して嫌ったために、3年間の修業年限の高校を5年かけて卒業することになったが、しかしその間に、彼は学問研究の下地（研究方法、経済学の基礎知識などの修得）を作ることに努力した。その久夫を指導し見守って来た塩尻であったからこそ、忍従を強いた高校生活も、今となっては「甚だ意義ある」んだよ、と言えたのである。まさに〝艱難汝を玉にす〟の教えであったと言えよう。忍従を強いた高校生活を克服して大学生になった久夫には、塩尻の助言の意味がよく理解できたことであろう。

3つは、塩尻の手紙に「紹介状を同封します」とあるが、久夫の求めに応じて、久夫を誰か（京大の教授か、京都在住の知人か？）に紹介しようとしたということである。

久夫が恩師の塩尻に紹介状を依頼していたということは、彼の強い向学心を示す一例であると見ることができる。手紙の文章は短いのに、塩尻が敢えて手紙にしたのは、紹介状を同封したからである。しかも新学期早々の4月10日付の手紙を速達で出したということは、久夫の意に沿うべく急いだことを示している。果たして誰宛の、どういう内容の紹介状であったのであろうか。今後の宿題としておきたい。


〈深く浸潤する軍国主義〉

4つは、塩尻が「二、三日前に始めて国民服をきて登校しました。次の月曜日には分列式があるので始めて戦闘帽をかぶって出ます」と書いているように、1942年4月から高等学校における軍事教練が一段と強化されてきたことを示していることである。

それまでは原則として和服で通してきた塩尻も、遂に国民服を着て、戦闘帽をかぶって勤務するという状況になってきたようである。戦争中に高知高校で学んだ生徒の一人は、〝軍事教練の時、塩尻先生は羽織袴で裸足という奇異な恰好で行進されていたが、その先生が着慣れない国民服を着られるようになられて、お気の毒な気がしたものであった〟と筆者に語ってくれたことが記憶に鮮明である。しかも彼によれば、〝塩尻先生の和服姿と裸足での行進は、塩尻先生なりの教育の軍国主義化への抵抗であった〟という。その塩尻の和服姿も、この頃から消えていったようである。

やがて教育の軍国主義化は、高等教育機関（高等学校と大学等）の修業年限の短縮、学徒動員、学徒勤労動員等へと進んでいく。

ところで久夫は、1942年4月18日に受けた徴兵検査の結果、第二乙種であったので、当分の間、徴兵はないと考えていたようである。例えば、先の八波教授への手紙の後半部で次のように報告している。

小生徴兵検査の結果は第二乙種でした。この分では大戦争のない限り大丈夫です。喜ぶというと非常時性に反しますが、今後限りなく勉強をつづけて行けると思うと何だか私に課せられた運命の如く思われ益々今後の精進を誓う次第です。(18)

徴兵検査の結果から、大戦争に発展しない限り徴兵されることはないと考えていた久夫は、今後限りなく勉強をつづけていくことが自分に課せられた運命であると考え、むしろ、安堵していたことが窺える。それは、病弱で研究好きな久夫にとって願ってもない幸運な結果でもあった。

しかし、久夫のこの楽観的見方と学問的望みとは裏切られることになる。それは、僅か半年後の招集によってであった。

なお、荒勝君とは高知高校時代からの同窓生であった荒勝巌君のことで、久夫と一緒に京都帝国大学経済学部を受験し、合格した学友のことである。彼も塩尻の教え子であった(荒勝君については、後に再度触れる)。

(3) 1942(昭和17)年7月1日消印の葉書

京都市左京区北白川東部平井町47　紫洛寮内　木村久夫君
7月1日　高知市城北町39　塩尻公明

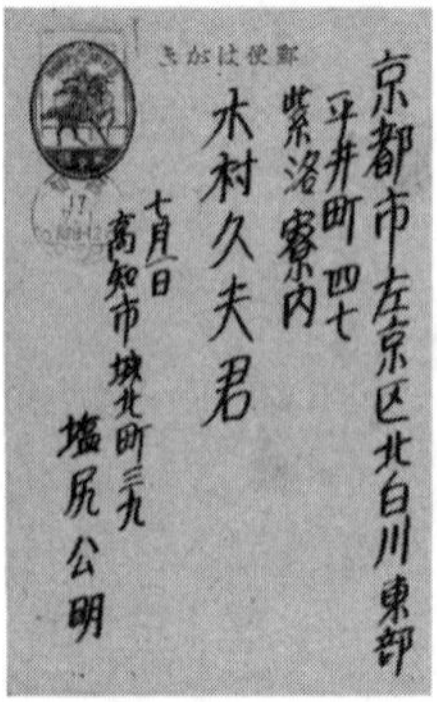

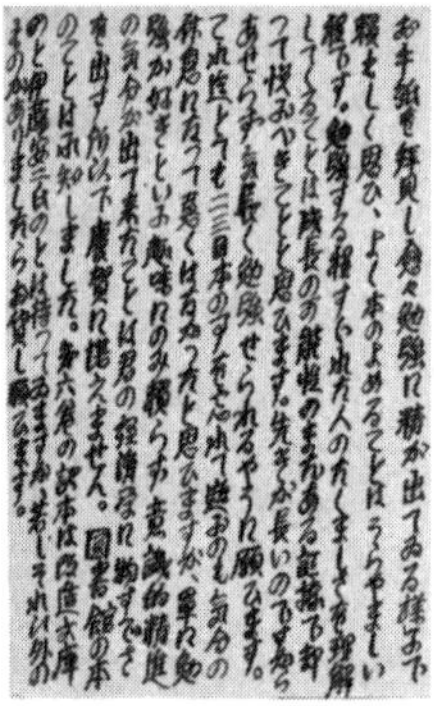

お手紙を拝見し愈々勉強に精が出ている様子で頼もしく思い、よく本のよめることはうらやましい程です。勉強する程すぐれた人のたくましさを理解してくることは成長の可能性のまだある証拠で却って悦ぶべきことと思います。先きがながいのですからあせらず気長く勉強せられるように願います。これ迄とても二三日、本の事を忘れて遊ぶのも気分の休息になって悪くはなかったと思いますが、単に勉強が好きという趣味にのみ頼らず意識的精進の気分が出て来たことは君の経済学に物すごさを出す所以で慶賀に堪えません。図書館の本のことは承知しました。第六巻の訳本は改造文庫のと伊藤安二氏のとは持っていますが、若しそれ以外のものがありましたらお貸し願います。

（解説）

久夫の手紙に対して塩尻が出した返信葉書である。おそらく久夫は、日々勉強に専念しており、読書も順調に進んでいること、すぐれた学者の逞しさを理解するようになったこと、経済学関係の本を意識的に読んでいること等を塩尻に報告したと思われる。

それに対して塩尻は、向学心に燃えてよく読書できることは羨ましいこと、君は若く、これから先が長いので、焦ることなく気長く勉強するように願っていること、ただ時には読書を忘れて2、3日遊ぶことも効果があること等をアドバイスするとともに、趣味で読書するのではなくて経済学に関する系統的な読書をしていることは慶賀に堪えない、という内容の返事を書いている。

この葉書で特記すべきことは、塩尻と久夫とが互いに図書の貸し借りをし合っていることである。そこには、久夫との関係を上下の師弟関係で見るのではなくて、彼を同じ学問研究を志す対等な同僚関係として位置付けている塩尻の姿勢がある。もっとも塩尻は久夫に限らず、若い研究者たちを「若き同僚」と言うのが常であったことも追記しておこう。

なおハガキに出てくる「図書館の本」がどういう本であるか不明であるが、「第六巻の訳本は改造文庫のと伊藤安二氏のとは持っています」と書いているのは、前者はJ．S．ミル著・松浦孝作訳『精神科学の論理』（改造文庫、1940年）で、後者はJ．S．ミル著・伊藤安二訳『社会科学の方法論―道徳的諸科学の論理学について―』（敬文堂書店、1934年）のことであろう。

今ひとつ追記しておきたいことは、葉書の宛先から、久夫が上京区紫野下鳥田町27の洛北荘から左京区北白川東部平井町47の紫洛寮に移転したということである。4月に取り敢えず入居した洛北荘から、勉学に何かと好都合な紫洛寮に移ったということであろう。そこはまた、久夫が憧れる歌人の吉井勇の邸宅に近かった。

(4) 1942（昭和17）年7月15日消印の葉書

京都市左京区北白川東部平井町47　紫洛寮内　木村久夫様
7月14日夜　高知市城北町39　塩尻公明

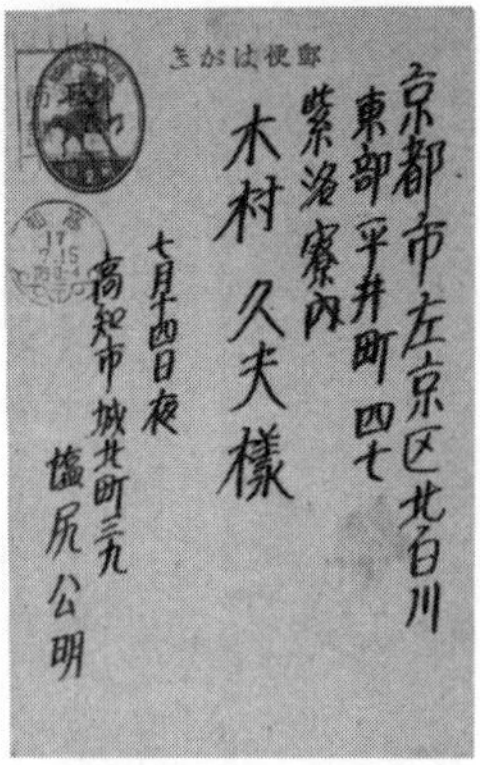

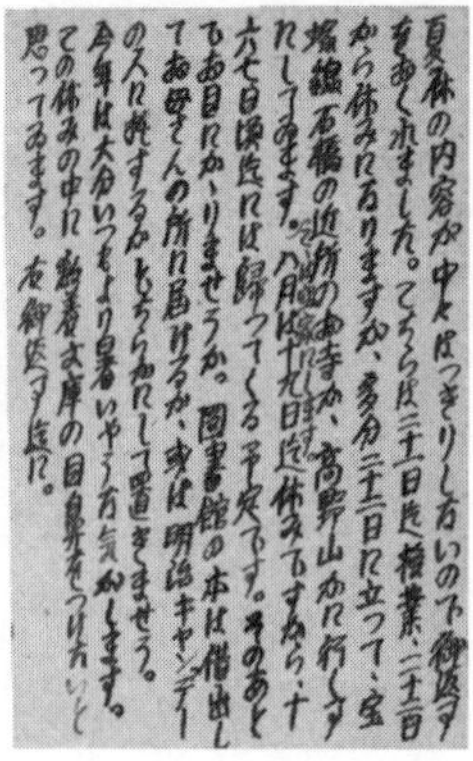

夏休の内容が中々はっきりしないので御返事をおくれました。こちらは21日迄授業、22日から休みになりますが、多分22日に立って、宝塚線石橋の近所のお寺か、高野山かに行く事にしています。こゝは空家にします。8月は19日迄休みですから、16～17日頃迄には帰ってくる予定です。そのあとでお目にかゝりましょうか。図書館の本は借出してお母さんの所に届けるか、或は明治キャンデーの人に托するかどちらかにして置きましょう。今年は大分いつもより暑いような気がします。この休みの中に教養文庫の目鼻をつけたいと思っています。右御返事迄に。

(解説)

この葉書は、久夫が塩尻の夏季休暇中の予定を尋ねたのに対して、塩尻が自分の夏季休暇中のスケジュールを知らせたものである。

大学生として初めての夏季休暇（夏休み）を迎えた久夫は、塩尻に出した書信で、自分は大学の夏季休暇を利用して、高知に住んでいる母（斐野《あきの》）と妹（孝子《こうこ》）の家に戻ること（この時、久夫は京都で下宿住まいをしていたが、久夫の家族は、孝子がまだ高知県立第二高等女学校に在学中であったので、彼女が1943年3月に同校を卒業するまで高知の借家に住んでいた。）、塩尻に会いたいこと、猪野々温泉（依水荘）にも足を延ばしたいこと等々を書いたものと思われる。

久夫の書信に対して塩尻は、7月21日まで授業、7月22日から8月19日まで夏季休暇であること、休暇に入る22日には高知を出発して大阪池田市の阪急宝塚線の石橋近くにある寺（越後から大阪へ戻った塩尻と卯女とが、間借りして住み、座禅に励んだ順正寺）か、高野山の宿坊（成福院）かに籠って研究する計画であること、8月16〜17日頃迄には帰高（高知に戻ってくる）予定であること、を知らせている。

次に塩尻は、久夫から高知高校の図書館から借り出すことを依頼された本については、自分が高知を離れる予定であるので、高知在住の久夫の母に届けるか、明治キャンディー店の主人に托すことにする、と記している。図書の借り出しを恩師に依頼する久夫。それを快く引き受ける塩尻。この二人の関係は、師弟関係を超越した親しい同僚関係のようである。

久夫がこの夏季休暇中に何日間、高知に滞在したかについては定かではない。ただ塩尻は8月16〜17日頃迄には帰高していたはずであったので、久夫はそれを見計《みはか》らって塩尻家を訪ねたことであろう。その後、久夫は猪野々温泉の依水荘に向かったようである。1942年8月23日から一泊二日の日程で依水荘に宿泊したことが同荘の宿帳に記録されているからである。久夫としては、京大生となった晴れ姿を、お世話になった塩尻家の人々や依水荘の人々に見てもらい、お礼を言いたかったのであろう。

なお中野綾子は、この時の猪野々温泉宿泊は１９４２年10月の入営を控えて挨拶に来たと考えられると推測している。[19] 穿《うが》った見方ではあるが、筆者は以下の理由から、少し違った見方をしている。

1つは、塩尻の上の葉書の中に、久夫の入営を感じさせる文言が見られないからである。もし入営というような内容が書かれていたら、塩尻は何らかの反応の記述をすると考えるからである。

2つは、次の（5）で見る久夫の手紙の内容（高文試験を受験したいという相談）から判断して、入営する人間が高文試験を受験したいというような相談をしないであろうと考えるからである。

以上2つの理由から、筆者は、この時点では、久夫はまだ入営通知を受取っていなかったと考える。

もっとも久夫が4月に徴兵検査を受け、第二乙種であったので、「大戦争のない限り大丈夫（徴兵されることはない）」と考えていたが、急速に戦況が悪化して行き、第二乙種であっても、いつ徴兵されるやも知れない状況になってきていたので、この夏季休暇の機会に、塩尻家や「依水荘」の人々、その他お世話になった方々にご挨拶とお礼とを兼ねて、徴兵の可能性の話もしたというのであれば、異議のないところである。

ちなみに入営通知は、普通1～2週間前の或る日に突然のような形（いわゆる赤紙）で郵送されて来ると聞いているが、そうであれば、久夫へのそれは9月15日以降の或る日に吹田の木村家宛に突然に来たのではなかろうか。というのは、久夫が高文試験を受験したいという相談する手紙に応えて、塩尻が次のような比較的長い手紙を出しているからである。

(5) 1942（昭和17）年9月18日夜の手紙

京都市左京区北白川東平井町47　紫洛寮　木村久夫君

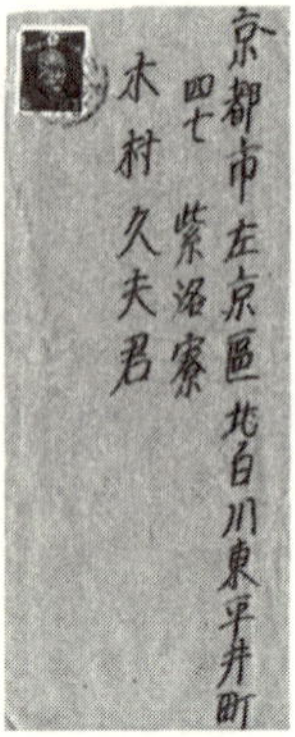
京都市左京區北白川東平井町
四七
紫洛寮
木村久夫君

1942. 9 . 18（封筒）

1942. 9 . 18（1）

1942. 9 . 18（2）

1942. 9 . 18（3）

お手紙を拝見しました。上村君からも支那に行く旨の手紙を受け取りました。

高文の件については、君の受験課目に法律が多いので、その程度に法律をやっているならば、得意の経済的学課と混じて高文を受けるならば案外肩の荷軽く受けられるのではないかという気もします。併しとにかく高文を受けるとすれば一年間はそちらに全力を向けなくてはならないでしょう。勿論役人になるならば必要不可欠であり実業界に出るにも一つの長所となることは確かですが、経済学を学問的に押すゝめる点から云えば、何れにすべきかとにかく難問ですね。南方に多数の役人が入用ですから役人になることははけ口が多いのは事実です。

たゞ一つ云えることは、今の君の立場に立てば、国家の支配階級になろうと思えばなりうる、又学究として立つこともできる、可能性としてはたしかに孰《いず》れにもなり得るのです。併し実現さるべき人生コースは何れかの一つしかない（運よく両方を満足することもあり得ますが、それは一方をすてゝ他方に専念している中に自然になるのが一塔《かい》です。生理学者の橋田さんが高校長になり文部大臣になったり、会社員の小畑氏が政府の顕官《けんかん》になったりした如く）のですから、心構えとしては何れか惜しいものを捨てゝ捨身になって一方のみに向うところに大成するのだと思います。私自身もその反対をして失敗したみじめな一例ですから、つくづくそう思います。お父さんも直ぐ食ってゆけない程の困り方ではないでしょうから、君が断乎として一路に向えばやはり喜んでついて来られるのではないでしょうか。だから周囲の声よりも、君自身が何れを本音から欲するか、をじっときいてみる事が第一と思います。両方に可能性あり、両方とも自分にもきらいでない、という時一番きめにくい事ですが、たゞ両道をかける事は両方共に失望に了《おわ》る危険があると思います。学生でいる間に経済に深入りすることはあきらめて、卒業後就職してのちにこつこつやるのだ、という決心がつくなら、一年程はたゞで呉れてやるつもりになってしまって高文の準備に没頭するのもよいと思います。たゞその時にも一生勉強することは勿論必要で、そうしなくてはすぐれた役人にはなれませんが、併し仮令そうしても、専門の経済学徒としての深みはあきらめ去らねばならぬと思います。卒業後数年大学院に残るなり或は専門学校に就職するなりして、適当の機会に上村君の紹介で支那にゆくことも一法であると思います。高等教員の免状をとって置けば高等学校にも可能性があります。又若し大学にいる年限を今一年多くいることが出来れば（高文を受ける人のよくやった事ですが）一年を高文にかし与え、経済の方も予定だけやる、という事ができると思います。そして卒業するとき役人になるか、学問をやるか、を決めるのも一つの方法でしょう。

上決定的な示唆は与え得ませんが、感じたことのみ申し述べました。

１９４２（昭和17）年9月18日夜　　　　塩尻公明

木村久夫君

〈解説〉

この塩尻の比較的長文の手紙は、久夫から将来の進路について、とりわけ高文受験についての相談に対する返信である。ここで高文とは、文官試験規則（明治26年勅令第１９７号）制定による開始時から高等試験令（大正7年勅令第7号）制定までの「文官高等試験」、同令制定以後の「高等試験」の俗称で、１８９４年から１９４８年まで実施された高級官僚（奏任文官等）の任用資格試験及び法曹資格試験のことである。

以下では、手紙の内容に即して、数項目について解説をしていこう。

1つは、塩尻は久夫の進路についての相談に対して懇切丁寧な説明をしていることである。ただし、高等試験を受けるに当たっては、幾つかの覚悟が必要であると釘を刺している。

当時の高等試験は、高等試験令（昭和4年勅令第15号）に基づき実施されていたが、昭和16年勅令第1号による改正後は、行政科（それまでの外交科と併合）と司法科とがあった。久夫が受験を希望していたのは、彼の専門性から考えると、行政科であったはずである。

さて、当時の高等試験行政科の試験科目は、以下のようになっていた（昭和16年勅令第1号による改正後の高等試験令第13条を参照）。

・筆記試験は次の①から⑥までの全て。

①憲法、②国史、③行政法、④経済学、⑤民法、国際公法及び外国語の中2科目（受験者が予め選択）、⑥哲学、民法、商法、刑法、民事訴訟法、刑事訴訟法、国際公法、国際私法、政治学、財政学、経済政策、外交史、経済地理及び外国語の中1科目（受験者が予め選択。ただし、民法、国際公法及び外国語は、受験者が⑤に於いて選択しない場合に限り選択することが出来る。）

・口述試験は、国史、行政法（筆記試験で国際公法及び外国語受験した者は、その志望により、国際公法を以ってこれに代える。）及び経済学。

・筆記試験及び口述試験の外国語は、英語、仏語、独語、支那〔中国〕語、露語及び西班牙〔スペイン〕語中受験者が予め選択した1語。

まず塩尻は、久夫に対して、経済学は得意学科であるし、受験科目に多い法律もその程度に法律をやっているのであれば「案外肩の荷軽く受けられる」のではないかと述べる。しかしこの言葉は、高文試験が易しいと言っているのではない。もし高文試験を受けるとするならば、1年間はその受験対策に全力を尽くさねばならないこと、さらに高文試験の準備をするとしたならば、経済学を学問的に進めていく点から言えば難問がある、と言うことを忘れていない。

2つは、塩尻は、高文に合格しておくことは役人（官僚）になるには必要不可欠であり、実業界で働くにしても一つの長所になり得ること、また、南方（注・東南アジア諸国のことか?）に多数の役人が必要となるから、就職には困らないであろうとも書いていることである。

ただし塩尻は、高文に合格して就職しても、勝れた役人になるためには一生勉強することが必要であるとも書いている。

3つは、二兎を追う者は一兎をも得ないということ、また人生コースは一つしかないことを考えなければならない、と念押ししていることである。

塩尻は、例外の事例として橋田と小畑[20]を挙げつつも、両道をかけることは両方共に失望に終わる危険性があるという。塩尻は久夫に対して、君は国家の官僚になろうと思えばなり得るし、学者としても生きる可能性があるが、人生コースは一つしかないのであるから、どちらか一方を捨てて、一つの道に進むことが大成する生き方である、と提言している。そこで大切になってくることは、自分の本心（本音）を確かめることであるという。

この点で塩尻が、「私自身もその反対をして失敗したみじめな一例ですから、つくづくそう思います」と書いていることの意味である。塩尻の場合、青少年期に描いていた人生コースは、一高から東京帝国大学法学部を経て官吏となり、やがて政治家になるというものであった。それゆえに塩尻は、一高に入学した当初は高文試験を受ける予定であった。しかし一高入学後まもなく、天分と愛情（愛欲）の問題に悩むことになった。この問題は進学した東大在学中も解決せず、塩尻は高文試験の受験はおろか、就職さえもできない状態で卒業を迎えるという有様であった。その塩尻が選択した道は、一燈園に入って無所有の修行生活をするということであった。それでも解決策は見つからず、その後もさらに凄惨な数年間を彷徨《さまよ》った。

塩尻が久夫に書いた私自身の「みじめな」失敗とは、おそらくこのようなことを意味していたと思われる。

ただし筆者は、塩尻はその苦闘と苦難の数年を体験したからこそ、〝人格主義者塩尻公明〟が出来上がったと考えているが、塩尻自身は、〝悔恨と慚愧の数年間〟と回顧するのが常であった。

４つは、高文試験を受けるに当たっての対応と方法とについて幾つかの取り得るケースを提案していることである。

例えば塩尻は、在学中に受験する場合と卒業後に受験する場合とに分けて、久夫が取り得る方法を示している。また、取り得る進路については、「卒業するとき役人になるか、学問をやるか」を決めるのも一つの方法である、と説明している。

５つは、塩尻としては、久夫には学問の道に進んで欲しいと願っていたのではないかと推察できることである。

これは筆者が手紙を読んだ後に抱いた感想に過ぎないのであるが、塩尻は久夫から高文試験を受けたいという相談の手紙を受け取った時、その内容が意外であったので、少なからず驚いたのではなかろうか。なぜならば久夫は、それまで塩尻（や八波や親友たち）に対して学問研究に精進して、将来は学究の道（学者の道、それも近代経済学者への道）に進みたいという意向を訴えていたからである。

もちろん塩尻は、高文受験に反対とかは書いていない。むしろ久夫の質問についてあれこれと参考になる意見を書き送っている。相談の内容とその回答の複雑さの故に、詳細な説明が必要であることは理解するとしても、その行間から、塩尻が久夫には学問の道に進んで欲しいと願っていたのではないか、という思いが筆者には読み取れるのである。

6つは、これも感想であるが、召集の心配のあるこの時期に、久夫がどうして急に高文受験を思い立ったのかということである。

久夫の手紙が確認できないので、彼が高文受験を思い立った理由が分からないのであるが、塩尻の返事の内容からそれを敢えて推測してみよう。

その1は、学問研究の進展の結果として高文試験を受験してみようと考えたということである。向学心が高じて最難関の試験と考えられている高文試験に挑戦してみようと考えたわけである。所謂、力試しである。

その2は、高文試験に通っておけば、将来、どの道に進むことになってもプラスにこそなれ、マイナスにはならないと考えたということである。また、父の久が久夫に役人（官吏）になることを希望していたので、親孝行も兼ねて受験してみようと考えたのかも知れない。

その３は、高文試験を目指す京都大学内の雰囲気に影響されたのではないかということである。これは、行政試験や司法試験を受験しようとする周囲の多くの学生たちに刺激されて、久夫も受験してみようと考えたのではないかという見方である。

太平洋戦争の戦況が急速に悪化して、同級生たちが徴兵され、自分にも召集の不安が濃厚になりつつあることを感じていたはずの久夫であったと思われるので、なおさら彼の高文試験受験の理由が理解し難いのである。

最後に、塩尻が手紙の冒頭部分で「上村君からも支那に行く旨の手紙を受け取りました」と書いていることについて、少しだけ触れておこう。

塩尻が「上村君」と書いているところから推察すると、彼は塩尻の高知高校時代の教え子の一人であり、久夫と同じく京大へ進学したのであろう。だだ、ここではそれ以上のことは分からない。しかし、上村君のその後については後に出てくるので、その箇所で改めて触れることにしたい。

〈久夫に召集令状が来る〉

まもなく戦争の使者が、木村家を訪れることになった。遂に久夫に臨時召集令状（写真は召集令状の例）が来たのである。

久夫に来た臨時召集令状は拝見していないが、久夫の手帳には「臨時招集　10月１日９時　第一補充兵役（歩兵）　中部第23部隊　19日午後６時京阪天満駅(21)」と書かれたメモがあるという。木村家からの連絡をメモしたようである。

写真の臨時召集令状に即して久夫への令状の要点を書けば、大体、次のようになろう。

臨時召集令状

大阪府吹田市大字佐井寺４０２９

第一補充兵役（歩兵）　木村久夫

右臨時召集ヲ令セラレ依テ左記日時到着地ニ参著シ此ノ令状ヲ以テ当該招集事務所ニ届出ツヘシ

到着日時　10月1日　午前9時

到　著　地　大阪市東区法円坂町　中部第23部隊管内

招集部隊　中部第23部隊

大阪連隊区司令部

久夫のメモの終わりにある「19日午後6時京阪天満駅」という意味は、臨時召集令状の内容とは直接的な関係がなく、突然、臨時召集令状の内容を知った久夫が急遽、大阪の誰か知人と落ち合う約束

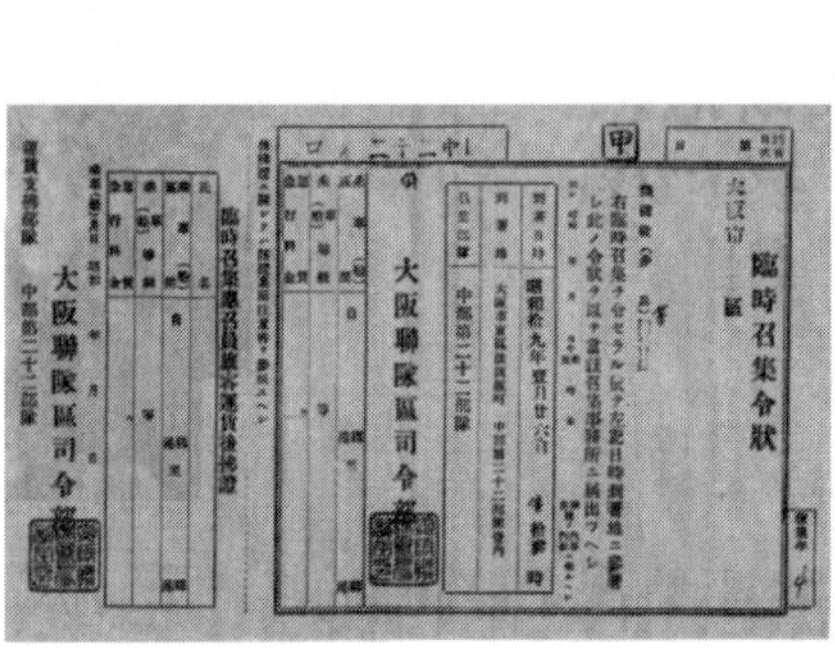
臨時召集令状

大阪聯隊區司令部

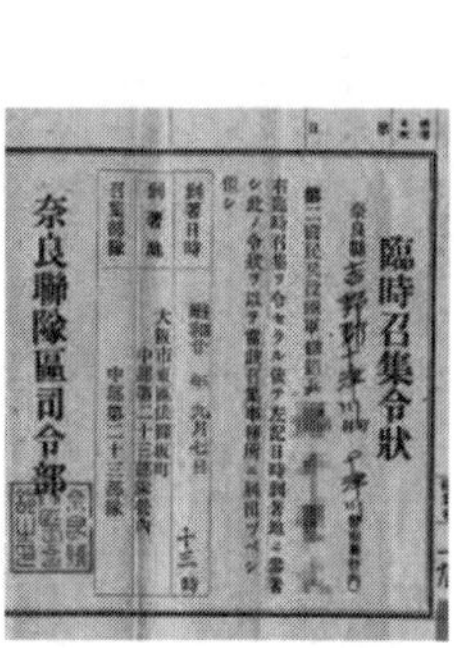
臨時召集令狀

奈良聯隊區司令部

（参照：臨時召集令状、いわゆる赤紙）

をした日時と場所名ではないかと推察する。当時、京阪天満駅は京阪電車の大阪側の終点駅であったからである。

ここで特記しておきたいことは、久夫への臨時召集令状が吹田の木村家に届いたのは9月18日頃であったのではないかということである。それは丁度、塩尻が久夫に対して返信を書いていた日か、その前後の日であったということである。

かくして久夫の高文試験受験の問題は、久夫への臨時召集令状で霧散してしまう。久夫は10月1日に入営することになった。

(6) 1942（昭和17）年11月19日消印の葉書

大阪中部第23部隊　八木隊第一　木村久夫君

昭和17年11月19日　東京市蒲田区御園町1の2の7　備藤八重方　塩尻公明

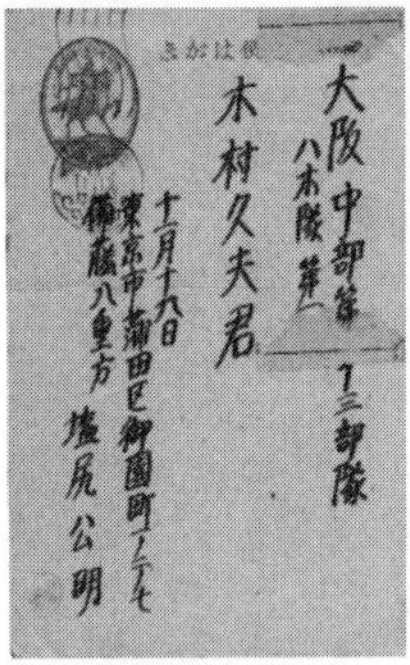

其後は御無沙汰しました。小生は10月初より上京、11月の初め10日間は文化祭のため高知に帰り、土佐の快晴の秋空を満喫して再び上京しました。色々の学者に会い、書斎を見せて貰い、又研究会などで若い学者達の目もさめるような論戦を聞き、学問上に刺激を受けるところあると共に、人間修行としても色々のものを得ました。社会科学方法論に関するものを読むつもりで上京しましたが、最初想像していたのとちがって色々のものを読まねばならぬ事を知り、又方法論といっても単に形式的な問題ではなく世界観というような実に内容的なものと不可分の関係ある広汎な問題であることを知りました。今迄僅かにメンガー、ウェーバー、カント等にふれたに過ぎませんが、寧ろ人との交渉に依ってえた刺激を今後生かしたく思っています。君は軍隊でなくては得られぬ色々の心身の勉強に精出して下さい。荒勝が君を失って寂しがっているので帰途は京都に寄り出来れば共に君を訪ねたく思っています。

（解説）

ここでも、葉書の内容について数点の解説を付しておこう。

1つは、葉書の宛先から、久夫はすでに徴集されて大阪中部第23部隊八木隊第一に配属されたことが分かる。所属部隊は、正しくは「大阪陸軍中部第23部隊八木隊第一」ということである。

久夫は京大の1年生の10月1日に徴集されたが、学年短縮措置で、当日付で2年生に進級していた。

葉書の宛先から考えて、久夫は入隊早々に塩尻に連絡をしたものと思われる。ただし塩尻の返事が

11月19日付になったのは、塩尻が10月１日から３カ月間、東京大学に内地留学の機会を得たために高知を離れていたからであろう。久夫の書信がまず高知の塩尻宅に届き、それが東京の塩尻の宿泊先に転送され、それから塩尻が返事を書いたという経緯があったので、日数を要したと考えられる。

２つは、塩尻の発信先の住所が実母である備藤八重の家であるということである。塩尻は実母の家に寄宿しながら、東京での内地留学生活をしていたということになる。内地留学期間は、約３ヵ月間であったと思われる。

八重（１８６８・10・15～１９４６・８・４）が東京で住むようになったのは、夫の備藤壮太郎（１８７０・５・12～１９２４・４・12）が公務中に交通事故で亡くなったこと、８人の子どもたち（４男４女）もすべて独立して岡山を離れてしまったこと、長男の正（１８８８・11・24～１９４５・３・25）が八重の実家の井上姓を継いで東京（おそらく、蒲田区御園町１の２の７）に住んでいたことで、老いの身で岡山に一人で住んでいる理由もなくなり、備藤家を整理して東京の実家に戻っていたのであろう。

しかも、備藤家を継いだ三男の三郎（１８９３・１・９～１９６１・４・）は主に東京に住み、四女の澄江一家は同じ蒲田区に、三女の貞子夫婦は近くの大田区池上に住んでいたということもあり、八重としては何かにつけて心丈夫であったに違いなかった。もっとも備藤家の兄弟姉妹にとっても、長男が家を継いだ井上家は、実母の八重の合流もあって、扇の要の如く、頼りになる存在であった。

塩尻は何十年ぶりかに、実母八重と生活をするという貴重な体験をしていたのである。どのような会話を交わしていたのであろうか。公明は養母の卯女のことについてはその随想文でしばしば触れているが、実母八重のことについてはほとんど触れていないから、よけいに興味がそそられる。

序に言えば、公明が塩尻家に養子に行って以降、実家（備藤家）の実父や実母と、兄弟姉妹とどのような連絡と関係とを保っていたのであろうか。筆者は若干の資料を持っているが、一文を書くまでには至っていない。今後の課題としておきたい。

3つは、塩尻は10月上旬に内地留学のために上京したが、高知高校の文化祭のある11月には10日間ほど高知に戻り、再び上京したということである。

内地留学中とはいえ、塩尻が当時、文化部長を兼務していたので、文化祭などの学校行事の時には学校に戻らなければならなかったということであろう。

4つは、塩尻の東京での研究生活は充実しているということである。

塩尻は多くの学者たちに会い、書斎を見学し、研究会などでは若い研究者たちの論戦を聞いて学問上の刺激を受けるとともに、人間修行としても多くのものを得たようである。

また、学問における社会科学方法論が、塩尻が予想していたものよりももっと奥深いものであること、また、それが研究者の世界観と密接に関係していることを学んだこと等を伝えている。

さらに塩尻は、高知では機会を得ることができない、多くの研究者たちとの交流で多くの刺激を得たようで、それらの成果を今後の研究と教育とに生かしたいと書いていることである。

5つは、徴兵された久夫に対しては、「軍隊でなくては得られぬ色々の心身の勉強に精出して下さい」と励ましていることである。

軍隊にいても勉強の機会があり、軍隊でなくては得られない勉強をして欲しいと言っていることは、塩尻の持論である、いわゆる〝60％主義〟の生き方を示唆したものであろう。塩尻としては、久夫に対して、徴兵されても最後の瞬間まで勉学の可能性を見限ってはならないこと、どこにいても今ある可能性を有効に活用されたいこと、という意味を込めたのであろう。久夫には塩尻の意図がよく理解できたに違いない。

６つは、塩尻は自分の内地留学における学問研究の報告を主とし、久夫の軍隊内での苦労のねぎらいや戦況などについては一切書いていないということである。

これは、軍隊内での検閲を考慮してのことであろう。軍隊内宛の久夫に送った葉書の記述は、この点で共通している。

なお文末に、帰途に京都に寄って荒勝君（荒勝巌・高知高校と京都大学経済学部の同級生で、後に水産庁長官になる）と共に久夫を訪ねたい旨の記述があるが、それが実現されたかどうかは定かでない。

終わりに追記しておきたいことは、塩尻のこの葉書は冒頭に記した住所宛に出されたが、筆者が入手した葉書には付箋がついていた。つまり、この葉書が部隊に着いた頃には、久夫はすでに大阪陸軍病院に入院していたので、そこへ転送されたということである。久夫の病名は肺結核であったという（孝子様の話）。

(7) 1942（昭和17）年12月1日消印の葉書

大阪府堺市長曽根町　大阪陸軍病院4番病棟3号室　木村久夫君
東京市蒲田区御園町1ノ2ノ7　備藤八重方　塩尻公明

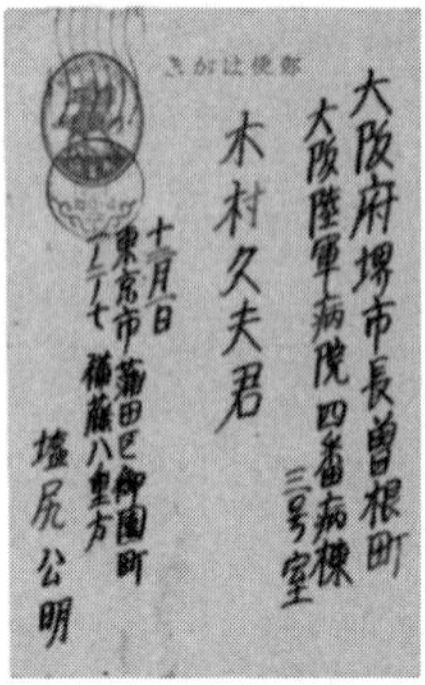
郵便はがき
大阪府堺市長曽根町
大阪陸軍病院四番病棟
三号室
木村久夫君
十二月一日
東京市蒲田区御園町
一ノ二ノ七
備藤八重方
塩尻公明

お葉書拝見しました。11月中旬に入院せられた由、丁度その頃隊宛てに簡単なお便りしましたが、行き違いになったろうと思います。文化祭で高知に帰ったとき、明治のマネジャーの岡本氏と一寸君のお噂をしました。再度上京してからは、色々の人との面会や研究会や、座談会など隔日位に行っていて落ちついて本もよめませんが、その代わり高知にいては得られぬ経験もえました。各自が沢山の本を書いている人が10人以上も集まって行う自由なる討論というものは実に利するところがあります。色々な人と知合いになったことも今後の勉強にためになる事と思います。要するに一面には「田舎の学問、京のひるね」を痛感して謙遜になると共に、他面には、自分にはやはり自分のなすべき事があり、単なる卑下だけではいけない、という事

を愈々ハッキリしました。内地留学の経験についてはいづれ語る折があるでしょう。君に対しては相変らず、君の場合にのみ学び知り感じ得ることを怠らずに、という他はありません。上村君の住所は自分も知らないのです。別れの手紙はもらいましたけれども。

（解説）

この葉書は、久夫から11月中旬に陸軍病院に入院したとの連絡を受けて、塩尻が東京から出したものである。内容は簡単であるが、幾つかの点について解説を付しておこう。

１つは、久夫から11月中旬に病気で陸軍病院に入院したという連絡を受けた塩尻が、急いで久夫の入院先の病院宛てに葉書を出したということである。

塩尻は、先に（11月19日付の）葉書を大阪の部隊の久夫宛に送ったが、久夫が入院したことを知らされて、先の葉書が行き違いになったのではないかと書いている。

前にも書いたが、先の葉書には宛先箇所に久夫が付箋を剥がした痕跡があったことから、先の葉書が入院中の久夫に転送され、遅ればせながらではあるが、久夫が塩尻の葉書を読んだことが分かる。それで久夫が、入院したことを塩尻に連絡したのであった。

２つは、この葉書は、いわば先の葉書の続きの出来事を久夫に報告するという形になっているということである。

入院中の久夫としては、恩師塩尻の活発な行動を知ることができて、頼もしく、また嬉しく思ったであろう。とりわけ塩尻が文化部長として帰高した時に、「明治のマネジャーの岡本氏と一寸君のお噂をしました」という報告は、さぞかし久夫を力づけ、且つ喜ばせたことであろう。

次に塩尻が東京大学への内地留学の報告の続きとして、多くの人々との面会、研究会、座談会など、高知では得られない体験をしていることを知って、羨ましくも思いつつも、嬉しく思ったことであろう。


3つは、塩尻がそれとなく久夫に対して学問研究についての教訓を述べているということである。塩尻は自分の学習し得たこととして、一面では「田舎の学問、京のひるね」を痛感して謙遜になると共に、他面では、自分にはやはり自分のなすべきことがあり、単に卑下しているだけではいけないということを再認識したと書いているが、この認識は、学問研究に従事している人々に対する共通の教訓であると考えてよいであろう。


4つは、入院中の久夫に対して、「君の場合にのみ学び知り感じ得ることを怠らずに」学ぶようにと教えているということである。

塩尻は久夫に対して、軍隊にあっても闘病中であっても「学び知り感じ得ることを怠らずに」あれ、と伝えているのである。学ぶことは何時何処でも可能であることを忘れずに、と伝えようとしたのであろう。

なお、久夫は上村君の住所を塩尻に尋ねたようであるが、塩尻は上村君から別れの手紙を貰ったが、住所は知らないと書いている。彼は海外へ派兵されたのであろうか（筆者は、上村君の詳細については未調査である）。また塩尻が願っていた東京での内地留学の経験について語るという約束も、久夫の出陣のために果たされなかった。

(8)　１９４３（昭和18）年2月16日消印の葉書

堺市長曽根町　大阪陸軍病院4番病棟　3号室　木村久夫君
高知市城北町39　塩尻公明

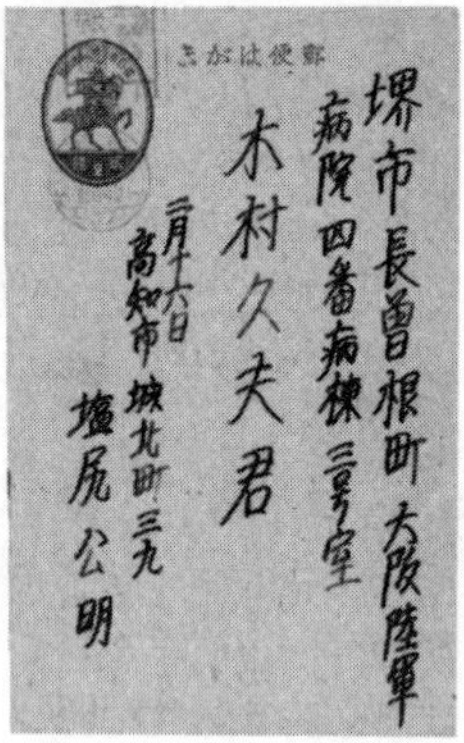

文章面のコピーなし。

その後は久しくご無沙汰しました。東京よりの帰途荒勝君に会い一夜愉快に話しました。荒勝君のお父さんにも会いましたが、本当によいお父さんですね。彼から君の勉強の様子もきゝ、頼もしく思いました。田中君には一度会い、彼のお父さんから丁寧な手紙をもらいました。去年末弘文堂へ渡した原稿は一時危機に瀕していましたが今はなお望みがあります。まだ印刷にまでは行っていません。論理学の訳をつゞけています。今となってみるとつくづく厄介な仕事に手をつけて本当の勉強の邪まになったと思いますが、自分の一つの宿命として完成する心積《こころつも》りです。20日過ぎからまた東京へ行きます。全国高等学校の文化部長の練成会です。分列式の小隊長もゲートルまいての行軍この頃ではなれて来ました。東京で更にみそぎを修行し、農耕の作業もやってきますから最早天下に恐るゝものなしです。

（解説）

東大での内地留学を終えて高知に戻った塩尻が、久しぶりに久夫に書いた近況報告の葉書である。宛先は陸軍病院であるから、久夫はまだ入院治療中の身であった。

以下では、いくつの項目について説明を付しておきたい。

1つは、塩尻は東京から高知への帰途、塩尻の教え子で、久夫の高知高時代から京大経済学部まで親しい学友であった荒勝巌君と京都で落ち合い、「一夜愉快に話し」合ったということである。

二人の話では、当然のことながら、徴兵されて入院中の久夫についての話が主要な話題となったことであろう。荒勝は入院中の久夫を随分助けたが、塩尻からも彼に労《ねぎら》いと御礼の言葉とがあったに違いない。

なお「荒勝君のお父さん」とは、学生時代の湯川秀樹を指導した荒勝文策京大教授（1890・3・25—1973・6・25、日本の物理学者）である。

2つは、塩尻の言う「去年末弘文堂へ渡した原稿」とは、彼の最初の感想集の『天分と愛情の問題』の原稿のことである。

この時点では、同原稿はまだ印刷に入っていないということのようである。同書は、久夫が早く読みたいと念願していただけに、出版の遅れには、塩尻も気が気でなかったであろう。首を長くして出版を待ってくれている久夫に、出版の状況を報告したのである。

３つは、「論理学の訳」を続けていると報告していることである。「論理学の訳」とは、例のJ.S.Millの「論理学体系」の翻訳のことである。原著は大著で、翻訳には多大のエネルギーと時間とを必要とするであろうが、塩尻は「自分の一つの宿命として完成する心積りです」と書いている。塩尻としては、一旦取り組んだ以上、最後までやり終えたいという心積りであったのであろう。

塩尻はこの翻訳作業に多大な労働時間を投下したが、先にも触れたように先訳が出版されたこともあり、結果として未公刊に終わった。

序に言えば、塩尻は恩師河合榮治郎の勧めでJ.S.Millの『自由論』の翻訳を太平洋戦争の始まる数か月前に着手し、シンガポール陥落（注・1942年2月15日）の頃に終えていた（偶然であろうが、上の葉書は、この翻訳作業を終えた頃に書かれたということになる）。

しかし塩尻の同訳書は、戦時中も戦後も長らく出版されなかった。同訳書が木村健康との共訳として岩波文庫の一冊として出版されたのは約30年後の1971年のことで、それは塩尻が亡くなって2年後のことであった。同訳書の出版の経緯については、編集者であった吉野源三郎の「あとがき」[22]に詳しい。

４つは、高等学校での軍事教練がさらに一段と進行していることを久夫に知らせていることである。

塩尻は、文化部長として東京で実施される錬成会に参加しなければならないこと、分列式の小隊長としてゲートルを巻いて行軍することにも慣れたこと、農耕作業にも従事していること等を書いている。

　おそらく塩尻は、高等学校における軍事教練と軍国主義教育とがここまで進んでいることを久夫に知らせようとしたのであろう。阿吽の呼吸の久夫は、塩尻の葉書を読んで戦況を的確に理解することができたと思われる。とりわけ平和主義者の塩尻がジョークを込めて「最早天下に恐る丶ものなし」とまで書いているのを知って、久夫も日本の敗戦もそう遠くないことを感じ取ったに違いない。

(9)　1943（昭和18）年9月7日消印の葉書

大阪中部23部隊　八木隊　木村久夫君
9月6日　高知市城北町39　塩尻公明

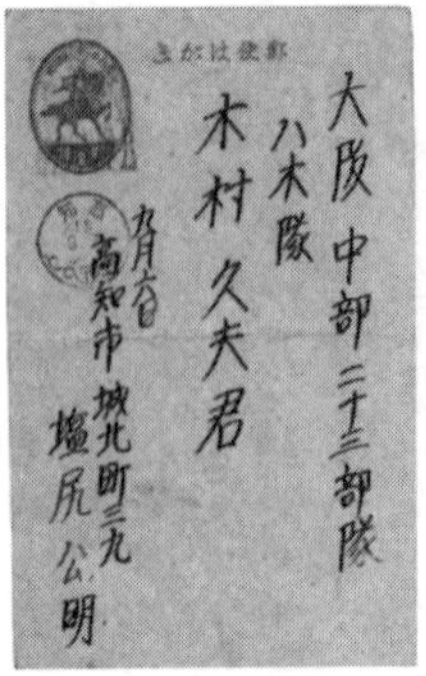
郵便はがき
大阪中部二十三部隊
八木隊
木村久夫君
九月六日
高知市城北町三九
塩尻公明

其後は久しくご無沙汰しました。論理学体系は一応訳了しましたが、これからの手入れが大変で今のよう

に乏しい時間では思いやられています。８時から５時までの学校勤務、夜もまた屡々とられる急がしさですから。戦争に勝って了うまでは何事も我まゝは云えません。弘文堂からの感想集10月初旬迄には出るでしょう。必ずお送りします。上村君の所は北京市北郊海淀鎮《ハイデンチン》、華北綜合調査研究所、です。多くの人々に信頼を博し、多数の助手を使って着々仕事しているそうです。真面目に研究を共にする相手を欲しがっているそうです。柴田さんも「理論と具体的調査と両方出来る人物」として大層期待して、また京都へ返して貰うと云っているそうです。今秋の文化講義には荒勝君の父君をお願いして承諾を得ました。この４日から隣組長の防空班長の役目を引受けざるを得なくなって、一寸君の想像もつかないような活動をやっています。この夏休みは毎日学校に出勤して生れて初めての夏休みを送りました。

（解説）

塩尻の葉書の宛先が大阪中部23部隊であることから、久夫が大阪陸軍病院を退院して元の部隊へ戻ったことが分かる。事実、久夫は６月頃に退院して部隊に戻っていたようである。早速、久夫がその報告をしたのに対して、塩尻が９月６日付で返信したのがこの葉書である。この間、２〜３か月経過してからの塩尻の返信であるから、塩尻が冒頭で「其後は久しくご無沙汰しました」と書いているのであろう。

以下、幾つかの項目について説明を加えよう。

１つは、ミルの「論理学体系」の翻訳の草稿が完成したということである。

塩尻が書いているように、厖大な枚数の訳稿であったが、出版するには更に翻訳文の訂正と修正、さらに複数回の校正といった作業が残っている。その作業に今後どれだけの時間を必要とするかを考えると先が思いやられる、と塩尻が告白しているのである。塩尻がこの翻訳の進捗について何回も書いているが、それほど大きな仕事であったのであろう。

筆者も数冊の訳書を出版しているが、小さな訳書であっても、多くの時間とエネルギーとを注ぎ込んだものである。それを思い起こすと、塩尻が取り組んだ大著の翻訳の大変さが理解できる。しかも塩尻のこの翻訳は未公刊に終わった。塩尻のこの時の膨大な枚数の翻訳草稿は、書庫に残されているはずである。ミルの『論理学体系』の翻訳といい、『自由論』の翻訳といい、翻訳作業では、塩尻は多難の連続であった。

2つは、戦況が悪化の一途を辿り、学校教育が破壊されつつあり、教員に無定量の超過勤務が課せられている状況を伝えているということである。

塩尻は自分の勤務状態について、午前8時から午後5時まで学校勤務、夜もしばしば行事や会議があって勉強時間の確保が難しいこと、1943年の夏休みは毎日学校に出勤したと書いている。

これは暗に塩尻が生活習慣としていた「一・四の原則」（学校の仕事に加えて、毎日、1時間の座禅と4時間の勉強を実行すること。これが塩尻が自らに課したノルマで、実行できなければ、後日、取り返さなければならないという生活法則）の履行が困難になってきたことを意味していた。この時期の勉強時間なき苦しみを綴ったのが彼の随想文「勉強時間なき苦しみ」であるが、そこでは、上のような過酷な勤務状況の中にあっても、「一・四の原則」を忠実に実行しようと苦闘していたことが書かれている。まさしく驚異的な勉強ぶりである。

３つは、戦時下での自分をも含めた国民の忍従の生活を久夫に知らせて、敗戦の近いことを伝えようとしているということである。

塩尻は、学校の毎日の勤務に忙殺されて勉強時間の確保できない悶々とした日々を余儀なくされているが、それに加えて今月４日からは「隣組長の防空班長」をも引受けざるを得なくなって、なお一層勉強時間を割かれる状況になっていることを訴えているが、それが自分の勝手な言い分であると承知していて、「戦争に勝って了うまでは何事も我まゝは云えません」と書いている。しかし、こうした表現は「欲しがりません、勝つまでは」や「ぜいたくは敵だ！」などという当時のスローガンに模した塩尻独特のレトリックと考えるべきであろう。つまり、軍隊の検閲でチェックされないための、また久夫に迷惑をかけないための操作であった、と。久夫は、塩尻の意図を十分に理解していたはずである。

世の中では戦争の長期化で物資が不足し、国民生活は深刻さを増していて、やがて砂糖、塩、米などは「配給」制の実施へと進んで行き、もはや敗戦は時間の問題であった。

ちなみに教育体制は、学徒戦時動員体制確立要綱の決定（１９４３年６月25日)、数度の学年短縮の実施、やがて在学徴集延期臨時特例の公布（徴兵猶予の停止、１９４３年10月２日)、学徒出陣（１９４３年10月21・日出陣学徒壮行大会、12月１日・徴兵猶予撤廃による第一回学徒兵入営）へと進み、教育活動もほぼ完全に停止状態になっていった。

４つは、塩尻の初めての感想文『天分と愛情の問題』が弘文堂から10月初旬迄に出版される予定であると伝えていることである。

書き方から判断すれば、塩尻はすでに同書の最終校正を終えていたはずである。久夫とは、出版の暁には〝必ず送る〟と約束していたので、出版予定日まで伝えたのであろう。塩尻はやっと久夫との約束が果たせそうで、一安心していたに違いない。まさか出版前に久夫が海外へ派遣されるとは予想しなかったと思われる。

しかし、その予想外の出来事が起こったのである。久夫の身辺は急展開し、海外派遣されることになる。久夫は9月12日夜、突然、二泊三泊の外泊許可を得て自宅に戻り、14日早朝に出発する（これが家族との最後の別れとなった）。9月27日には、久夫から「明日より任地に行く」（発信住所は、門司市竜王寺町3丁目）という葉書が自宅に届く。そして10月初旬には、久夫はインド洋カーニコバル島の独立混成第36旅団の民生部に配属される。

さて、塩尻の『天分と愛情の問題』が弘文堂から出版されたのは10月25日であった。つまり久夫は、僅かな時間差で、同書を手にすることなく南方の島に出征してしまったのである。結論的に言えば、久夫は同書を読むことなく、南方の刑場で斃れることになる。

久夫が獄中で読む機会を得た田辺元著『哲学通論』（岩波書店、1933年初版）の43頁の欄外余白に「塩尻先生の著『天分と愛情の問題』を地の遠隔なりしため今日の死に至るまで一度も拝読し得なかった事はくれぐれも残念である」と書き付けたのは、このことと関連しているのである。

5つは、以前から久夫から尋ねられていた上村君の赴任先について知らせていることである。

塩尻によれば、上村君の赴任先は北京市北郊海淀鎮《ハイデンチン》にある華北綜合調査研究所であるということであった（筆者の調査では、同研究所は1942年6月9日に北京に創立され、対中国政策を総合的多角的に研究する日本の国策研究機関であった)。また、同君は「多くの人々に信頼を博し、多数の助手を使って着々仕事している」ということで、「真面目に研究を共にする相手を欲しがっている」という。研究機関にふさわしい若い優秀な研究者たちが召集されてしまい、人材難ということであろうか。

塩尻の文章から推測すれば、上村君は「理論と具体的調査と両方出来る人物」で、柴田教授（京都大学教授?）は短期間で同君を「京都（大学?）」へ戻したいと考えている人物であるようである。上村君は予定通り「京都」へ戻られたのであろうか。

6つは、文化部長の任務の一つとして、今秋の高知高校の文化講義の講師に荒勝君の父君の承諾を得たことを知らせていることである。

塩尻は1943年2月16日の葉書で、「東京よりの帰途、…荒勝君のお父さん」に会ったことを書いていたが、この葉書では、荒勝文策京大教授（物理学者）から高知高校の恒例の文化講演の講師の承諾を得たことを報告している。かくして文化部長として塩尻は、卒業生の父親である高名な荒勝教授を高知へ招聘することに成功したのであった。

塩尻が高知高校に在職中に、同校で開く講演会に多くの錚々たる講師陣を招聘したが、それは彼の人脈の広さを物語っている。

7つは、9月4日から隣組の防空班長の役目を引受けざるを得なくなったと書いていることである。

防空班長とは空襲に備えて防空・防火活動を担当する責任者のことである。塩尻は久夫も想像もつかないような活動をやっているると書いているが、高知も空襲の危険下にあることを示唆したかったのであろう。

学校の勤務も研究も隣組の役目も重なって、塩尻自身は多忙極まる状態になった。まさしく随想文「勉強時間なき苦しみ」に書いた状態に陥ったのであった。こうした戦前・戦中の過酷な仕事が、戦後早々に塩尻の健康を一挙に崩壊させる原因になったということも、追記しておこう。

3　塩尻公明から木村久夫への書信に学ぶ

筆者が入手した塩尻公明から木村久夫への書信（手紙と葉書）は以上ですべてである。そのすべてを原文で紹介し、それぞれについて筆者が先行研究で知り得ている知見を基に、若干の解説と説明とを加えてきた。

もし久夫から塩尻へ出した書信と照合することができれば、もう少し正確な解説と説明とが可能となったと考えるが、それらの資料が入手できていない現在（久夫は戦場から自宅や友人たちへ何通かの葉書を送ったようであるが、筆者はそれらについても未見である）、これが精いっぱいである。それゆえに、筆者の付した解説と説明とについての評価は、賢明なる読者の賢察に委ねるほかはない。

本章では、これまで紹介してきた塩尻から久夫への6通の書信全体から読み取ることができることや、さらに塩尻の書信から私たちが学ぶべき教訓は何かを整理していく。

(1) 塩尻から久夫への書信から読み取る

塩尻公明から木村久夫への書信から読み取れることを、以下に整理しておこう。

〈塩尻の几帳面な性格〉

１つは、塩尻の久夫への書信には、塩尻の几帳面な性格が示されているということである。例えば、塩尻は返信を書き終えると、直ちに投函しているということである。これは、塩尻の几帳面さと仕事の速さとを示すものと考えられる。

また言えば、塩尻の書信は、彼独特のしっかりした字体で、紙面（とりわけ葉書の場合）をびっしりと埋め尽くしているということである。あたかも字数を計算し尽して書き綴っていているかのようでさえある。

〈真摯な学者と向学心に燃える学徒との交信〉

２つは、塩尻の書信では、勉強・読書・研究に関する事項が主な内容を占めているということである。

塩尻の書信がこのようになったのは、送り先の久夫が塩尻にそのような内容の書信を送ったからであろう。つまり二人の間の書信は、真摯な学者と向学心に燃えた若き学徒との間に交わされた勉強・読書・研究に関する内容が中心であったということである。

〈2人の恩師に恵まれた久夫〉

3つは、久夫は、塩尻への書信と八波への書信とを書き分けていたのではないかということである。

久夫は、塩尻は学問研究上の尊敬する先生、八波は何でも相談できる兄のような先生というように区別していたのではないかということである。

本稿で紹介してきたように、塩尻から久夫への書信には久夫から塩尻への書信に対する返信という性格が濃厚であったが、その内容は学問研究に関連するものが中心であった。一方、久夫が八波に送った書信には自分が詠んだ短歌を書き添えていたが、それは八波が短歌の詠み人であったからである。

〈恩師の的確な回答〉

4つは、塩尻の久夫への書信の内容は、久夫の質問、相談、問い合わせ、お願いに対して的確に対応しているということである。

例えば塩尻は、紹介状の依頼、本の借り出し依頼、友人の住所教示の依頼に対して、すべて誠心誠意を込めて迅速な対応をしている。また例えば、高文受験を相談した久夫の相談については、自らの体験をも踏まえながら、久夫の取るべき方法について、またその長所（利点）と短所（マイナス点）について懇切丁寧に説明している。

ただし、久夫がどの道を進むべきか、どの方法を採用すべきかについては、本人の判断と選択とに委ねている。それが塩尻流なのである。

〈書信を通しての教育〉

５つは、塩尻は久夫への書信で、自らの近況を詳細に報告しているということである。例えば、研究テーマと研究の進み具合、夏季休暇の過ごし方、内地留学の様子、学校教育の軍国主義化の進捗状況、自分の勤務状況等々である。

とりわけ平和主義者で戦争反対論者であった塩尻が、軍事教練に参加したり、隣組の防空班長を務めたりしている状況について書いているのは、俗世間から隔離されている久夫に困窮をきわめてきている国民の実情を知らせるとともに、日本の政府と軍部とが起こした無謀な戦争の終結が近いことを悟らせる工夫であったと考えるべきであろう。

〈学問研究に精進する同志〉

６つは、塩尻は久夫への書信で、自分の人間的弱さや人間的未成熟さなど、自分に都合の悪いことでも正直に書いているということである。

例えば、勉強が大儀になって数日遊んでしまったとか、怠惰に暮して貴重な時間を浪費したとか、手紙には簡単には書けない心理的状態に陥ったとかという問題である。最後の心理的状態とは、例の片思いの女性（Ｍ子）のことであろう。ここでは塩尻と久夫とは師弟関係ではなく、心の許せる親友、又は同僚といった関係である。久夫を教え子としてではなく、学問研究に精進する対等な同志として位置付けているのである。

〈**人生観、学問観を論じる**〉

7つは、塩尻は久夫への書信の中で、塩尻独自の人生観、学問観等を論じているということである。

例えば、意識的で体系的な読書が必要なこと、（自らの論理学の翻訳の苦労を示すことによって）研究者が継続的に努力することが重要であること、研究者仲間との交流が大切なこと、研究者との交流・研究会への参加から受ける影響に敏感になること、研究においては謙虚さが大切であること、研究者は卑下だけではいけないこと、制約された場所においてさえ努力をすれば学ぶことができること、学問研究は末永い見通しのもとで努力を重ねることが大切であること、勉強と努力は一生涯継続すべきこと…等々である。

ここで注意したいことは、塩尻は自らの人生観や学問観等を書いているが、それを久夫に強要しようとはしていないことである。どう受取るかは、すべて久夫の判断に委ねているのである。塩尻のこの姿勢は、彼の多くの人生論的著作のみならず、講義においても貫かれていたものであった。

〈**時局を考慮した書信**〉

8つは、塩尻が部隊の久夫へ送った葉書では、政府の戦争政策や軍国主義教育施策について表立った批判をしていないということである。

これは、当局の検閲を警戒して慎重を期したためであろう。葉書を使用したのも、そのためであった。

しかし、表立った批判はしていないように見える文面の背後から、塩尻が政府の戦争政策や軍国主義教育施策を批判的に捉えていることが読み取れる。例えば、高知高校における軍事教練の強化が進行していることの状況報告や、「戦争に勝って了うまでは何事も我まゝは云えません」（１９４３年９月６日付葉書）などという文言などは、それに該当する。軍隊の検閲でチェックされないように考えた塩尻の高度なレトリック文と読み取るべきであろう。

当時の塩尻は、その自由主義的平和主義的な思想と講義とから、学内の右翼学生たちによって「赤化容共塩尻不公明」と板書されたり、皇国史観を批判した講義用プリントを特高警察に密告されたりしていて、いつ逮捕されるかわからないという状況下にあった。そうした状況下にあったからこそ、塩尻は慎重に言葉を選び、久夫と書信を通して学問論、人生論を論じ合い、戦況の情報を交換し合っていたのである。

(2) 塩尻から久夫への書信から学ぶ

次に、塩尻から久夫への６通の書信全体から学ぶべき教訓について整理することにしたい。

〈几帳面な人となりが表れる〉

1つは、塩尻の書信には几帳面な彼の人となりが如実に表れているということである。文字には書く人の人となりが表れるというが、塩尻の場合は次のように言えよう。すなわち塩尻の書信の書体は特色のある独特の字体であるが、その字の線は力強く、その行間は均等で、その文字は紙面全体にバランスよく書かれており、あたかも一幅の芸術画を見るような書信である、と。芸術としての書信を塩尻のそれに見出すのは筆者だけではあるまい。

人となりの中には、書信を書いたら直ぐに投函するということも含まれよう。塩尻の場合、返信の場合も発信する場合も、書き終えると間を置かずに投函していることである。この行動は、凡人にとっては、「言うは易く、行うは難《かた》し」である。塩尻はそれを易々と実行しているのである。私たちは塩尻の書信から、几帳面さは貴重な人間的要素の一つであることを学ぶことができる。

〈豊かな知性と高雅な人格とが溢れている〉

2つは、塩尻の書信には奥深い学識と高雅な品格を備えた人格が如実に表れているということである。

塩尻の書信は、自らの学問研究の苦しみと楽しさを語り、本格的に学問研究をした人間にしか書けない貴重な体験談と教訓とを伝えている。そこには、自慢や傲慢さが微塵もない。あるのは、謙遜、真摯、誠実、正直、懇切丁寧である。自分の意志の弱さや未熟さをも正直に告白している。こうした書き方と内容とが、却って読み人を力づけ、励ますことになると考えられる。

塩尻がかかる書信を書くに至り、高雅な人格を持つに至ったのは、彼が青年期から壮年期にかけて大きな人生問題に直面し、その問題と徹底的に対決し、自己の存在を全面的に否定するという体験をしていたからであろう。

繰り返しになるが、この体験を簡潔に要約すれば、次のように言えよう。

塩尻は小学生の頃から大秀才で旧制一高もトップで入学し、それを堅持していたが、やがて秀才の上にはさらに天才が存在することを知るに及んで自分の天分に貧しさに落胆する。しかもこの頃に或る少女に恋するも叶えられず、愛欲の苦海に苦悶する。塩尻の表現に従えば、彼は天分と愛情の問題に悩み、人間如何に生きるかを追求することに沈潜する。若い頃の「官吏を経て政治家に」という夢を放棄し、ひたすらに「無私の心」（利他の心）を求めて彷徨する。

東京帝国大学法学部政治学科を卒業するも、就職することもなく、直ちに「随喜の感情」（愛他的精神）を体得するために一燈園に入ったり、越後の農村で晴耕雨読の生活を実践したりした。

5年余りの浪人生活を経て、旧師河合榮治郎の紹介で旧制高知高校の教師になってからも、「随喜の感情」を獲得するためと教師の最小限の任務である「授業」を遂行するために、「一四の原則」（1時間の坐禅と4時間の勉強）の生活法を10数年間も実行したりした。

こうした努力と失敗との繰り返しの生活を通して、塩尻は結果として、奥深い深淵な学識、謙虚さ、豊かな愛他的精神に裏打ちされた人格とを具備するに至ったのであった。

この塩尻の人格が、教壇では不思議な力を発揮し、あたかも魔力のように真面目な若き学徒たちを魅了して行ったのであった。

塩尻の魔力に魅了された一人が久夫であったが、塩尻の実力を最も的確に見抜いた最初にして最後の学徒も久夫であった。久夫は、旧制高知高校2年生の時の塩尻の「法制」と、3年生の時の「経済」の授業で、久夫が求めていた本物の教師（塩尻）と出会って感激し、一大精神革命を起し、学問研究に情熱を燃やし始めたのであった。

久夫は旧制高校3年生の卒業前（彼は高校浪人を1年、高校で2回の落第をしていたので、ストレートの生徒よりは3歳年長であった）に、学内誌『南溟報国会誌』に長篇の論文「転換期に立つ経済学・序論」（前出）を発表するが、それは塩尻の指導の賜物であった。ただ同論文は、彼の最初の、しかも最後の学問的研究成果となったことは、惜しみても余りあるものである。もし久夫が徴兵されず、学問に専心できる環境にあれば、さぞかし立派な学問的業績を修めることができたであろうと推測するからである。戦争が久夫を、さらにもっと多数の学徒たちを戦場に駆り立て、その命を奪ったのであった。

塩尻と久夫との出会いと交流期間は数年間で終わったが、塩尻と久夫との美しい師弟関係と交信関係とは、その後に続く若者たちを感動させずにはおかないであろう。

とりわけ塩尻が久夫を初めとして多くの学生たちの向学心を燃え上がらせる授業（講義）や生き方の指導をしたことを考えるとき、筆者などは教職をスタートした頃に感銘を受けたイギリスの教育哲学者ウィリアム・アーサー・ワード（William Arthur Ward）の次の言葉を思い出す。

凡庸な教師はただ喋る。少しましな教師は理解させようとする。優秀な教師は自ら実践する。最高の教師は子どもの心に火をつける。（〃The mediocre teacher tells. The good teacher explains. The superior teacher demonstrates. The great teacher inspires.〃）

筆者はすでに遅きに逸したと悔やんでいるのであるが、残された短い時間ではあるが、人生の最後の瞬間まで、塩尻の有していた教育的魔力なるものを会得すべく努力精進したいと熱願している次第である。

〈人格主義者としての思想と心情とが表れる〉

３つは、塩尻の書信には彼の思いやりの思想と心情とが如実に表れているということである。これは、塩尻の書信の行間には、彼が人間的成長において最も大切な要素と考えていたところの愛他的精神（利他心）が浸潤しているからである、と言い換えてもよい。

塩尻の書信は、一見すれば消極的に見受けられるが、よく読めば相手に対する愛情で満ちている。彼は、自分の心を相手の心と合わそうとするのである。それは、あたかも『日暮硯』に描かれた江戸時代松代藩の恩田木工のようでもある(23)。

そもそも他人の話の聞き上手であった塩尻は、相手の書信の本質を正確に読み取る達人でもあった。ひとまず相手の意見や希望を素直に受け止め、その後、自分の意見や考え方を控え目に述べるのである。決して自分の意見や考え方を押し付けたり強要したりするようなことはしない。塩尻のこの姿勢と手法とは、久夫への書信においても明確に貫徹されていた。

その一例は、久夫から高文受験の相談を受けた場合を振り返ってみよう。塩尻は、一旦、久夫の主張や希望を受け止め（おそらく、彼の言い分を尊重しながら）、その後に、自分の意見を謙虚にではあるが、丁寧且つ詳細に述べた。内容的には、かなり厳しい内容であったし、そこには美辞麗句も遠慮もなかった。そして最後に、自分が考えられる選択肢を提示するのであるが、その最終的な選択については相談者である久夫の決断に委ねるのである。

この書き方は一見冷淡な扱いであるようであるが、そうではない。相手を対等の人格と認め、相手の意見と意思とを尊重し、相手の決断の自由を承認しているのである。

〈塩尻と久夫は打てば響き合う関係〉

4つは、信頼関係に基づいて交わされた書信は、第三者が読んでも感動的な内容を有しているということである。

書信がコミュニケーションの手段であるという性質を考えれば、書信には必ず相互に交信する相手が存在する。本稿の場合であれば、塩尻と久夫である。

塩尻と久夫の関係は、単なる事務的な書信を交換する相手ではなかった。先に見てきたように、塩尻と久夫との書信の背後には、学問研究を志す師弟関係はもとより、さらに深い人間的信頼関係（相互の生き方に対する深い信頼関係）が横たわっていた。すなわち、久夫には塩尻に対する学問的尊敬のみならず、その生き方（思想と人生観と生活実践）に対する全幅的な信頼があったということである。それは、久夫の側に塩尻に対する絶対的な信頼もしくは信奉が厳然とあった、と言い換えてもよい。

もっとも塩尻の側にも、自分を慕ってくれている若き学徒に対して限りない慈愛（我が子に注ぐような純粋な愛情）があったということである。今一度、塩尻の書信を思い起こしていただきたい。塩尻の書信においては、その一行一行に、その一字一句に、彼の優しい思いやりと心遣い、換言すれば真の人間愛が行き届いていた。それが読み取れるから、我々は感動を覚えるのである。もし書信に相手に対する優しい人間愛が籠っていないならば、その書信が如何に几帳面さを示していたとしても、如何に深奥な学識を書き込んだとしても、如何に豊かな知性を示していたとしても、相手に正確に自分の真心を伝えることはできないであろう。

このことはまた、書信には書き手の人格の成長度合いが如実に表れるものであるということである。それゆえに私たちは、常に人格成長のための努力を怠ってはならないということであり、愛の心を一生懸命に磨かなければならないということである。

おわりに

以上、塩尻から久夫への書信を紹介し、解説やコメントを付し、若干の考察をしてきた。その結果として言えることは、書信を通してでも、我々は他人に対して感化力と教育力とを十分に発揮することができるということである。

筆者は、教育活動は基本的には一対一の人間関係の中で最も効果的有効的に成り立つと考えている。しかし、それはあくまでも基本的な考え方であって、いろいろな応用と創意工夫とによって複数の人間の間にも有効な教育活動が成り立つ可能性があることを否定するものではない。教育活動の基礎基本を正しく踏まえさえするならば、教育方法において臨機応変な応用と創意工夫とを加味することが可能であると言うことである。

例えば、個別指導が必要な場合もあるし、集団指導の採用が必要な場合もある。また今日のようにＩＴ技術の発展した社会にあっては、もっと多種多様な技術と方法との適切な活用と駆使とが考慮されるべきであると考える。

ただその場合も、経済的な効率と節約とを至高の目標とした教育活動、また、人間の心の交流を欠いた教育活動は、真の意味での教育効果と教育成果とを上げ得ないであろうということは断言できる。なぜなら教育活動において最も重要な要素は、心と心との交流、真理と事実と文化の伝達、自由で創造的な思考の尊重であるからである。それは時間と費用と寛容とを必要とするからである。

この原理と原則とを踏まえるならば、たとえ遠く離れた二人の書信の交換であっても、感化力と教育力とを発揮し得るということである。むしろ現代人が軽視しがちである書信を交換するという活動（行為）は、人間対人間の相互教育活動であって、メールやラインやツイッターといった通信機器による交信よりも、遥かに幅広い人間的諸能力を相互に鍛え育てることになるのではないであろうか。書信に学ぶ相互学習に注目する所以である。

注

1　塩尻公明『或る遺書について』新潮社、１９４８年11月、同書は「或る遺書について」と「虚無について」の二篇を収録している。
2　中谷彪他編、塩尻公明著『新版　或る遺書について』大学教育出版、２０１３年2月、43頁。
3　中谷彪『戦没学徒　木村久夫の遺書―父よ嘆くな、母よ許せよ、私も泣かぬ―』桜美林大学、２０１６年7月。
4　八波直則「自由の空に―戦争と学徒の心―」、『高知新聞』、１９６２（昭和37）年11月24日。
5　八波直則「塩尻先生と戦没学徒木村久夫君―未完未発表の小説『物部川』の紹介―」、南溟会編『南溟』第5号、１９７８年、26頁。
6　塩尻公明『或る遺書について』新潮社、１９４８年11月。本稿での引用は、中谷彪ほか編・塩尻公明『新版　或る遺書について』大学教育出版、２０１３年、22～24頁。
7　前掲「塩尻先生と戦没学徒木村久夫君」、29頁。
8　同前、26頁。
9　八波直則「高知総会を迎えるに当たって」『塩尻公明会便り』No.7号、１９８３年9月15日、2頁。
10　J.S.ミル著、大関将一訳『論理學體系』全6巻、春秋社、１９４９年。
11　中野綾子の詳細な調査によれば、木村久夫の猪野沢温泉「依水荘」逗留《とうりゅう》期間は次の通りである。
①１９４０年7月26日～8月29日（同行者：千頭純一、8月19日まで）
②１９４１年3月19日～4月5日
③１９４１年7月30日～帰りは不明。ただし、木村文庫の本の日付から9月まで滞在していたことが判明する。「猪野々山居」は、「昭和16年8月、高校3年最後の年」と記されているように、この時に書かれたものと考えられる。（同行者・橘尚道、8月9日まで。）

④1942年8月23日～8月24日（1942年10月の入営を控えて、一泊2日で、挨拶に来たと考えられる。）

出典は、中野綾子「戦時下学生の読書法―木村久夫を例として―」『リテラシー史研究』第7号、２０１４年1月20日号、(9)～(10)。

12 筆者は、④の括弧内の説明には、若干、異なる見解を持つ者である。

13 八波は、塩尻が採点や原稿執筆のために猪野沢温泉に行ったことがあると書いている。

14 鈴木成高「高校落第史編纂のすすめ」、南溟会編刊、南溟第20号『時の流れに』、１９９２年、261～263頁。

15 前掲「塩尻先生と戦没学徒木村久夫君」、28頁。

16 杉田登利編集、『南溟報国会誌』第1号、高知高校南溟報国会、１９４１年12月発行、7～57頁。なお「猪野々山居」は59頁。

17 同前、7頁。

18 前掲「自由の空に―戦争と学徒の心―」、『高知新聞』、１９６２（昭和37）年11月24日。

19 同前。

20 中野綾子・前掲「戦時下学生の読書法―木村久夫を例として―」『リテラシー史研究』、(10)。

21 橋田邦彦（１８８２～１９４５）は、医学者、東京帝国大学医学部教授、第一高等学校長兼務、文部大臣（１９４１～43年）を歴任した。

22 小畑大太郎（１８７３～１９４６年）は、日本の銀行家・政治家・貴族院議員・男爵。

23 山口紀美子『奪われた若き命―戦犯刑死した学徒兵、木村久夫の一生―』幻冬舎、２０１５年、132～133頁参照。

24 塩尻公明・木村健康訳『自由論』岩波文庫、１９７１年、283～288頁。

25 中谷彪『信頼と合意の教育的リーダーシップ―『日暮硯』に学ぶ学校経営学―』晃洋書房、２０１０年。

（２０１６・10・14）

第3章

「或る遺書について」と木村久夫の「遺書」の間

―塩尻は久夫の「遺書」をどう引用したか―

はじめに

塩尻公明著『或る遺書について』は出版以来好評を得て、多くの青年や学徒の必読の書のひとつとして読まれ続けてきた。同書は約70年前に出版された二篇の随想文（『新潮』に掲載した「或る遺書について」と「虚無について」の2篇）から成る小書であるが、今読んでも少しも古さを感じさせないのみならず、むしろすべての人々がその真摯な生き方を模索する際の導きの書（人生論）としての新鮮さを些かも失っていない。

ところで著者の塩尻は、随想文「或る遺書について」の中で、「以下この一文に彼の遺書の一部として引用する文章は、凡てこの書きこみの中から引いてきたものである(1)」と書いている。ここにいう「彼」とは、塩尻の旧制高知高等学校時代の教え子で、学徒兵として徴兵され、終戦直後に戦犯として処刑された木村久夫のことであり、「この書きこみ」とは、久夫がチャンギー刑務所の独房で死刑執行を待つ間に読む機会を得た田辺元著『哲学通論(2)』の欄外余白に、鉛筆の文字で遺書の代わりとして書き込んだメモ（以下、「手記」）のことである。

すなわち随想文「或る遺書について」でいうところの「或る遺書」とは、木村久夫の「遺書の代わりとして書き込んだメモ」（手記）のことを指し、それゆえに「或る遺書について」という文章は、塩尻が久夫の「書き込み」（手記）を縦糸に、久夫の生い立ちや久夫と自分との交流を横糸にして編み上げた随想文ということである。

さて筆者は、これまで塩尻公明研究の発展的テーマのひとつとして「或る遺書について」についての考察や、『きけ　わだつみのこえ』[3]の木村久夫遺稿（同書では「日本戦没学生の手記」という副題が付されているので、「木村久夫の手記」がふさわしいと考えるが）に関する研究を進めてきた。その一連の研究の中で浮かび上がってきた疑問のひとつは、先に引用した塩尻の文章（「彼の遺書の一部として引用する文章は、凡てこの書きこみの中から引いてきたものである」）が果たして事実を物語っているのかということであった。したがって、この疑問を究明することが本稿の目的である。

この目的を究明する方法であるが、本稿では塩尻が「或る遺書について」を執筆するに至る経緯を追跡し、その随想文の構成要素の背景を分析し考究するという方法をとる。この作業は塩尻の随想文の意義を明らかにすることにも通じるであろう。

1　木村久から塩尻公明への手紙

(1)　久から塩尻への手紙

〈戦死を伝える父の手紙〉

１９４７年正月早々、塩尻は木村久から一通の郵便物を受け取った。それには、久夫の刑死を伝える手紙と久夫の「遺書（写）」とが入っていた。以下では、久の手紙の全文を示し、それに若干の解説を加えていく。

なお、傍線を引いた箇所は、後に塩尻が「或る遺書について」の執筆に当たって引用したり、まとめたりする箇所である。

1947（昭和22）年1月3日付の久から塩尻への手紙

大変な地震でございましたが、何の御被害もございませんでしたか。寒さも昨今は随分酷しうございますが、どなた様にも御障りはございませんか。お伺い申し上げます。

長い年月の間、子供に付き申し様もない御厚恩を受けながら、久しくお詫びのいたし様もない御無沙汰をいたしました。その後私方も何や彼やと面白くない事ばかりで、わが事ばかりに憂鬱な暗い気持ちになって暮して居りました。申し訳ないことでございました。幾重にもお許しくださいませ。

今日は悲しいお知らせをいたします。実は御寵愛を受けました久夫が、昨年5月、南方で亡くなりましたのでございます。

先年久夫が外地へ立ちます際にも「万一自分の身に異変があった時には高知の三先生や親友の某々には早速その旨をお知らせして生前のお礼を申して呉れ」と呉れぐれ申し遺して参りました。然し此度の事は又、私共にとってはあんまり大きな出来ごとで、静かな気分になってお手紙を書く気力が出なかったのでございます。此の事を知ってから今日まで相当日数も経ちましたのに、一日一日と後らせて参りました。私はいつもこんなことをして申し訳ないことをいたします。此度は到頭遺髪や遺書まで届きましたので、今日こそ元気を出して此の書状を認めました。

実は久夫は、戦争犯罪人として英軍の裁判を受け刑死いたしたのでございます。印度洋の「カーニコバル島」に派遣されていた日本軍の司令官や兵団長等のお供をさせられまして、昨21年5月23日「シンガポール」の刑場で果てました。

先生のお力に依り、久夫は漸く大学に入れて頂いて、実に有頂天になって喜んで居りましたが、其の新しい制服も未だ着慣れぬ内に応召入隊いたしました。入隊早々一カ年にも近い入院生活をいたし、そして退院するや否や、南方派遣軍に加わって内地を出発いたしました。詳細の事は今日になって知り得たのですが、久夫等の派遣されたのは、インド洋の「カーニコバル島」でありました。ほぼ淡路島程の孤島で、其処へ日本の陸海軍合わせて1万弱とか参ったのだと聞いて居ります。

久夫は其の処で、民生部員として勤めることになりました。陸海軍中から2名の者が選抜せられ、余程教育のある大尉とか中尉とかの人が主任で、久夫がその助手となり、此の2人で最初の民政部の創設を命ぜられました。それは島民の宣撫や教育、生活上や思想上の取締、其の他様々な研究調査を仕事とする相当重く見られた任務でありました。

虚弱な体を持った久夫はお蔭で部隊の烈しい労務から離れ、軍隊の中の仕事としては、彼の嗜好に近い方面に向けて貰って大変喜んだそうであります。島民中には英語を話す印度人等も沢山居たので大変英語の稽古も出来、又其の印度人中には大学まで卒業して久夫等の好む書物を沢山所蔵して居る者があったので、久夫は其の者から次々と書物を借り受けて、今、故郷の学窓に居る友達の事を常に羨みながら哀れに見える程一心に読書ばかりしていたそうであります。英語は非常に熟達して、丸三カ年の末頃には軍中で通訳を命ぜられても、一、二の達者になっていたと申して下さいます。斯様にして一兵士でありながら陸海軍中に重宝がられ、兵団長に直属した妙な兵隊にして貰って相当朗らかそうに見せていました。

ところが終戦近くになって、島で「スパイ」の検挙が行われました。そして印度人中多人数が日本軍の手に逮捕せられ、処刑せられました。処刑は他の部隊で行ったのだそうでありますが、司令官や兵団長の命に依り民生部員（其の頃は増員されて20名近くも居り、久夫は其の一人でありました）通訳、憲兵等は其の平素の役目柄として「スパイ」と目した印度人の逮捕や取調べに関係させられたのであります。

終戦になって英軍が上陸してからは、久夫は今度は英軍から選ばれて通訳を命ぜられ、皆が羨む程暢気な日を送って居ました。実にこれまでは幸福でございました。

終に前の印度人処刑事件が問題にされました。そして責任者と認められた者は悉く英軍の軍事裁判に附せられ、後には遥々と「シンガポール」に廻されまして最後の審判を受け、軍司令官の原中将、兵団長の斎少将、其の他高級武官、久夫等民生部の者、通訳官、憲兵等多数の者が責任を負うべきものと極り、21年5月、「シンガポール」の刑場で相次いで果てました。罪名は「国際陸戦法違反」とあります。直接印度人に処刑の手を下した人達は却って許されたそうであります。

久夫の自筆の遺書が英軍から送られました。遺書の中に「自分は日本軍人の亀鑑たらずとも、これでも教養ある日本人の一人として聊かの恥ずべき行為をもしなかった積りだ。此の事は終戦まで同島に居た多くの戦友が皆熟知している。これ等の戦友が引揚げて還ったら、遠くとも其の住所を尋ねて詳細を聞き取って呉れ云々」と言う意味のことを申して居ります。戦友中の親切な人達は、こちらから訪ねるまでもなく、引揚のある毎に続々と私方を訪ねていろいろと泣いて語って下さいました。中には高級な武官も復員の姿のまゝで遥々と見えました。殊に久夫等と未決の内は共に居て、最後に釈放されて帰った人々や、又、日本渉外局の僧侶の人で、久夫の独房を屡々見舞うことを許され、最後に久夫が刑場に入らむとする真際に読経までして下さった人の訪れて下さったことに依って、更に詳細な様子を知ることが出来ました。久夫は死刑の宣告を受けた際にも少しも動揺の様子を見せず、又最後の受刑の直前にも物狂わしい虚勢も示さねば、聊かの恐怖の色も浮べず、全く静かな態度で刑場へ足を運んで行ったそうであります。少し誇張して聞かせて下さったのかも知れませんが、聖僧のような姿に感じたと申して下さいます。

英国の監獄は囚人に対する取扱もよく、久夫は其処でも英軍の看守に大変同情せられ、数か月の間、一人読書したり考えたりしていたそうであります。軍に居る時も、久夫は上司に愛せられ、特に久夫を庇護して下さったそうであり、又、島民とも非常に親しみ合い、殊に其の子供等とは友達のように遊んで居ましたそうで、久夫が未だ軟禁中の時など、島民が色々なものを入れて呉れたそうであります。如何なる運命の廻り合わせであったのかと哀れに存じます。

あんな粗雑な人間でも、私共には一粒種の男の子として物笑いになるような親の煩悩で育て、参りましたのに、世に類も稀な非業な死に方をされました私どもの心持をお察しくださいませ。

茲に子供の死をお知らせいたしますと共に、言葉にもつくしませぬ積年の御厚恩を感謝いたします。子供を忘れる時の来ぬ限り御厚恩は忘却いたしません。

尚々申し上げたい事は此の以外にこそ沢山あるのでございますが、何れ拝眉の上申し上げる積りでございます。

二伸　久夫の遺書を英軍から送って呉れました故、其の「写」をお目にかけます。久夫は隊に居る時も独房に居る時も塩尻先生のことは殊に申して居りましたそうでございます（自筆の遺書は拝眉の砌持参いたします）。

先生も大阪方面へお買物にでも来られる時には、今後私宅をお宿になすって下さい。大阪市天神橋六丁目発の千里山行電車の千里山終点から東15丁程田舎です。其の内一度、高知へ参上いたします。

(2) 久の手紙についてのコメント

〈断腸の思いを遥かに越えた手紙〉

久の手紙について若干のコメントをしておこう。

1つは、冒頭の「大変な地震」とは1946年12月21日に起こった南海地震（M8.0）のことである。南海地震はその名の通り、太平洋沿岸の和歌山県や高知県などに大きな震災と大津波の被害とをもたらした。たまたま塩尻が内地研究を終えて京都から帰高（注・高知に帰ること）したのが地震発生の前日あたりであったので、久は塩尻家の被害の有無を気遣ったのである。

2つは、「長い年月の間…幾重にもお許しください」という文章から、この手紙は久から塩尻への初めての手紙であると推測できることである。

これまで木村家から塩尻への連絡等は、もっぱら斐野（母）と孝子（妹）とが担当していたのであろう。

3つは、久夫自筆の遺書が英軍から送られてきたことを知らせていることである。

すでに久は久夫の書き込みのある『哲学通論』を読んでおり、さらに今回、久夫の「遺書」を読んで、久夫の戦場での状況をほぼ理解することができたということであろう。

４つは、久夫が戦争犯罪人として処刑されたことを知らせていることである。「実は久夫は、戦争犯罪人として英軍の裁判を受け刑死いたしたのでございます」と書いた父の悲しみは、断腸の思いを遥かに越えたものであったに違いない。

おそらく木村家は、終戦当初、久夫も帰還するものと希望を持って待っていたのではあるまいか。それが、帰還した同じ部隊の戦友によって久夫の戦死が伝えられて、ショックを受けたのであった。それでも木村家としては、久夫の戦死を信じたくなかったのであろう。しかし、久夫の遺髪や「遺書」までが届くに至って、遂に久夫の死を覚悟しなければならなくなったのであった。

５つは、久夫が軍隊で過ごした生活を塩尻に伝えていることである。帰還した戦友たちが次々と戦場での久夫の活躍について報告しに来てくれたことが報告されていることである。また、木村家の家族も彼らから必死に情報を得ようと努力していたことが読み取れる。久の手紙には若干の美化があるとしても、久夫の戦場での状況を詳細に塩尻に報告しているように思われる。

６つは、「物笑いになるような親の煩悩」で育てて来た「一粒種」の息子が「世に類も稀な非業な死に方」をしたことは耐え難いこと、またそういう死に方（戦争犯罪人として絞首刑に処せられたこと）をした久夫を「哀れ」に思うと訴えていることである。

７つは、久夫が「隊に居る時も独房に居る時も塩尻先生のこと」をいつも口にしていたと伝えていることである。

８つは、久が塩尻の「積年の御厚恩」に感謝するとともに、子供を忘れる時の来ぬ限り御厚恩を忘却いたしませんと伝えていることである。

久は、久夫が長年にわたってご指導賜った塩尻に対して父親として謝意を表するとともに、塩尻へのご恩を生涯忘れません、と書いていることである。

9つは、この手紙と一緒に、久が久夫の「遺書」を筆写した「遺書（写）」を同封していたということである。「遺書（写）」については、後に紹介する。

〈2つの追記〉

ここで2つのことを追記しておこう。

その1は、後に塩尻が「或る遺書について」を執筆する際、この手紙の中の文章を引用することになるということである（久の手紙で傍線を引いた箇所が、塩尻が引用したり、まとめたりしたところである）。特に「或る遺書について」の「1」で、久夫の戦場での働き、裁判の経過と結果、処刑の状況などを説明している部分の多くは、この久の手紙の内容を要約したものである。もちろん久夫に関する情報について塩尻自身が入手した情報もあったであろうが、久の手紙から得た情報が決定的に多かったと判断できる。

ただしその際、塩尻は、久の手紙が含んでいたミス情報もそのまま継承したということである。

その2は、戦犯死刑囚の私物は一切焼却されると言われていた中で、(4)「久夫の自筆の遺書」が、英軍からどのような経路を経て木村家に送られてきたのかということである。

久夫の場合、「遺骨」は戻らなかったが、「遺書」と「書き込み」をした本『哲学通論』、その他若干の遺品が木村家に戻ってきたようである。

ちなみに、久夫らと同じく絞首刑になった台湾人の軍属で、通訳であった安田宗治（本名・頼恩勤）については、「遺骨」と「遺書」とが還ってきたということである。[5]

2　「或る遺書について」と「遺書」

(1)　久が編集した久夫の「遺書（写）」

〈木村久夫の「遺書（写）」〉

久から塩尻への手紙に、久が久夫の「遺書」を書写した「遺書（写）」が同封されていた。

以下がその「遺書（写）」（注：現代仮名遣いに改めた。）の全文である。

このうち、塩尻が「或る遺書について」の執筆の際に引用した箇所に傍線を付した。

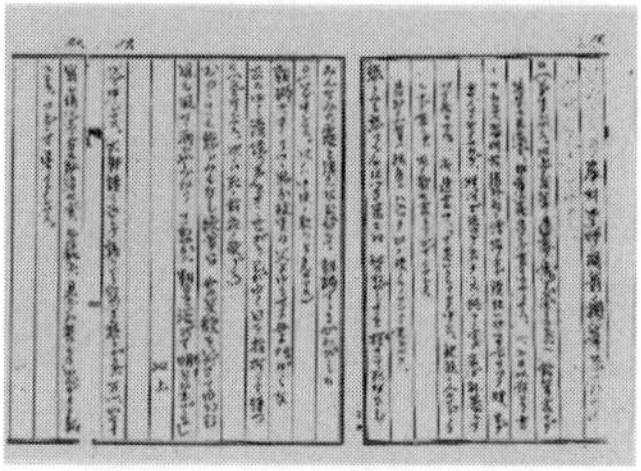

久から塩尻への「遺書（写）」（47年１月３日）

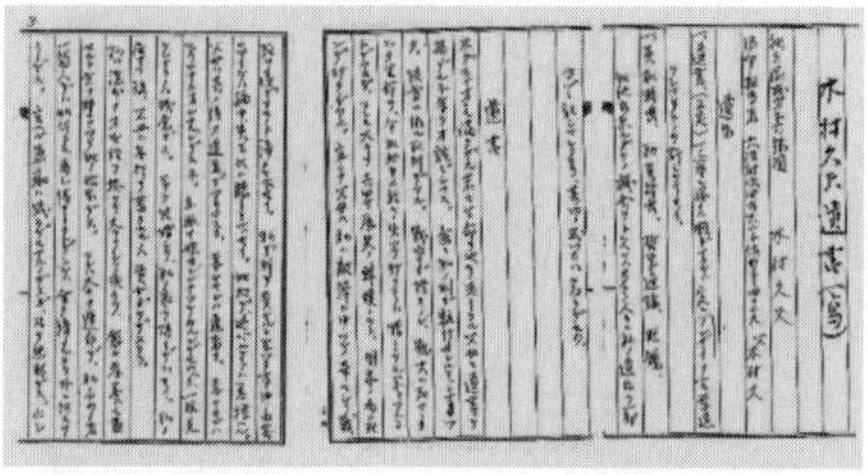

同上：最終の頁（2）　　　冒頭の頁（1）

木村久夫の遺書（写）

独立混成第36旅団　　　　　　　　　　　　　木村久夫

留守担当者　大阪府吹田市大字佐井寺４０２９　　木村　久

遺　品

1、遺書（父宛）丁寧に認める暇がなくて、実にぞんざいな言葉遣をしましたことを許して下さい。

2、英和辞典、和英辞典、哲学通論、眼鏡、

其他出来るだけの機会をとらえて、多くの人々に私の遺品を一部分づつ託しましたから、其内の幾つかは着くでしょう。

遺　書

未だ30才に満たざる若き生命を以って老いたる父母に遺書を捧げる不孝をお詫びします。愈々私の刑が執行されることになった。絞首に依る死刑である。戦争が終了し、戦火に死なゝかった生命を、今此処に於て失って行くことは惜みても余りあることであるが、これも大きな世界歴史の転換のもと、国家のために死んで行くのである。宜しく父母は私は敵弾に中って華々しい戦死を遂げたものと諦めて下さい。私が刑を受けるに至った事件の内容については福中英三氏に聴いて下さい。此処で述べることは差し控える。

父母は其の後お達者でありますか。孝ちゃんは達者か。孝ちゃんはもう22才になるんですね。立派な娘さんになっているんでしょうが、一眼見られないのは残念です。早く結婚して、私の家を継いで下さい。私の

居ない後、父母に孝行を尽くせるのは貴女だけですから。

　私は随分なお世話を掛けて大きくして頂いて、愈々孝養も尽くせると言う時になって此の始末です。これは大きな運命で、私のような者一箇人では如何とも為し得ないことでして、全く諦めるより外に何もないのです。言えば愚痴は幾らでもあるのですが、凡て無駄です。止しましょう。大きな爆弾に中って、跡形なく消え去ったのと同じです。

　斯うして静かに死を待ちながら坐っていると、故郷の懐かしい景色が次から次へと浮んで来ます。分家の桃畑から佐井寺の村を下に見下した、あの幼な時代の景色は、今も眼にありありと浮んで来ます。谷さんの小父さんが、下の池でよく魚を釣って居られました。ピチピチと鮒が糸にかゝって上って来たのも、ありありと思い浮かべることが出来ます。家のお墓も思い出します。其処からは遠くに吹田の放送局や操車場の広々とした景色が見えましたね。お盆の時、夜お参りして遠くの花壇で打ち上げられる花火を遠望したことも思い出します。お墓の前には、柿の木がありました。今度帰ったら、あの柿の実を喰ってやります。御先祖の墓があって、祖父祖母の石碑がありますね。子供の頃、此の新しい祖母の横に建てられる次の新しい墓は果して誰の墓であろうと考えたことがありますが、其の次に私のが建つとは其の時は全く考え及びませんでした。お祖父様、お祖母様と並んで下の美しい景色を眺め、柿の実を喰ってやりましょう。序手にお願いして置きますが、私の葬儀などは余り盛大にやらないで、ほんの野辺送りの程度で結構です。盛大なのは更って私の気持に反します。お供物なども慣習に反するでしょうが、美味しそうな洋菓子や美しい洋花をどっさり供えて下さい。私は何処迄も晴やかに明朗でありたいです。（注・この文章を変形して引用している）

次に思い出すのは何と言っても高知です。境遇及び思想的に最も波瀾に富んだ時代であったから、思い出も尽きないものがあります。新屋敷の家、鴨森、高等学校、堺町、猪野々、思い出は走馬燈の如く走り過ぎて行く。塩尻、徳田、八波の三先生は何うして居られるであろう。私の事を聞けば、きっと泣いて下さるであろう。随分私はお世話を掛けた。私が生きて居れば思い尽きない方々なのであるが、何の御恩返しも出来ずして、遥か異郷で死んで行くのは残念だ。せめて私がもう少しの人間になるまでの生命が欲しかった。これが私の最も残念とするところである。私の出征する時に言い遺したように、私の蔵書は全部、塩尻先生の手を通じて高等学校に寄贈して下さい。（但し孝子の婿になる人が同学を志して必要とするならば、其人に蔵書の全部を渡してもよい）塩尻先生に、何うか宜しくお伝えして下さい。先生より頂戴した御指導と御厚意とは何時迄も忘れず、死後迄も持ち続けて行きたいと思っています。

（中略《ママ》）

凡ての望みが消え去った時の人間の気持は実に不可思議なものである。如何なる現世の言葉を以てしても現わし得ない。己に現世より一歩超越したものである。何故か死の恐しさも解らなくなった。凡てが解らない。夢で、よく底の知れない深みへ落ちて行くことがあるが、丁度あの時の様な気持である。

死刑の宣告を受けてから、計らずも、曾て親しく講義をも拝聴した田辺元博士の「哲学通論」を手にし得た。私は読みに読み続けた。私は此の書を幾度諸々の場所で手にし愛読したことか。下宿の窓で、学校の図書館で、猪野々の里で、洛北白川の下宿で、そして今又、異国の監獄の独房で。然し、時と場所とは異っていても、私に与えて呉れる感激は常に唯一つであった。私は独房の寝台の上に横たわりながら、此の本を抱き締めた。私が一生の目的とし、理想としていた雰囲気に再び接し得たる喜びであった。私には、せめての最後の憩いであり、慰みであった。私は戦が終り、再び書斎に帰り、好きな学の精進に没頭し得る日を幾年待っていたことであろうか。然し凡てが失われた。私は唯、新しい青年達が、自由な社会に於て、自由な進歩を遂げられむことを地下より祈ること、しよう。「マルキシズム」もよし、自由主義もよし、如何なるものもよし、凡てが其の根本理論に於て究明され解決される日が来るであろう。真の日本の発展は其処から始まるであろう。凡ての物語りが私の死後より始まるのは誠に悲しい。

一津屋のお祖母様はお元気だろうか。

（中略《ママ》）

それから一津屋の重雄叔父さんを始め一族の方々、名残は尽きない人ばかりである。

（中略《ママ》）

私の死したる後、父母が落胆の余り途方に暮れられることなきかを最も心配しています。思いめぐらせば、私はこれで、随分武運が強かったのです。印度洋の最前線、而も敵の反抗の最も強烈なりし間、随分これで命の終りかと自ら諦めた危険もあったのです。それでも擦り傷一つ負わなかったのは、神も出来るだけ私を守って下さったのだと考えましょう。父母は私が既に其の時に死んだものと諦めて戴きたい。私の死については、出来るだけ多く、私の友人知人に知らせて下さい。

降伏後の日本は随分変わったことだろう。思想的に、政治、経済機構的にも随分の試練と経験と変化とを受けるであろうが、其の何れもが見耐えのある一つ一つであるに相違ない。其の中に、私の時間と場所との見出されないのは誠に残念だ。然し、世界の歴史の動きはもっともっと大きいのだ。私の如き者の存在には一瞥もくれない。泰山鳴動して踏み殺された一匹の蟻にしか過ぎない。私の如き者の例は夥多あるのである。戦火に散って行った幾多の軍神達もそれだ。原子爆弾で消えた人々もそれだ。斯くの如きを全世界に渉って考えるとき、自ら私の死もうなずかれよう。既に死んで行った人達のことを考えれば、今、生きたいなど〻考えるのは、その人達に対してさえ済まないことだ。若し私が生きて居れば或は一人前の者となって幾分かの仕事をするかも知れない。然し又、唯の拙らぬ凡人として一生を送るかも知れない。未だ花弁も見せず蕾のま〻で死んで行くのも、一つの在り方であったかも知れない。今は唯、神の命ずるま〻に死んで行くより他にないのである。

（中略《ママ》）

此の頃になって、漸く死と言うことが大して恐ろしいものではなくなって来た。決して負け惜しみではない。病で死んで行く人でも、死の前になれば、斯の様な気分になるのではないかと思われる。時々ほんの数秒間、現世への執着が、ひょっこり頭を持ち上げるが、直ぐ消えてしまう。此の分なら大して見苦しい態度もなく死んで行けると思っている。何を言っても一生にこれ程大きい人間の試験はない。今では父母妹の写真もないので、毎朝毎夕眼を閉じて昔の顔を思い浮べては挨拶をしています。あなた達も何うか眼を閉じて、私の姿に挨拶を返して下さい。

（中略《ママ》）

もう書くことは何もないが、何かもっと書き続けたい。筆の動くま〻に何かを書いて行こう。私のことについては以後、次々に帰還する戦友達が告げて呉れましょう。何か便りのある度に、遠路ながら戦友達を訪問して、私のことを聴き取って下さい。私は何一つとして不面目なことは、して居らない筈です。死んで行く時も、きっと立派に死んで行きます。私は、よし立派な日本軍人の亀鑑たらずとも、高等の教養を受けた日本人の一人として、何等恥ずる所ない行動をとって来た積りです。それなのに、計らずも私に戦争犯罪者なる汚名を下されたことが、孝子の縁談や家の将来に、何かの支障を与えはせぬかと心配でなりません。「カーニコバル島」に終戦まで駐屯していた人ならば、誰もが皆、私の身の公明正大を証明して呉れます。何うか、私を信じて安心して下さい。

私の更に最も気掛りなのは、私の死後、一家仲良く暮して行って下さるかと言うことです。私の記憶にある我が家は、決して明朗なるものでなかった。私が死に臨んで挨拶する父の顔も、必ずしも朗らかな笑顔でないことは悲しいです。何うか私の死を一転機として、私への唯一の供養として、今後明朗な一家として送って下さい。不和は凡ての不幸不運の基のような気がします。因縁論者ではないが、此の度の私の死も其の遠因の一分が或は其処から出ているのではないかとも、強いて考えれば、考えられないこともないかも知れません。新時代の一家の繁栄の為に、唯、基の和合をば「モットー」としてやって頂きたい。これが私が死に当って、切に父に希う一事であります。

人が言うようなら、死ねば祖父母にも、戦死した学友にも会えることでしょう。あの世で、それ等の人々と現世の思い出語りをすることも楽しみの一つとして行きましょう。又、人が言うように出来るものなら、あの世で蔭ながら、父母や妹夫婦を見守って行きましょう。常に悲しい記憶を呼び起さしめる私かも知れませんが、私のことも時々は思い出して下さい。そして却って日々の生活を元気づけるように考を向けて下さい。

「ドイツ」人か誰かの言葉を思い出しました。

『生れざらむこそよけれ。生れたむには、生れし方へ急ぎ帰るこそ願はしけれ』

私の命日は昭和21年5月23日なり。
(中略《ママ》)
もう書くことはない。愈々死に赴く。皆様、お元気で、さようなら、さようなら。
一、大日本帝国に新しき繁栄あれかし。
一、皆々様お元気で。生前はご厄介になりました。
一、末期の水を上げて下さい。
一、遺骨は届かない。爪と遺髪とを以て、それに代える。
処刑半時間前擱筆す。

○(父が申します。以上が自筆の遺書の写でございます。鉛筆書きで誤字も見当たらず、非常に落ちついて書いてあります。二、三日以前から書き出して、処刑前、渉外局の僧侶の方が読経に行って下さった時、未だ書いていたそうで、時間が追って来たため、終わりの方は字が乱暴になって居ります。尚、遺書中、「中略」としました中には、親族の人々などのことなど書いて、左の歌も書いてございました。
最初の二首は独房には入った初め頃のものらしく見えます。
悲しみも怒りも今はつき果てぬ　此のわびしさを抱《だ》きて死なまし
みんなみの露と消えなむ命もて　朝粥すゝる心わびしも
○(父が申します。次のは中略の歌らしく見えます)
朝粥をすゝりつ思ふ故里の　父よゆるせよ母よなげくな

友のゆく読経の声をきゝながら　己がゆく日を指折りて待つ

○（父が申します。次のは死の前夜の歌です）

をのゝきも悲しみもなし絞首台　母の笑顔をいだきてゆかむ

風も凪ぎ雨もやみたり　さわやかに　朝日をあびて明日《あす》は出でまし

以上

父が申します。大体読み返して誤りなく写したつもりですが、万一、小さい写し誤りがあるかも知れませんが、もう此上、見るのは苦しい思いがいたしますから、これでお送りいたします。

筆者注1、以上は父の久が久夫の「遺書」を筆写したものである。

2、孝子に偽装して「父が申します。…」と書いている箇所も、筆跡から判断して久の筆跡である。

3、「短歌」も久の筆跡である。

4、久の筆写を孝子が助けているようで、遺書は父娘の合作と推察できる。

(2)「遺書（写）」についてのコメント

久が筆写した久夫の「遺書（写）」は10行縦書き罫紙20頁で、端正かつ綺麗な筆跡で書かれている。

以下、「遺書（写）」について幾つかの指摘をしておこう。

1つは、筆跡から判断して、「遺書（写）」は、すべて久が筆写したものであるということである。
2つは、「遺書（写）」は久が筆写したものであるが、孝子も協力を惜しまなかったということである。筆跡から、文末の「父が申します」と書いている箇所も含めて、久が書いていると判断できる。

3つは、久は「遺書（写）」で久夫の「遺書」を幾つかの箇所で編集している（書き換えている）ということである。

「遺書（写）」の文末の短歌の説明を読む限り、父と娘とが協力して書写している書き方をしている。名前は出ていないが、おそらく母の斐野も協力を惜しまなかったことであろう。

「遺書（写）」の追記で、久が孝子を装った書き方で、「大体読み返して誤りなく写したつもりですが、万一、小さい写し誤りがあるかも知れません」と「父が申しております」と書いているが、これは、久が久夫の「遺書」を筆写する際に、「小さい」編集をしたこと（書き換えたこと）を暗示したものと解してよいであろう。

例えば、文末の短歌の説明文の中に、「遺書中、『中略』としました中には、親族の人々などのことなど書いて」ありましたと書いて、省略した文章のあることを明言している箇所もあるが、明言していない箇所もある。

その一例は、久夫の「遺書」にあった「辞世」の短歌二首のうち、最後の一首「心なき風な吹きこそ沈みたる　こゝろの塵の立つぞ悲しき」が、久の「遺書（写）」では、「をのゝきも悲しみもなし絞首台　母の笑顔をいだきてゆかむ」に置き換えられていることである。すでにこの時点で、「辞世」

の短歌の編集（入れ替え）が久の手で行われていた。

４つは、久夫の編集についてどう考えるかという問題であるが、筆者の意見は、「親の煩悩」がなさしめた行動、もしくは「親心」がなさしめた行為であって、一概に久を責めることはできないのではないかということである。

すなわち「世に類も稀な非業な死に方」をした「子供を忘れる時の来ぬ」親の「心持ち」を思いやるならば、熟慮したうえでの行為であったのではなかろうか。

５つは、久の「遺書（写）」には「下書き文」（又は、控え文）があったということである。

これについて、若干説明しよう。

筆者が２０１４年６月頃に木村家のご遺族から提供していただいた資料の中に、それと判断できる文書があった。久は几帳面で慎重な人であったらしく、重要な文書には「下書き文」を作ってから後に「正式」の文書を書いたようである。久が久夫の遺書を筆写する場合もその手法を踏襲したようで、まず「下書き文」を作り、その後に「遺書（写）」を清書して塩尻へ送付したと考えられる。

６つは、塩尻が「或る遺書について」を執筆するに当たって、「手記」から多くの文章を引用したことは明らかであるが、「遺書」からも引用した箇所が相当あるということである。

塩尻が「或る遺書について」において、「以下この一文に彼の遺書の一部として引用する文章は、凡てこの書きこみの中から引いてきたものである」と書いていたが、塩尻は「手記」と「遺書」の両方から相当数の文章を引用しているのであって、先の塩尻の記述は明らかに事実に反している。ただし、この点については、「或る遺書について」の構成を論じる６で、再度、触れることにする。

3 「或る遺書について」と「手記」

(1) 塩尻筆写の「手記」からの引用部分

〈塩尻が久夫の「手記」を筆写〉

塩尻は1947年秋から年末までの3カ月間、京都大学に内地留学した。この間、塩尻は相国寺《しょうこくじ》（長得院）に滞在して、計画通りに研究を進めるべく猛勉強の日々を送っていた。戦後直後で食糧事情も悪く、塩尻は自炊生活を余儀なくされていた。

この時、吹田に住む久夫の斐野と孝子とが食糧の差し入れをするために塩尻の宿舎を訪れた。孝子一人が訪ねた時もあった。のちに塩尻は〝食糧難の折りのこの差し入れは本当に有難かった〟と述べている。

塩尻は、京都滞在期間も残り少なくなった1947年12月中頃に木村宅を訪問する。塩尻は3回木村宅を訪問したと書いているが、その3回目は12月19日（18日に訪問して一泊）であった。

訪問の目的は、久夫の霊前へのお参り、悲しみに耐えている家族を慰め励ますこと、食糧の差入れのお礼、そして『哲学通論』の欄外余白に書き込まれた久夫のメモを書き取ることであった。

塩尻は久夫の部屋で、彼の愛用の机に座って、彼の使い残した原稿用紙に『哲学通論』の欄外余白に書き込まれたメモを残らず書き取っていった。塩尻が筆写したメモは、原稿用紙30枚に、鉛筆書きで、彼独特の字体で端正に書かれている。

以下に、その全文を示そう（注・現代仮名遣いに改めた。）。傍線部分は、塩尻が「或る遺書について」を執筆する際に引用した箇所である。

〈木村久夫君の遺書（塩尻筆写）〉

木村久夫君の遺書

塩尻による「手記」の書写（1）表紙

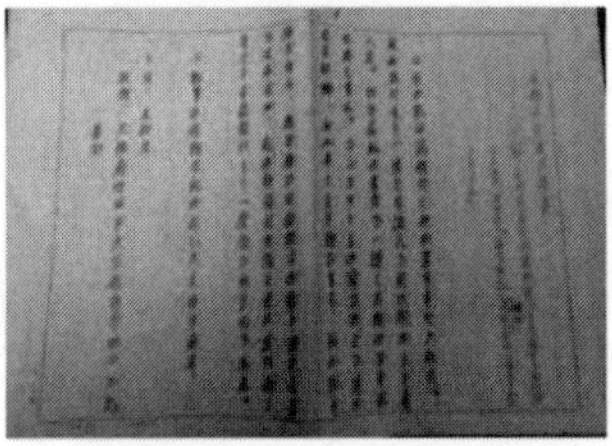

（2）１頁

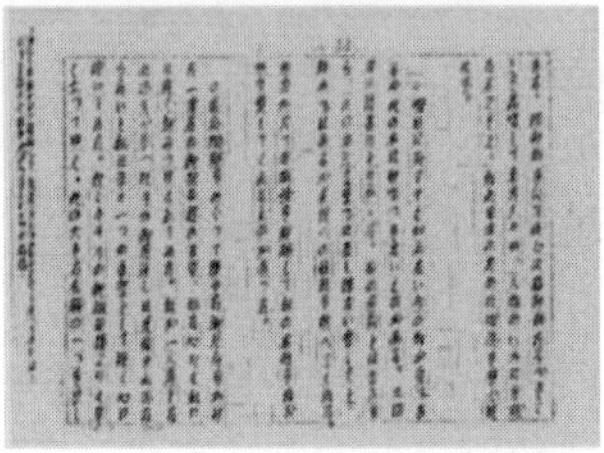

（3）25頁

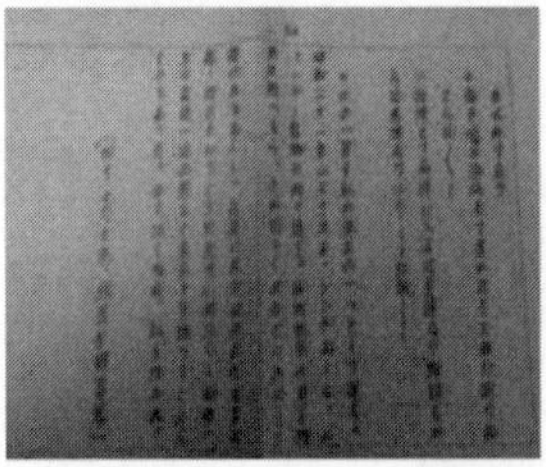

（4）最終30頁（1947年12月19日の日付あり）

木村久夫君の遺書（塩尻筆写）

（註・死の直前に独房の中でくり返し熟読していた田辺氏「哲学通論」の欄外余白に書き記したもの）

○死の数日前偶然に此の書を手に入れた。死ぬ迄にもう一度之を読んで死に就こうと考えた。4年前私の書斎で一読した時の事を思い出し乍ら。コンクリートの寝台の上で、遥かななる古郷、我が来し方を想い乍ら、死の影を浴び乍ら、数日後には断頭台の露と消える身ではあるが、私の熱情は矢張り学の途にあったことを最後にもう一度想い出すのである。

○鉛筆の傍線は私が引いたものである。

○父、木村久
　住所　大阪府吹田市大字佐井寺四〇二九番地

○此の書に向っていると何処からともなく湧き出づる楽しさがある。明日は絞首台の露と消ゆるやも知れない身であり乍ら、尽きざる興味にひきつけられて、本書の3回目の読書に取り掛る。昭和二十一年四月二十二日

○私は此の書を充分理解することが出来る。学問より離れて既に四年、その今日に於てもなお難解を以て著名な本書をさしたる困難なしに読み得る今の私の頭脳を我乍ら有難く思うと共に、過去に於ける私の学的生活の精進を振りかえって楽しく味あるものと吾れ乍ら喜ぶのである。

○曾て読みし博士の著書「科学と哲学との間」を思い出す。(7頁全白)

○此の世への名残りと思ひて味ひぬ一匙の菜一匙のかゆ

○私の死に当っての感想を断片的に書き綴って行く。紙に書く事を許されない今の私にとっては之に記すより他に方法はないのである。

私は死刑を宣告された。誰が之を予測したであろう。年令三十に至らず、且学半ばにして既に此の世を去る運命、誰が予知し得たであろう。波乱極めて多かった私の一生も亦波乱の中に沈み消えて行く、何か知ら一つの大きな小説の様だ。然し凡て大きな運命の命ずる所と知った時、最後の諦観が湧いて来た。大きな歴史の転換の影には私の様な蔭の犠牲が幾多あったものなる事を過去の歴史に照らして知る時、全く無意味のものである私の死も、大きな世界歴史の命ずる所なりと感知するのである。

日本は負けたのである。全世界の憤怒と非難との真只中に負けたのである。日本は無理をした、非難さるべきことも随分として来た。全世界の怒るも無理はない。世界全人類の気晴らしの一つとして今私は死んでゆくのである。これで世界人の気持が少しでも静まればよいのである。それは将来の日本に幸福の種を残すことなのである。

私は何等死に値する悪はした事はない、悪をなしたのは他の人である。然し今の場合弁解は成立しない。江戸の仇を長崎で討たれたのであるが、全世界からして見れば彼も私も同じく日本人である。即ち同じなのである。彼の責任を私が取って死ぬ、一見大きな不合理ではあるが、この不合理はやはり過去に我々日本人が同じくやって来たのであることを思えば矢鱈非難は出来ないのである。彼等の目に留った私が不運なりとしか、これ以上苦情の持って行き所はないのである。日本の軍隊のために犠牲になったと思えば死に切れないが、日本国民全体の罪と非難を一身に浴びて死ぬのだと思えば腹も立たない。笑って死んで行ける。

日本の軍人、殊に陸軍の軍人は、私達の予測していた通り矢張り国を亡した奴であり、凡ての虚飾を取去れば私欲そのものの他は何物でもなかった。今度の私の事件に於ても最も態度の賎しかったのも陸軍の将校連中であった。之に比べれば海軍の将校はまだ立派であったと言い得る。大東亜戦以前の陸海軍人の態度を見ても容易に想像されるところであった。陸軍々人は余り俗世に乗り出しすぎた、彼等の常々の広言にも不拘、彼等は最も賎しい世俗の権化となっていたのである。それが終戦後明瞭に現われてきた。生と物とに吸着したのは陸軍々人であった。大風呂敷が往々にして内容の貧弱なものなることは我が国陸軍がその好例であるとつくづく思われた。

我が国民は今や大きな反省をしつゝあるだろうと思う。その反省が、今の逆境が、明るい将来の日本のために大きな役割を果すであろう。之を見得ずして死するは残念であるが世界歴史の命ずるところ所詮致し方がない。

このたびの私の裁判に於ても、また判決後に於ても、私の身の潔白を証明す可く私は最善の努力をして来た。然し私が余りにも日本国のために働きすぎたため、身は潔白であっても責は受けなければならないのである。ハワイで散った軍神も今となっては世界の法を侵した罪人以外の何者でもなかったと同様、ニコバル島駐屯軍のために敵の諜者を発見し当時は全島の感謝と上官よりの讃辞を浴び、方面軍よりの感状を授与されるやも知れずと迄言われた私の行為も、一ケ月後に起った日本降伏のため、忽ちにして結果は逆になった。当時の事情は福中英三氏が良く知っていられるから聞いてほしい。日本国にとり効となったことも価値判断の基準の変った今日に於ては仇となるも、之は私達の力を以ては如何とも致し方ない。

凡ての原因は日本降伏にある。然し此の日本降伏が全日本国民のために必須なる以上、私一個人の犠牲の如きは涙をのんで忍ばねばならない、苦情を言うなら、敗戦を判ってい乍ら此の戦を起した軍部に持ってゆくより為方はない。然し又更に考を致せば、満州事変以後の軍部の行動を許して来た全日本国民に其の遠い責任があることを知らなければならない。

日本は凡ての面に於て、社会的歴史的政治的思想的人道的、試練と発達とが足らなかったのである。凡て我は他より勝れりと考え、考えさせようとした我々の指導者、及び其等の指導者の存在を許して来た日本国民の頭脳に凡ての責任がある。

日本は凡ての面に於て混乱に陥るであろう。然しそれで良いのだ。曾ての如き、今の我に都合の悪きもの、意に添わぬものは凡て悪なりとして腕力を以て武力を以て排斥して来た我々の態度の受くべき結果は明白であった。今や凡ての武力腕力を捨てゝ凡てのものを公平に認識、吟味、価値判断することが必要なのである、そして之が真の発展を我々に与えてくれるものなのである。凡てのものを其の根底より再吟味する所に我々の再発展がある。ドグマ的な凡ての思想が地に落ちた今後の日本は幸福である。それを見得ないのは全く残念至極であるが、我にかわる、もっともっと立派な、頭の聡明な人が之を見、且指導して行ってくれるであろう。何を言っても日本は根底から変革され構成し直されなければならない。若き学徒の活躍を祈る。

○私の蔵書は凡て恩師塩尻先生の指示に依り処分してくれ。私の考としては高等学校に寄贈するのが最も有効なのではないかと考える。（注・この文と遺書にある文とをまとめている。）塩尻、八波、徳田、阿部の四先生には必ず私の遺品の何かを差上げてくれ。塩尻先生の著「天分と愛情の問題」をこの地の遠隔なりしため今日の死に至るまで一度も拝読し得なかったことはくれぐれも残念である。

孝子を早く結婚させてやってくれ、私の死に依り両親並に妹が落胆甚しく一家の衰亡に趣かんことを最も恐れる。母よ落胆すな、父よ落胆すな、そして父よ、母に対してやさしくあれ、私が父に願う事は之だけである。そしてこれこそ死んでも忘れられない只の一事である。願う。

私の葬儀など簡粗にやってくれ、盛大は却って私の気持を表わさないものである。墓石は祖母の横に建てゝくれ、私が子供の時、祖母の次に建つ石碑は誰のであろうかと考えたことがあったが、此の私のそれが建つなどとは、此の私にも想像はつかなかった。然し之はあくまで一つの大きな世界の歴史の象徴であろう。墓の前の柿の果、それを私が喰う時がやがて来るであろう。

○我々罪人を看視しているのはもと我軍に俘虜たりしオランダ軍兵士である。曾て日本兵士より大変なひどい目に遭わされたとかで、我々に対するしっぺ返しは大変なものである。なぐる、ける、は最もやさしい部類である。然し我々日本人もこれ以上の事をやっていたのを思えば文句は出ない。却って文句をぶつぶつ言う者に陸軍の将校の多いのは、曾ての自己を棚に上げたもので、我々日本人にさえ尤もだという気は起らない。一度も俘虜を使った事のない、又一度もひどい行為をしたことのない私が斯様な所で一様に扱われるのは全く残念ではあるが、然し向う側よりすれば私も他も同じ日本人である。区別してくれと言う方が無理かも知れぬ。

然し天運なのか私は一度も殴られたこともけられた事もない。大変皆々から好かれている。我々の食事は朝米紛の糊と夕方に「かゆ」を喰う二食で一日中腹ペコペコで、やっと歩ける位の精力しかないのである。然し私は大変好かれているのか、看視の兵隊がとても親切で夜分こっそりとパン、ビスケット、煙草などを持ってきてくれ、昨夜などはサイダーを一本持って来てくれた。私は全く涙が出た。その物に対してよりも親切に対してである。その中の一人の兵隊が或は進駐軍として日本へ行くかも知れぬと言うので、今日私は私の手紙を添えて私の住所を知らせた。可能性は薄いが、この兵隊が私の謂わば無実の罪に非常に同情し親切にして呉れるのである。大極的には徹底的な反日の彼等も、かく個々に接しているうちには斯様に親切な者も出てくるのである。矢張り人間だ。

此の兵士は戦前はジャワの中学校の先生で我が軍に俘虜となっていたのであるが、その間日本の兵士より、なぐる、ける、焼くの虐待を受けた様子を詳しく語り、その人には何故日本兵にはなぐる、けるなどの事があれ程平気で出来るのか全く理解出来ないと言っていた。私は日本人全般の社会教育、人道教育が低く、且社会的試練を充分に受けていないから斯くある旨をよく説明して置いた。又彼には日本婦人の社会的地位の低いことが大変な理解出来ぬことであるらしい。つまらぬ之等の兵士からでも全く不合理と思える事が日本では平然と何の反省もなく行われている事を幾多指摘されるのは全く日本にとって不名誉なことである。彼等が我々より進んでいるとは決して言わないが、真赤な不合理が平然と横行するまゝ許して来たのは何と言っても我々の赤面せざるべからざる所である。単なるなぐるという事からだけでも、我々日本人の文化的水準が低いとせざるべからざる諸々の面が思い出され、又指摘されるのである。殊に軍人社会及びその行動がその表向きの大言壮語に拘らず、本髄は古い中世的なもの其物に他ならなかった事は、彼等が厳重に反省し全国民に平身低頭謝罪せねばならぬ所である。

○吸う一息の息、吐く一息の息、喰う一匙の飯、之等の一つ一つの凡てが今の私にとっては現世への触感である。昨日は一人、今日は二人と絞首台の露と消えて行く、やがて数日の中には私へのお呼びも掛って来るであろう。それ迄に味う最後の現世への触感である。今迄は何の自覚もなく行って来た之等の事が、味えば之程切なる味を持ったものなる事を痛感する次第である。口に含んだ一匙の飯が何とも言い得ない刺戟を舌に与え、且つ溶けるが如く喉から胃へと降りてゆく触感は、目を閉じてじっと味う時、此の現世の凡てのものを、只一つとなって私に与えてくれるのである。泣き度くなる事がある、然し涙さえもう今の私には出る余裕はない。極限まで押し詰められた人間には何の立腹も悲観も涙もない。只与えられた舜間々々を只有難くそれあるがまゝに享受して行くのである。死の舜間を考える時には矢張り恐ろしい、不快な気分に押し包まれるが、その事は其の舜間が来る迄考えない事にする、そしてその舜間が来た時は即ち死んでいる時だと考えれば、死などは案外易しいものなのではないかと自ら慰めるのである。

○私は此の書を死の数日前計らずも入手するを得た。偶然に之を入手した私は、死迄にもう一度之を読んで死にたいと考えた。数年前私が未だ若き学徒の一人として社会科学の基本原理への欲求盛なりしとき、その一助として此の田辺氏の名著を手にした事があった。何分有名な程難しい本であったので、非常な労苦を排して一読せし事を憶えている。その時は洛北白川の一書斎であったが、今は遥か故郷を離れた昭南の、しかも監獄の冷いコンクリートの寝台の上である。難解乍ら生の幕を閉じる寸前、この書を再び読み得たという事は、私に最後の楽しみと憩いと情熱とを再び与えてくれるものであった。数ケ年の非学究的生活の後に始めて之を手にし一読するのであるが、何だか此の書の一字々々の中に昔の野心に燃えた私の姿が見出されるようで、誠に懐しい感激に打ちふるえるのである。世界的名著は何時何処に於てもまた如何なる状態の人間にも燃ゆるが如き情熱と憩いとを与えてくれるものである。私は凡ての目的、欲求から離れて一息のもとに此の書を一読した。そして更にもう一読した。何とも言い得ない、凡ての欲求から離れての、すがすがしい気持であった。私にとっては死の前の読経にも比さるべき感覚を与えてくれた。曾ての如き学究への情熱に燃えた快味ではなくして、凡てあらゆる形容詞を否定した、乗り越えた、言葉では現わし得ない、すがすがしい感覚を与えてくれたのである。書かれたものが遺言書ならば、私はこの本を書かれざる遺言書として、何となく私というものを象徴してくれる最適の紀念物として残すのである。私がこの書にかゝれている哲理を凡て理解し了解したと言うのではない、寧ろこの書の内容からはもっと距離があるかも知れないが、私の言いたい事は、私が此の書を送る意味は、本著者田辺氏が本書を書かんと筆をとられた其の時の氏の気分が即ち私が一生を通じて求めていた気分であり、そして私がこの書を遺品として、最も私を象徴してくれる遺品として遺す以所である。

○私の死を聞いて先生や学友が多く愛惜してくれるであろう。「きっと立派な学徒になったであろうに」と愛惜してくれるであろう。若し私が生き長らえて平々凡々たる市井の人として一生を送るとするならば、今このまゝ此処で死する方が私として幸福かも知れない。まだ未だ世俗凡欲に穢され切っていない、今の若き学究への純粋を保ったまゝで一生を終る方が或は美しい潔いものであるかも知れない。私としては生き長らえて学究への旅路を続けて行きたいのは当然の事ではあるが、神の目から見て、結果論にして、今運命の命ずるまゝに死する方が私には幸福なのであるかも知れない。私の学問が結極は積読《ツンドク》以上の幾歩も進んだものでないものとして終るならば、今の潔い此の純粋な情熱が一生の中最も価値高きものであるかも知れない。

○私は生きる可く、私の身の潔白を証す可くあらゆる手段を尽くした。私は上級者たる将校連より、法廷に於て真実の陳述をなす事を厳禁され、それがため命令者たる上級将校が懲役、私が死刑の判決を下された。之は明かに不合理である。私にとっては、私の生きることよりも斯かる将校連の生きることよりも日本にとって数倍有益なることは明白と思われ、又事件そのものの実情としても、之は当然命令者なる将校に責が行く可きであり、又彼等がこれを知れるが故に私に事実の陳述を厳禁したのである。また此処で生きるのが私には当然であり至当であり、日本国家のためにも為さねばならぬ事であり、又最後の親孝行でもあると思って、判決のあった後ではあるが、私は英文の書面を以て事件の真相を暴露して訴えた。上告のない裁判であり、又判決後のことであり、又元来から正当な良心的な裁判でないのであるから、私の真相暴露が果して取上げられるか否かは知らないが、親に対して、国家に対しての私の最後の申し訳として最後の努力をしたのである。初め私は虚偽の陳述が日本人全体のためになるならば止むなしとして命に従ったのであるが、結果は逆に我々被命令者に仇となったので、真相を暴露した次第である。若しそれが取上げられたならば、数人の大佐、中佐や、数人の尉官達が死刑を宣告されるかも知れないが、それが真実である以上は当然であり、又彼等の死に依って此の私が救われるとするならば、国家的見地から見て私の生の方が数倍有益である事を確信したからである。美辞麗句ではあるが内容の全くない、精神的とか称する言語を吐き乍ら、内面に於ては軍人景気に追従し、物欲、名誉欲、虚栄以外には何物でもない軍人達が、過去に於て為してきたと同様に将来に生きつゞけて行くも国家に有益な事は何事もなしえないことは明白なりと確信するのである。

○日本の軍人には偉い人もいたであろう、然し私の見た軍人には誰も偉い人はいなかった。早い話が高等学校の教授程の人物すら将軍と呼ばれる人の中に居なかった。監獄にいて何々中将少将という人々に幾人も会い、共に生活しているのであるが、軍服をぬいだ赤裸の彼等は、その言動に於て実に見聞するに耐え得ないものである。此の程度の将軍を戴いていたのでは、日本にいくら科学と物資とがあったとしても、戦勝は到底望み得ないものであったと思われる程である。特に満州事変以後、更には南方占領後の日本軍人は、毎日利益を追う商人よりも根柢の根性はより下劣なものであったと言い得る。木曽義仲が京へ出て失敗したのと何処か似たところのあるのは否定し得ない。彼等が常々大言壮語して止まなかった忠義、犠牲的精神、其の他の美辞麗句も、身に装う着物以外の何物でもなく、終戦に依り着物を取除かれた彼等の肌は実に見るに耐え得ないものであった。

然し国民は之等軍人を非難する前に、斯かる軍人の存在を許容し又養ってきたことを知らねばならない。結局の責任は日本国民全般の知能の程度の低かったことにあるのである。知能程度の低いことは結局歴史の浅いことである。二千六百有余年の歴史があると言うかは知らないが内容の貧弱にして長いばかりが自慢なのではない、近世社会としての訓練と経験が少なかったのだと言っても、今ではもう非国民として軍部からお叱りを受けることはないであろう。私の学校時代の一見叛逆的と見えた生活も、全くこの軍閥的傾向への無批判的追従に対する反撥に他ならなかったのである。

私の軍隊生活に於て、中等学校、専門学校、また何処かの私大あたりを出た将校が、たゞ将校たるの故を以て大言壮語をしていた。私が円曲乍ら彼等の思想を是正しようとするものなら、彼等は私を「お前は自由主義者だ」と一言のもとに撥ねつけていた。彼等の言う自由主義とは即ち「彼等に都合のよい思惑には不都合なる思想」と言う意味以外には何もないのである。またそれ以上の事は何も解らないのである。軍人社会の持っていた外延的な罪悪、内包的な罪悪、枚挙すれば限りがない。それ等は凡て忘却しよう。彼等もやはり日本人なのであるから。然したゞ一つ言って置きたい事は、軍人は全国民の前で腹を切る気持ちで謝罪し、余生を社会奉仕のために捧げなければならない、という事である。軍人が今日までなして来たえよう（栄誉）栄華は誰のお陰だったのであるか、凡て国民の犠牲のもとに為されたにすぎないのである。労働者、出征家族の家には何も食物はなくても、何々隊長と言われるようなお家には肉でも魚でも果子でも幾らでもあったのである、——以下は語るまい、涙が出て来るばかりである。

天皇崇拝の熱の最も厚かったのは軍人さんだそうである、然し一枚の紙を裏返へせば天皇の名を最も乱用悪用した者は即ち軍人様なのであって、古今これに勝る例は見ない。所謂「天皇の命」と彼等の言うのは即ち「軍閥」の命と言うのと実質的には何等変らなかったのである。たゞ此の命に従わざる者を罪する時にのみ天皇の権力と言うものが用いられたのである。若し之を聞いて怒る軍人あるとするならば、終戦の前と後に於ける彼等の態度を正直に反省せよ。

○私が戦も終った今日に至って絞首台の露と消ゆることを、私の父母は私の運の不幸を嘆くであろう。確かに私は幸運な男とは言えないであろう、然し私としては神が斯くもよく私を此処迄で御加護して下さったことを感謝しているのである。これで最後だと自ら断念したことが幾多の戦闘の中に幾度びもあった。それでも私は擦り傷一つ負わずして今日まで生き長らえ得たのである。全く今日迄の私は幸福であったと言わねばならない。私は今の自分の不運を嘆くよりも過去に於ける神の厚き御加護を感謝して死んで行きたいと考えている。父母よ嘆くな。私が今日迄生き得たという事が幸福だったと考えて下さい。私もそう信じて死んで行きたい。

○今計らずもつまらないニュースを聞いた。戦争犯罪者に対する適用条項が削減されて我々に相当な減刑があるだろう、と言うのである。数日前番兵から、このたび新に規則が変って命令でやった兵隊の行動には何等罪はないことになった、とのニュースを聞いたのと考え合せて、何か淡い希望のようなものが涌き上った。然し之等のことは結果から見れば死に到る迄でのはかない一つの波にすぎないと思われるのである。私が特に之を書いたのは、人間が愈々死に到るまでには、色々の精神的変化を自ら惹起して行くものなることを表わさんがためである。人間というものは死を覚悟し乍らも、絶えず生への吸着から離れ切れないものである。

○アンダマン海軍部隊の主計長をしている主計少佐内田実氏は実に立派な人である。氏は年齢30才そこそこであり、東京商大を出た秀才である。何某将軍、司令官と言われる人でさえ人間的には氏にはるかに及ばない。その他凡そ軍人と称されるものが此の一商大出の主計官に遥か及ばないのは何たる皮肉か。敢えて奇を好むわけではないが、日本の全体が案外これを大きくしたものに過ぎなかったのではないかと疑わざるを得ないのである。やはり書き読み自ら苦しみ自ら思索して来た者には、然らざる者に比して何処か言うに言われぬ相異点のあるものなんることを痛感せしめられる。高位高官の人々もその官位を取去られた今日に於ては、少しでも快楽をより多量に享受せんと見栄も外聞と（も？）考慮できない現実をまざまざ見せつけられた今日に於ては、全く取り返しのつかない皮肉さを痛感するのである。精神的を以て任じ又精神的たるべきことを高唱して来た人々の、人格のいかに卑賤なることよ、我れ日本のために暗涙を禁じ能わず。

○明日は死すやも知れない今の我が身であるが此の本は興味尽きないものがある、三回目の読書にとりかゝる。死の直前とは言い乍ら、此の本は言葉では表し得ない楽しさと、静かではあるが真理への情熱を与えてくれる。何だか凡ての感情を超越して私の本性を再びゆり覚ましてくれるものがあった。

○家庭問題をめぐって随分な御厄介を掛けた一津屋の御祖母様の苦労、幼な心にも私には強く刻みつけられていた。私が一人前となれば先ず第一にその御恩返しは是非せねばならないと私は常々一つの希望として深く心に抱いていた。然し今やその御祖母様よりも早く立ってゆく。此の大きな念願の一つを果し得ないのは、私の心残りの大きなものの一つである。此の私の意志は妹の孝子に依り是非実現されんことを希う。今まで口には出さなかったが此の期に及んで特に一筆する次第である。

○私の仏前及び墓前には従来仏花よりもダリヤやチューリップなどの華かな洋花もそなえてほしい。之は私の心を象徴するものであり、死後は殊にはなやかに明るくやって行きたい。美味しい洋菓子をどっさり供えてほしい。私の頭に残っている仏壇は余りにも静かすぎた。私の仏前はもっと明るい華かなものでありたい。仏道に反するかも知れないが仏たる私の願うことだ。そして私の一個人の希望としては、私の死んだ日よりはむしろ私の誕生日である４月９日を仏前で祝ってほしい。私はあくまで死んだ日を忘れていたい。我々の記憶に残るものは唯私の生れた日だけであってほしい。私の一生に於て楽しく記念さるべき日は、入営以後は一日もない筈だ。

○私の一生の中最も記念さるべきは昭和14年８月だ。それは私が四国の面河の渓で初めて社会科学の書をひもといた時であり、又同時に真に学問というものの厳粛さを感得し、一つの自覚した人間として出発した時であって、私の感激ある人生はたゞその時から始まったのである。

○此の本を父母に渡すようお願いした人は上田大佐である。氏はカーニコバルの民政部長であって私が二年に亘って御厄介になった人である。他の凡ての将校が兵隊など全く奴隷の如く扱って顧みないのであるが、上田氏は全く私に親切であり私の人格も充分尊重された。私は氏より一言のお叱をも受けたことはない。私は氏より兵隊としてではなく一人の学生として扱われた。若し私が氏に巡り会うことがなかったら、私のニコバルに於ての生活はもっとみじめなものであり、私は他の兵隊が毎日やらされていた様な重労働に依り恐らく病気で死んでいたであろうと思われる。私は氏のお蔭に依りニコバルに於ては将校すらも及ばない優遇を受けたのである。これ全く氏のお蔭で氏以外の何人のためでもない。これは父母も感謝されてよい。そして法廷に於ける氏の態度も立派であった。

○つくづくと幾起き臥しのいや果の我が身悲しも夜半に目醒めつ
○紺碧の空を名残りに旅立たむ若き生命よいまやさらばと
○朝がゆをすゝりつゝ思ふ古郷の父よ嘆くな母よ許せよ
○かにかくに凡て名残りは盡きざれど学成らざるは更に悲しき
○思ふこと盡きて更には無けれども唯安らけく死にて行かまし
○みんなみの露と消え行く生命《いのち》もて朝かゆすゝる心かなしも
○音もなく我より去りし物なれど書きて偲びぬ明日と言ふ字を
○雨音に鳴く夏虫の声聞きて母かとぞ思ふ夜半に目覚めつ
○かすかにも風な吹き来そ沈みたる心の塵の立つぞ悲しき
○悲しみも涙も怒りも盡き果てし此のわびしさを持ちて死なまし
○明日と言ふ日もなき生命抱きつゝ文よむ心盡くることなし

—田辺氏の書を再読して—

○故里の母を思ひて涙しぬ唇かみてじっと眼を閉づ
○眼を閉じて母を偲《おも》へば幼な日の懐《いと》し面影消ゆる時なし
○思ひでは消ゆることなし故郷の母と眺めし山の端の月
○遠国《トホクニ》に消ゆる生命の淋しさにまして嘆かる父母のこと
○父母よ許し給へよ敗れたる御国のために吾は死すなり

○指を噛み涙流して遥かなる父母に祈りぬさらば〳〵と
○詩境もて死境に入るは至境なり斯境なからば悲境なりけり ―狂歌―

○此の一書を私の遺品の一つとして送る。昭和21年4月13日、シンガポール、チャンギー監獄に於て読了。死刑執行の日を間近に控え乍ら、之が恐らく此の世に於ける最後の本であろう。最後に再び田辺氏の名著に接し得たということは無味乾燥たりし私の一生に最後一抹の憩いと意義とを添えてくれるものであった。母よ泣く勿れ、私も泣かぬ。

（47・12・19、塩尻公明書写）

(2) 塩尻筆写の「手記」についてのコメント

次に、塩尻筆写の「手記」（メモ）について若干のコメントを付しておこう。

〈原稿用紙30枚に筆写〉

1つは、塩尻が筆写した「手記」は、400字詰縦書き原稿用紙30枚に、鉛筆字で端正に筆写されているということである。

塩尻は久夫の部屋で彼の愛用の机に座って、彼の使い残した原稿用紙に彼と会って話をする気持ちで彼の「手記」を書き取ったという。おそらくほぼ1年前（1947年1月3日頃）に涙して読んだ

「遺書（写）」の記憶を思い浮かべながら一字一句、丁寧に書写していったのであろう。

〈久夫の短き素描を書く御縁〉

2つは、すでに「遺書（写）」を読み、今また「手記」を書写して、塩尻は久夫について何らかの文章を書かねばならないと決意したということである。

塩尻にとって久夫との交流は特別なものであった。その彼が死去した今こそ、自分が彼のことを書かねばならないと決意したとしても不思議はなかった。

例えば、筆写した原稿用紙の25頁の余白に塩尻が「自分の手紙などを保有して、先生のことをかきますよ、と言ってきた彼の短き素描を今自分が与えることになった御縁」とメモ書きしているのは、その決意表明であった。

このメモは、塩尻が「或る遺書について」の中で、「彼はある時、『先生から頂いた手紙なども全部保存してあるから、いつかきっと先生のことを書きます』と言っていた。その全く逆のことが思いもかけない形でいま出現して来て、自分の方がこういう一文を草さねばならない羽目となった(6)」と書いていることに対応している。

〈塩尻も小さな編集をした〉

3つは、塩尻は書写をするに当って、文意を変えることなしに独自の小さな編集（書き換え）を行っているところがあるということである。

塩尻が「独自の編集を行っている」事例の1は、「…事」を「…こと」に、「…くれ」を「してほしい」というように書き換えていることである。

事例の2は、文意の通りにくい文章については、意味が通るように書き換えていることである。

二、三カ所あったと思われる。

〈67文字を抜かした〉

4つは、塩尻の筆写に67文字の抜かし（見逃し）があるということである。

その箇所は、次の文章である。

> 此の軍人を代表するものとして東條前首相がある、更に彼の終戦に於て自殺は何たる事か、無責任なる事甚だしい、之が日本軍人の凡てであるのだ。（注・『哲学通論』１０１頁の書き込み）

抜かしの箇所が、久夫が陸軍大臣と参謀総長をも兼任した東條前首相を無責任な軍人の典型と厳しく批判した文言であるために、この抜かしを塩尻の意図的な操作と見るか、単純な見逃しと見るかは、見解の分かれるところであろう。

筆者は、次のような理由で、単純に見逃したと推測している。

その1は、塩尻が、久夫が他の軍人と軍隊を批判している箇所もすべて書写していることから、この箇所だけを意図的に削除したとは思えないことである。

その2は、筆写に必要以上に時間を要したことから、うっかりミスをして見逃してしまったのではないかということである。疲労と時間的焦りとが重なって、無意識のうちに抜かしてしまったと考えられる。

その3は、当時行われていたGHQの検閲を心配しなければならない公表する執筆ならばともかく、塩尻が私的な資料とする書写文の段階で、この箇所だけを意図的に削除する必要などなかったと考えられることである。

その4は、治安維持法が撤廃され、思想・信条の自由や学問の自由が規定されることになった日本国憲法下で、塩尻がその箇所だけを削除する理由などなかったということである。

以上である。

ただし、塩尻がこの箇所を筆写し忘れたことによって、「或る遺書について」を執筆する際に、この箇所を引用する機会を確実に失ったということである。

序にいえば、この塩尻の見逃しが、久編集の「木村久夫遺稿」に収録されず、また、その「遺稿」を収録した『きけ わだつみのこえ』に収録されなかった遠因に繋がったと言えなくもないのである。

この経緯については、別書で論じたところである[6]。

〈最初の短歌一首はそのままに〉

5つは、塩尻は、久夫が『哲学通論』の偶数頁の横余白に書き込んでいた18首の短歌を、書写文の終わりに一括してまとめたが、その際、最初（10頁）に書き込んでいた一首をそこに書き並べなかったということである。

久夫は『哲学通論』の偶数頁に短歌を書き留めていて、その数は全19首に及ぶ。塩尻は頁に従って書写して行き、10頁に書き込まれていた短歌（此の世への名残りと思ひて味ひぬ　一匙の菜一匙のかゆ）も書写していた。しかし、彼はその後も偶数頁に次々と短歌が詠われているのを知って、それらの短歌を文章末に一括して並べることにした。しかし、その短歌数は18首であった。つまり前に書写した10頁の一首だけをそのままにしたということである。

塩尻はその一首だけを特別扱いにしたのであろうか、それとも、その一首を文章末に収録するのをうっかり忘れたのであろうか。筆者は、後者であったと推測しているが。

しかし、この一首のうっかり忘れが、後の展開に少なからず影響を及ぼした可能性があると考えられる。

その1は、塩尻は「或る遺書について」で、文末に久夫の短歌を11首収録したが、その中に10頁の短歌を収録していない。これは、書写で忘れていたからであろうか。それとも、19首の中によく似た表現の短歌があったので、この短歌を収録しなかったのであろうか。

その2は、この短歌は塩尻の「或る遺書について」を参考にして編集された久編集の「木村久夫遺稿」にも収録されず、さらに「木村久夫遺稿」を入稿原稿とした『きけ　わだつみのこえ』にも収録されることがなかったということである。

〈「手記」を主に、「遺書」を従に引用〉

6つは、「或る遺書について」における「手記」と「遺書」からの引用に限定して言えば、前者からの引用の文章が後者からのそれよりも遥かに多いということである。

これは、「手記」の方が「遺書」よりも長文であるからという理由からではなく、両者からの引用比率において前者の方が遥かに多いという意味である。

このことから、「或る遺書について」における久夫の遺文（「手記」と「遺書」）からの引用は、塩尻が構想したシナリオに沿って、塩尻自身が筆写した「手記」からの引用文を主とし、必要に応じて「遺書（写）」からの引用文を適宜配置したと言えよう。

4　木村久から塩尻公明へ二度目の手紙

(1)　再び久から塩尻への手紙

京大への内地研究から帰高して日常の学校勤務に戻っていた塩尻は、爆発的な執筆活動を続けていたが、その塩尻に木村久から1948（昭和23）年2月14日付の手紙が届いた。以下に、その手紙の後半部分を抜粋して紹介しよう（ただし傍線部分については後に説明する）。

木村久から塩尻公明への手紙（抄）

心静かな折りを待ってお返書を認めたく存じ、つい延び延びになって仕舞ました。お詫び申し上げます。…何につけ彼につけて、久夫のことが思い出されます。

彼は死に臨んで恩師に対する思慕を死後まで持ち続けてゆくと言い、いついつまでも父母や妹夫婦を見守っていると申し遺しました。私共は此の頃になりまして、彼が今も猶、明らかに私共の心中に身辺に現存して活きていることに気付きました。それは嘗ての欠点の多かった彼ではなくなり、総てが美しく貴《とうと》くなった彼であります。実に朝覚めてより夜眠るまで、私共は彼と共に暮し、彼と共に考え、彼と共に行動していることを知りました。今迄死灰《しはい》のように寂しかった心の中に微かながらも明るさと賑やかとを感じて参りました。先生を迎えて泣いた私共は実は久夫であり、京都の御下宿までいつもいそいそとお使いに参った妹は実は久夫でありました。…霊魂があるとか無いとか言うけれど、現に此の通り有るではないか、居るではないかと言った心地がいたします。何うか此の心持を失わぬようにしっかりと抱いていたいと存じます。…

(2)　久から塩尻への手紙についてのコメント

この手紙について若干のコメントをしておこう。

1つは、久が何かにつけて久夫のことが思い出されると訴えているということである。

この気持ちは、久夫が「今も猶、明らかに私共の心中に身辺に現存して活きている」という文言に集約されている。すなわちこの文言は、久夫の存在が久に取っていかに大きな存在であったか、いかに愛した存在であったか、いかに大切な存在であったかを物語っている。

わが子を大切に思わない親がどこにいるであろうか。まして、久夫は大切に育てられてきた一人息子であった。その久夫の死が現実になった時、久のみならず木村家の家族全員にとって何倍にも増して耐え難い悲しみとなったのである。

2つは、久夫の思い出を綴った久の文章は、実に感動的であり、名文であるということである。これは久が高い文才を有していたこと示すものであるが、彼が久夫と霊魂において一体化した境地を示しているからでもあろう。それは、久夫の魂が久の魂に乗り移っている姿、二体二心が一体一心に同化した極致を示していると言ってもよいであろう。ここでは、生前の二人の間に存在していた対立と葛藤とが完全に溶解し解消している。

3つは、約3カ月後に塩尻が「或る遺書について」を執筆する際に、この手紙の一節を、家庭生活における不和の原因を作り出していた久の問題行動に対する批判を軽減又は帳消しにするために引用したということである。

塩尻が引用した一節とは、手紙の中で下線を引いた箇所である。塩尻はこの文章を引用することで、久に対する記述の「バランス」を取ったと、後述する手紙（1948年6月9日付）で久に書き送っている。

5　「或る遺書について」の執筆と発行

(1)「或る遺書について」の執筆

〈命を削るようにして書く〉

塩尻が「或る遺書について」の執筆に取りかかった頃、彼は医者から重篤な病状（高血圧症と心臓病）で絶対安静を必要とするという診断を下されていた。彼は後に次のように書いている。

丁度その頃、新潮社から「或る遺書について」を至急かいてくれるようにという速達が来た。かねて話してあった木村久夫君の遺書についての一文のために、『新潮』誌が相当の頁を割いてくれることになったのである。…この文章だけは与えられた此の機会をつかんでどうしてもかいておかねばならぬと思われた。これだけは自分の命を削っても書かざるべからずと妻に笑談を言い乍ら、数時間休んでは一寸書きという風にして書いて行った。(7)

まさしく「或る遺書について」は、塩尻が命を削るようにして書き上げた、愛弟子に捧げた追悼文でもあった。

〈4つの資料を織りなす〉

塩尻が「或る遺書について」を執筆するに当たって、活用した主な資料は、木村久から塩尻への2通の手紙（①1947年1月3日付の手紙、②同手紙に同封されていた「遺書（写）」（久が久夫の「遺書」を書写したもの））、③塩尻自身が直接に書写した久夫の「手記（写）」、それに、④1948年2月14日付の久から塩尻への手紙、の4つであった。

これらの4つの資料を縦糸とするならば、横糸は、塩尻が久夫と交わした数年間の「師弟の間の特別の心の交わり」（1947年1月9日付の塩尻の手紙）の思い出である。これらの縦糸と横糸とで編まれたのが「或る遺書について」（付録の資料篇2に収録）である。

(2)『新潮』に寄稿を報告

〈塩尻から久への手紙〉

塩尻は1948年5月4日に「或る遺書について」を脱稿して新潮社に送ったが、その報告、随想文を執筆するに至った経緯、それに執筆に際して留意した点を説明する手紙を久に送った。それが1948（昭和23）年6月9日付の塩尻から久への手紙である。以下にそれを紹介する。

1948年（昭和23）年6月9日付の塩尻から久への手紙

大阪府吹田市大字佐井寺4029　木村　久様

高知市小津町70　塩尻公明

木村　久様　　　6月9日　　　塩尻公明

その後は久しく御無沙汰致しました。京都滞在中数々の御好意を受け、また御歓待をうけましたことは、その後思い返すたびに感謝の念を抱いております。重ねて厚く御礼申し上げます。

さてあの時申上げた久夫君の遺書の発表については、一流の全国雑誌にのせることは到底困難と思い、自分の感想集の一部にのせるつもりにして居ましたところ、今年4月に上京の際、新潮社で色々話し合いました結果、6月号の新潮を全体の三分の一位までそのために割いてもよいという意想外の良結果となり、すでに原稿も送りまして、6月号（20日以後一般書肆に出る予定）の巻頭をかざりうることとなりました。

実は小生、今年初め以来、余りきちきちと予定の通りに色々のものをかきすぎ、過労のため4月終りから5月中は殆ど病床にあり、やっと授業だけできる程度であったゝめ、その原稿もねたり起きたりしてやっと書き上げたものなので、私自身にとっても特に思い出深い一文となりました。

私の紹介や感想を混え、遺書の中最も興味深く思われる部分（といっても殆ど全部）を整理して排列《（マヽ）》したものですが、久夫君の近くにいる者の感情よりも、久夫君自身の死や気持の深さを活かすことと、この一文がなるべく多くの人々の役に立つという事を考えなくてはならぬので、御両親としては余り知られたくないと思われるかもしれぬこと、即ち久夫君が御両親の融和を心配していたことなども、そのまゝに現わしました。但し、最後にお父さんの手紙の一節をひいて、適当な調和はとってあります。又、獄中で一しょにくらした上級将校たちをこき下したところも、そのまゝにしました。これは名前をはっきり云ってないので、少しも個人的名誉棄損にならず、たゞ一般的な問題として提起してあるにすぎないからです。但しあなたの方では、若し必要があるときには、「あそこを秘密にするようくれぐれもたのんでおいたのに、塩尻が一存で発表した」ということをはっきり弁解して下さって結構であると思います。

夏休みにまた東京に行きますので、できれば久夫君の霊前に行って、この一文をよんできかせたいと思いますが、時間などの関係でそれができないかも知れません。上一寸お知らせまで、乱筆失礼でした。一寸出かける前急いでかいたので、鉛筆で失礼しました。

〈手紙の解説とコメント〉

この手紙の内容について、整理を兼ねて幾つかのコメントを付していく。

1つは、多忙と病気とでご無沙汰していたことを詫びるとともに、内地留学の間にしばしば食糧の差し入れをしていただいたこと、木村宅を3回も訪問してお世話になったことについて、お礼と感謝とを述べていることである。

2つは、4月に久夫の遺書を素材とした随想文を塩尻が書くことを新潮社が承諾し、新潮社から『新潮』1948年6月号に掲載する予定で執筆依頼があったこと、「或る遺書について」の執筆を終えて新潮社に送ったこと、それが『新潮』1948年6月号に掲載される予定であることを報告していることである。

手紙の中の「あの時申上げた久夫君の遺書の発表」とは、前年の暮れに木村家を訪問して「手記」を書写した際に、おそらく塩尻は木村家の家族に〝是非、久夫君の遺書について紹介する一文〟を書きたいと約束していたのであろう。その約束を果たすことができたことを報告したということである。

ちなみに塩尻は、訪問時に久夫の「手記」を書写した際、原稿用紙の25頁の右欄外余白に、「〇自分の手紙などを保有して、先生のことを書きますよ、と言っていた彼の短き素描を今自分が与えることになった御縁」(原文は、カタカナと漢字)とメモしていたが、彼自身はこのメモをした時に、既にそう決意していたと思われる。

3つは、「或る遺書について」の執筆交渉と『新潮』掲載との経緯を語っているということである。これについては、幾つかに分けて整理しよう。

その1は、「或る遺書について」の発表は、「一流の全国雑誌にのせることは到底困難と思い、自分の感想集の一部にのせるつもり」であったが、塩尻と斉藤十一編集長との話し合いの結果、6月号の『新潮』に掲載されることになったということである。これは、塩尻にとっては願ってもない成り行きであった。

その2は、原稿枚数は「6月号の新潮を全体の三分の一位までそのために割いてもよいという意想外の良結果」となったということである。

塩尻が語る久夫の遺書について斉藤が深い関心を示し、6月号の約3分1の頁数を充てることを承諾したということである。

その3は、久夫の遺書についての塩尻の文章が「6月号(20日以後一般書肆に出る予定)の巻頭をかざる」予定であるということである。

つまり6月号の『新潮』では、塩尻の文章が雑誌で最も注目を浴びる巻頭文の位置をかざる予定になっていたということである。

4つは、文章を執筆した際の留意点を説明していることである。これも、幾つかに分けて整理することにしよう。

その1は、塩尻は自分の文章の中身について、「私の紹介や感想を混え、遺書の中最も興味深く思われる部分（といっても殆ど全部）を整理して排列したもの」であると言っていることである。

つまり塩尻は、自分の文章は、自分の解説と感想とを交えて、久夫の「遺書の中」で「最も興味深く思われる部分（といっても殆ど全部）」を整理・配列したに過ぎないものである、と白状していることである。

これは塩尻独特の謙遜であり、久夫に華を持たせていると考えるべきであろう。久夫の「遺書の中」で「最も興味深く思われる部分」を選択するにしろ、それを整理・配列するにせよ、また自分の解説と感想とを交えるにせよ、その何れにおいても執筆者の力量が問われるのである。この点で「或る遺書について」は塩尻の高い力量（知的人格的力量）が如何なく発揮された名随想文であると評価できるのではなかろうか。

その2は、執筆に際しては、「久夫君の近くにいる者の感情よりも、久夫君自身の死や気持の深さを活かすことと、この一文がなるべく多くの人々の役に立つ」ことを考えたということである。

このために「御両親としては余り知られたくないと思われるかもしれぬこと、即ち久夫君が御両親の融和を心配していたことなども、そのまゝに現わし」たこと、また最後の部分では「お父さんの手紙の一節をひいて、適当な調和」をとったこと、さらにまた、久夫が「獄中で一しょにくらした上級将校たちをこき下したところも、そのまゝにし」た、ということである。

久夫の遺書を忠実に引用することはもちろんのことであるが、何よりも久夫の死や気持ちの深さを読み取ることによって、多くの人々が感動を覚え、生きる勇気を持つことができるように配慮したということである。この配慮のゆえに、両親としては世間に余り知られたくない（と思っているかもしれない）こと、すなわち久夫が両親の融和を心配していたこともそのままに引用したこと（ただし、久夫の父への批判には先日頂いた「手紙の一節をひいて、適当な調和」をとったこと）、また久夫が「上級将校たちをこき下したところ」もそのまま紹介した、というのである。

その3は、執筆内容において「一般的な問題として提起して」いるので個人の名誉棄損にならないように気をつけたつもりであるが、もし問題が生じた場合には自分が責任を取ると書いていることである。

これに該当する箇所は、久夫が「上級将校たちをこき下したところ」もそのまま紹介した箇所であろうが、もしその箇所が問題になれば、「あそこを秘密にするようくれぐれもたのんでおいたのに、塩尻が一存で発表した」のだと「弁解して下さって結構である」と、具体的な方法まで提示しているのである。

もし名誉棄損などの問題が生じた場合には、関係者に極力迷惑をかけることのないように、執筆者として責任を取ることを明言しているのは塩尻らしい。執筆する者としては見習いたい姿勢である。

5つは、後日、塩尻が久夫の霊前で「或る遺書について」を読む機会があったかどうかについては、筆者は未確認である。おそらく後日、しかも早いうちに、塩尻が木村家を訪問する機会（例えば、彼の誕生日である4月9日に久夫を偲ぶ会か、上京の時に立ち寄った時）に読んだのではなかろうか。塩尻は約束を守る人であったからである。

(3)「或る遺書について」の発表

〈『新潮』6月号の発行〉

「或る遺書について」は『新潮』（1948年6月号）に掲載されて発行された（同誌は全64頁、定価30円であった）。ただし、6月号の同誌が実際に一般書店に出たのは6月末頃になったのではないかと推測する。

同誌の発行が大幅に遅れたのは、人気作家の太宰治の情死事件が突発したことが絡んでいたと思われる。すなわち6月13日に太宰治が玉川上水で愛人（山崎富栄）と入水自殺し、その遺体が6日後の6月19日（奇しくも太宰の誕生日）に発見されるという事件が生じ、それために『新潮』6月号は「編集後記」からも分かるように、急遽〝太宰治追悼号〟のような編集となったと推測できるからである。

結局、同誌の巻頭文は太宰治が連載中の「如是我聞（三）」で、特集記事として「太宰治の思ひ出」（亀井勝一郎）、「如是我聞と太宰治」（野平健一）、「太宰治の死」（石坂洋次郎）の3本が頁を飾った。特集記事はすべて、太宰の遺体発見後に急いで執筆されたものであった。

こうした事情で、当初、巻頭文として掲載される予定であった塩尻の「或る遺書について」は、巻頭ではなくて15~29頁（2段組で全15頁、同号の全頁の約23%）に掲載されることになった。

「或る遺書について」を収録した同号は、太宰の死を特集したこともあって、販売数を大きく伸ばした。

〈好評を博した「或る遺書について」〉

『新潮』6月号の「或る遺書について」は、敗戦後の価値観の混沌の中で生き方を模索していた若者たちを始めとして、活字文化に餓えていた多数の読者たちに読まれ、彼らに感動と共鳴とを与えた。

例えば「無題」と題する当時の書評（出典不明）は、次のように書いている。

「或る遺書について」（新潮6月号、塩尻公明）は数多い戦争記録のうちで、もっとも深刻かつ厳粛な報告の一つである。カーニコバルで通訳をしていた応召学生が、占領中にスパイ検挙の仕事に関係させられていたため、戦犯の罪を問われて処刑された。その最後の日々の手記である。…

「或る遺書について」の紙面

『新潮』1948年6月号

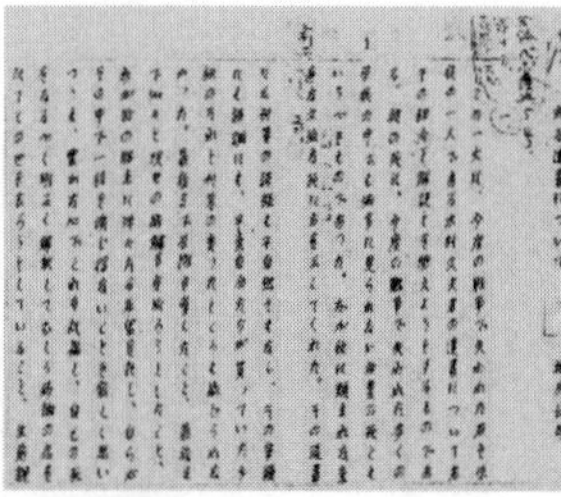
「或る遺書について」の原稿1頁目

ここに記された若い学生の運命を、涙なくして読む同胞はあるまい。その気性の高さ深さに頭を垂れぬものはあるまい。そして、人はこの犠牲の痛ましさを悲しみながら、なおわれわれの若き世代が望みを嘱するに足るものであることを知ることができる。しかし、これはただに涙のみですむ問題ではない。われわれの将来の精神のことはすべてこのような人柱の上にきずかれる。これを回避したら、それは日本人がこの戦争から真の体験をえなかったことであり、前の状態から何の発展をも再生産をもしないことになる。

フランス文学者の辰野隆も、次のように評している。

新潮6月号に塩尻公明氏の「或る遺書に就いて」を読んだかね。あれは是非読んでくれ給え。…わしは木村君の遺書の断片を読みながら、幾度も涙を拭わずにはいられなかった。こんな立派な青年がいたと考えるだけでも、何かほのぼのと将来の光明を垣間見たような気持ちになる。腐敗した政治家、だらしのない国民の有様を視て、祖国の前途を考えると、暗くなるばかりの心の底にも、木村青年の燈す光が射して来るのだ。是非読んで見るがいい。…わしは此の遺書が全部上木《じょうぼく》されて青春の書となることを切望するのみならず、世界平和の第一歩には、日本の木村青年の如きも一つの基址《きし》を置いたということを海外にも知らせたいと思うのだ。(8)

〈単行本『或る遺書について』〉

読者から出版要望が多数寄せられたのであろう。新潮社は、「或る遺書について」を単行本として出版する検討に入った。ただし一本では分量が少ないので、塩尻が3カ月後に発表した「虚無について」と併せて『或る遺書について』（新潮社、1948年11月刊行）という本にした。(9)

同書は、敗戦直後の混乱した社会状況の中で、生き甲斐を模索する若者たちに熱狂的に読まれ、瞬く間に版を重ねた。おそらく雑誌で読まれたよりも遥かに多数の人々に読まれたはずである。同書は全国の青年たちに感動と生きる力とを与え、塩尻公明は全国の青年たちの憧れの人生論者になった。同時に、「或る遺書について」によって、久夫の存在が世に広く知られることになった。

〈『或る遺書について』の書評〉

『或る遺書について』の書評の中で、次の二つだけを紹介しておこう。そのひとつは、『読書展望』（1949年2月）の書評である。

> 軍通訳という職務のために、原住民、捕虜その他と接触の多かった彼は不幸にも捕虜虐待事件に連座して、英国軍事裁判の法廷にその責任を問われ、絞首刑の宣告を受けた。…全くさわやかな気持ちで死に臨み、同じ刑場で、同様な運命に陥った他の高級将校たちにくらべて彼の態度は悲涙のない位立派で、堂々としていて、確乎たる足取りで絞首台上にのぼって行った。

『或る遺書について』（初版）

では何故歳30にも満たぬ若者が、このような気高い心境に到達することができたのだろうか。
著者は遠く学生時代の故人の言動に思を馳せて、しみじみとした述懐を漏らしているが、故人が恩師である著者に、深い愛情をささげ、又著者がこの若者に対して、並ならぬ理解の豊けさを示しつづけたことなど、相呼び、相答える師弟の交情の美しさには実に劇的な感動を催させるに足るものがある。…
死期せまる者の澄み切った魂の実感は恐らく読む者をして同感の涙を催させずにはおかないであろう。

いまひとつは『読書倶楽部』（1949年2月号、第4巻第2）の書評である。

『或る遺書について』は…不利の事情によって戦争犯罪人として…シンガポールの刑場に職業軍人に見ることのできない立派な死に方をした若き一学徒兵の『哲学通論』欄外余白に書き込んだ遺書をもとにして師の立場から解明したものである。…国家へ、故郷へ、恩師へ、肉親へ、最後の愛情を注いで書き残した言葉の数々は痛ましく尊い。軍隊と戦争とが何よりも嫌いな青年であっただけに、これは奇しき運命であると共に誠に悲痛な最後でもあった。…
上官の当然に負うべき責任を負うて処刑された一学徒と、無条件降伏後もなお反省の色もなく己が行動を正当化せんとして、ぶつぶつ文句を言う生きながらえた一部職業軍人と比べて見るならば、人間として天地の差を感ずるだろう。

以上の書評は、久夫の悲運に同情しながらも、職業軍人と比べて遥かに立派な態度で死の途についたその気高い魂に敬意を表している点で共通している。しかし、久夫の無念や憤怒を掘り下げて読み取った書評には至っていない気がしないでもない。

〈塩尻と久夫に身近な人の書評〉

塩尻と久夫に身近な人の書評として、久と安光公太郎のそれは迫力がある。私的な手紙の批評を書評として位置づけることには若干の戸惑いもあるが、参考になろう。

まず、久は塩尻への手紙（１９４８年12月14日付）中で以下のように書いている。

『或る遺書について』は…沢山の人々が読んでいる様子です。ある印刷屋の男が、何処へ参っても其の話で大変ですと言っていました。大阪市内の小野中学校でも、講堂に生徒衆を集めて、先生が読み聴かされたそうです。…大阪梅田の阪急百貨店では、売り切らして、客に断るのに厄介がっているそうです。…先生のお蔭で、あの汚名を着た子供が、今では日本国中に尖《とが》った男になりました。仮令彼が僥倖《ぎょうこう》に生きながらえていっても、まさかこれ程世に衝動を与えるだけの人間にはなり得まいと考えています。躯殻《くから》は敢《あえ》なく亡びましたけれど、永遠に亡びぬ生命をば先生に得させて頂きました。本人も親ももう得心してよいと思います。

久は大阪での『或る遺書について』の爆発的な売れ行きを報告しながら、同書のお陰で戦犯という汚名を着せられた久夫が「今では日本国中に尖った男」になり、「永遠に亡びぬ生命」を得させていただき、「本人も親ももう得心してよい」とまで言って、塩尻に感謝の意を表しているのである。次に、安光が久に送った手紙（1948年11月27日付）である。書評に該当する箇所のみを次に紹介する。

昨日、塩尻先生の『或る遺書について』（単行本）が出版されましたので早刻買って読ませていただきました。新潮で一度読ませていただいたものですが、感慨新たに読みなおし、知人にもすすめています。…いづれにしても、まことに残念なことをいたしたもので、我々後輩を激励して下さるように感じます。この意味で木村先輩の手記はすでに、一つの文化財として、客観性をもった、公共性のあるものになっていると存じます。そして「戦没学生の手記」を通じて、より一層広く、多くの人々の間に、この貴重な文章が、ひいては木村さんその人が、その心の中に生きるであろうことをのぞんで已みません。そして我々としては「大きな歴史の転換」の「蔭の犠牲」をして「全く無意味のもの」たらしめないように「若き学徒」として「活躍」しなければならないと思います。

安光は当時東大生で、久夫の旧制高知高校の後輩であった。彼は旧師の塩尻教授と八波教授と相談して「戦死学生の手記募集」への応募を薦める上述の手紙を久に送り、後に、締め切り最終日（1949年1月末日）に久の「寄稿文」を全国戦没学生手記編集員会へ持参した貢献者であった。久夫の手記が「一つの文化財として、客観性をもった、公共性のあるものになっている」こと、それゆえに、手記を「大きな歴史の転換」の「蔭の犠牲」をして「全く無意味のもの」たらしめないようにしたい、と評価しているのである。

6　「或る遺書について」と久夫の「遺書」の間

(1)「或る遺書について」の構成

〈執筆の留意点〉

塩尻が「或る遺書について」を執筆するに当たって留意した点についてはすでに触れたところであるが、その要点を6項目に整理して再確認しておこう。

①「私の紹介や感想を混え、遺書の中最も興味深く思われる部分（といっても殆ど全部）を整理して排列したもの」であること。
②「久夫君の近くにいる者の感情よりも、久夫君自身の死や気持の深さを活かす」こと。
③「この一文がなるべく多くの人々の役に立つ」こと。
④「御両親としては余り知られたくないと思われるかもしれぬこと、即ち久夫君が御両親の融和を心配していたことなども、そのまゝに現わし」たこと。
⑤最後の部分では「お父さんの手紙の一節をひいて、適当な調和」をとったこと。
⑥久夫が「獄中で一しょにくらした上級将校たちをこき下したところも、そのまゝにし」たこと。

〈留意点をすべてクリア〉

これらの項目については、当該の箇所でそれぞれ解説してきたところであるので繰り返さない。ここで筆者の言いたいことは、塩尻は彼が設定した①から⑥までの留意点をほぼ十分にクリアしたのではないかということである。この意味で「或る遺書について」は、塩尻の高い力量（知的人格的力量）が遺憾なく発揮された文章になっていると考える。

(2)「手記」と「遺書」とから引用した部分

〈ほとんど全部を引用〉

塩尻は「或る遺書について」の執筆に際して、久夫の「手記」と「遺書」とから引用した部分について、先の①で、「遺書の中最も興味深く思われる部分（といっても殆ど全部）」を整理して排列したと書いていた。つまり塩尻は、「遺書」の中で「最も興味深く思われる部分」を整理して排列していったが、その結果、「殆ど全部」を引用することになったというのである。

しかし、「殆ど全部」を引用することになったことは必ずしも悪いことではない。むしろ、読者にとって「手記」と「遺書」の内容が詳しく分かり、全体像を把握するには貴重でさえある。

また「或る遺書について」を読んでいても、引用が長くて読み飽きるという感じはしない。むしろ読み足りないくらいである。そう感じるのは、塩尻の解説も意味深いこともあるが、久夫の遺文の一文一節が迫力と魅力のある内容を持っているからであろう。

〈引用の比率〉

それでは、塩尻は「手記」と「遺書」とからどれほどの分量の文章を引用したのであろうか。

本稿の初めの章で、塩尻が「手記」と「遺書」とから引用した部分に下線を引いたので、興味のある読者には、どの程度の引用であったかを検証していただければよいかと思う。大雑把な性格の筆者にはこうした推計は苦手であるが、この際、敢えて言うならば、塩尻は「手記」の約80%を、「遺書（写）」の約50%を引用したのではないかと考えている。

ただし、原資料である「手記」の字数が「遺書（写）」の字数の数倍あるので、引用比率の大小だけで引用文の多少を判断しないようにしなければならない。とはいえ、「手記」からの引用文の字数の方が遥かに多いというのは事実である。それゆえに塩尻が「或る遺書について」で、「以下この一文に彼の遺書の一部として引用する文章は、凡てこの書きこみの中から引いてきたものである」と書いたのかも知れない。塩尻としてはあくまでも「手記」の書き込みを中心に紹介するつもりであって、その足りないところを補足するために「遺書（写）」から一部分を引用しようと考えたのではなかろうか。

〈重複の部分を削除した〉

先に筆者は、塩尻が「手記」の約80%を、「遺書（写）」の約50%を引用したと書いたが、なぜそうなったかについては、塩尻自身がその理由を書いている。

その箇所は、「或る遺書について」の次の一文である。

彼の感想は、いうまでもなく推敲の結果書かれたものではなく、文辞《ぶんじ》必ずしもと、のってはいない。また重複、繰り返しも至るところにある。

これを内容的に2つに分けて論じよう。

1つは、「文辞必ずしもと、のってはいない」箇所を引用する場合である。この場合、塩尻自身が文意を汲み取ってまとめたり、整った文章に修正したりしている。ただし、塩尻が恣意的に自作の文章を久夫の文章に追加しているような箇所はない。

2つは、「重複、繰り返し」の場合である。塩尻によれば「重複、繰り返し」は「至るところにある」ということであるが、筆者の見る限り、そう多くはない。繰り返しは、まず「手記」の中に見られるが、さらに「手記」と「遺書」との間にも見られる。これは、久夫が先に「手記」を書き、その後に「遺書」を書いたために「手記」の内容と重複する箇所が生じたということである。こうした場合、塩尻は重ねては引用しなかったということである。

逆に言えば、塩尻は、久夫が「手記」に書かず、「遺書」に書いていることについて引用した箇所があるということである。

以上のような引用の事情の結果として、「遺書」からの引用が約50%となったと考えた次第である。

さて、それであるならば、今度は逆に、塩尻が「手記」と「遺書」とから引用しなかった部分で、以上に該当しない文があったのか、もしあったとするならば、それは何故であったのかが、次に問われなければならないであろう。

(3) 「手記」と「遺書」とから引用しなかった部分

〈「手記」で引用しなかった部分〉

「手記」で引用しなかった部分は下線のない文章であるが、その部分はそう多くはない。幾つかのケースで分けてみよう。

①重複か繰り返しの箇所。その事例をあげる。ただし、いずれもが長いので中略して示す。

日本の軍人、殊に陸軍の軍人は、私達の予測していた通り矢張り国を亡した奴であり、凡ての虚飾を取去れば私欲そのものの他は何物でもなかった。…大風呂敷が往々にして内容の貧弱なものなることは我が国陸軍がその好例であるとつくづく思われた。

日本は凡ての面に於て、社会的歴史的政治的思想的人道的、試練と発達とが足らなかったのである。…若き学徒の活躍を祈る。

②執筆において直接関係がないか、収録しなくてもよいと考えた箇所。ここも中略して示す。

此の兵士は戦前はジャワの中学校の先生で我が軍に俘虜となっていたのであるが、…彼等が厳重に反省し全国民に平身低頭謝罪せねばならぬ所である。

私の軍隊生活に於て、中等学校、専門学校、また何処かの私大あたりを出た将校が、たゞ将校たるの故を以て大言壮語をしていた。…若し之を聞いて怒る軍人あるとするならば、終戦の前と後に於ける彼等の態度を正直に反省せよ。

③検閲を配慮して引用しなかった（と思われる）箇所。

次の文章は、すぐ前の文章の中に含まれているのであるが、②と③の両方に含まれる可能性があると考えるので、敢えて指摘しておきたい。

天皇崇拝の熱の最も厚かったのは軍人さんだそうである、然し一枚の紙を裏返へせば天皇の名を最も乱用悪用した者は即ち軍人様なのであって、古今これに勝る例は見ない。所謂「天皇の命」と彼等の言うのは即ち「軍閥」の命と言うのと実質的には何等変らなかったのである。たゞ此の命に従わざる者を罪する時にのみ天皇の権力と言うものが用いられたのである。

久夫の文章には日本軍隊や軍人に対する峻厳な批判があるが、天皇や天皇制に対する批判はない。

この文章もその一つである。久夫の文章からは、天皇制軍国主義や皇軍について批判的認識があったとは読み取れない。その点では、引用してもよかったと考えるが、塩尻は慎重を期して、この箇所を引用しなかったのではなかろうか。

④書写の際に抜かしていたために、塩尻の資料に存在しなかった文章。

これは、「67文字の抜かし」のことであり、すでにその箇所で指摘したので繰り返さない。

〈「遺書」で引用しなかった部分〉

「遺書」で引用しなかった部分は、ほとんど「手記」との重複か、繰り返しになる文章である。先の「手記」の分類に従えば、①に該当する。

その箇所を例示すれば、冒頭の「未だ30才に満たざる若き生命を…」、中頃の「凡ての望みが消え去った時の…」、同じく「私の死したる後、父母が落胆の…」の文章である。

次に、②の執筆において直接関係がないか、収録しなくてもよいと考えた箇所は、「ドイツ」人…から文末までの文章である。

塩尻の「或る遺書について」では、文末の４つの箇条書きを引用しないで、久夫の短歌11首（「手記」から9首、「遺書」から2首）を紹介して終えている。「遺書」からの2首は、久から送られた「遺書（写）」の通りに引用したもので、塩尻はわざわざ「最後の2首は死の前夜のものである」という説明を加えている。塩尻は、その2首のうちの1首が久によって入れ替えられていたことを知らなかったからである。

(4)「或る遺書について」にあるミス

塩尻の「或る遺書について」は、彼の他の随想文と同じく、否、それらよりも遥かに大きな反響を呼び起こした。しかし、そこには幾つかの小さな執筆ミスが散見される。それを指摘しておこう。

〈剣山ではなくて、石鎚山〉

1つは、塩尻が、久夫が剣山の麓の宿屋に閉じこもったと書いているが、正しくは石鎚山の麓の宿屋であるということである。

「或る遺書について」で指摘すれば、塩尻は、久夫は「高等学校2年の時の夏休みに剣山の麓の宿屋に閉じこもって云々」(『新潮』21頁下段)と書いているが、その時に閉じこもったのは「石鎚山の麓の宿屋」であった。より詳細に言えば、それは石鎚山の麓の面河渓の宿「渓泉亭」であった。

このミスは、『或る遺書について』(新潮社、1948年11月、24頁)や『或る遺書について』(社会思想研究会出版部、現代教養文庫、1951年、27頁)でも訂正されていない。訂正されるのは、筆者の知る限り、塩尻公明『書斎の生活について』に再録された「或る遺書について」(塩尻公明『書斎の生活について』池田書店、1953年、260頁)においてである。

確かに塩尻が書いているように、久夫は後に剣山の麓にある猪野々の猪野沢温泉「依水荘」を定宿とするが、それはこの宿泊の約1年後からで、その経緯については別書で論じた通りである。[10]

〈存在しなかった将校名〉

２つは、久夫の軍事裁判を説明する箇所で、存在しなかった将校名を挙げているということである。

これは牛村圭がすでに指摘しているところであるが、[11]久夫の軍事裁判の箇所で、塩尻が「彼は軍司令官某中将、兵団長某少将、その他の高級武官たちと共に軍事裁判に附せられ、戦争犯罪人として死刑の宣告を受け」と書いたが、久夫が被告の一員とされた独立混成第36旅団を対象とする裁判で訴追された中に「軍司令官某中将」はいなかったし、「兵団長某少将」もいなかった。存在したのは「旅団長斎《いつき》俊男少将」であった。

塩尻のこの間違いは、彼が参考にした久からの手紙（１９４７年１月３日付）に間違いがあり、塩尻がそれをそのまま信用して引用したために生じたものである。久も帰還兵から聞き取ったのであろうが、不正確であったということである。

〈「手記」と「遺書」とから引用〉

３つは、塩尻が「或る遺書について」において、「以下この一文に彼の遺書の一部として引用する文章は、凡てこの書きこみの中から引いてきたものである」と書いているのは、誤解を生じさせる書き方であったということである。

当時、木村家から『哲学通論』への書き込み（「手記」）が遺書として公表され、本物の「遺書」が非公表であったこと、「手記」と「遺書」の区別が明確でなかったことを勘案すると、塩尻が久夫の文書を遺書と表現したことも故なきことでなかったと思われる（今日でも、久夫には〝2通の遺書〟があったという表現さえあるからである）。それゆえに、これまで「或る遺書について」を読んできた読者も塩尻の先の記述を疑うことはなかったのであった。

しかし本稿で紹介したように、久から塩尻へ送られてきた久夫の「遺書（写）」からの引用が明らかになった今日、また、久夫の死去から約68年経過した2014年3月に、木村家に秘蔵されていた久夫の「遺書」がご遺族から公表された今日、先述の塩尻の記述は訂正されるべきであろう。すなわち、「或る遺書について」の引用には、『哲学通論』の余白に書かれた書き込み（「手記」）からの引用の他に、久から送られてきた「遺書（写）」からも引用した、と。

おわりに

本稿の目的は、塩尻が「或る遺書について」の執筆に際して、「彼の遺書の一部として引用する文章は、凡てこの書きこみの中から引いてきたものである」と書いたことの真偽を究明することであった。

この目的を究明するために筆者は、塩尻が「或る遺書について」を執筆する経過を追跡するとともに、塩尻が執筆に当たって引用した資料、すなわち、久が書写した久夫の「遺書（写）」、塩尻自身が書写した久夫の『哲学通論』の書き込み（「手記」）のほか、久から塩尻へ送られた2通の手紙（1947年1月3日付と1948年2月14日付）の分析と解説とを行い、それぞれの資料のどの箇所を引用したのかを分析してきた。

究明の中心が〝書き込みからの引用〟がどういうものであったかを明らかにすることであったことから、久夫の遺文である「手記」・「遺書（写）」と「或る遺書について」との関係に焦点を当てたことは言うまでもない。

さて、その結果明らかになったことは次のことであった。

塩尻は、自らが書写した久夫の『哲学通論』の「書き込み」（「手記」）からの文章を多用し、久が書写した久夫の「遺書（写）」からも相当数の文章を引用していたことが明らかになった。

また、久が塩尻へ送った2通の手紙（１９４７年1月3日付と１９４８年2月14日付）のうち、前者を「或る遺書について」の導入部である久夫の召集から戦死までの説明に活用し、後者を木村家の家庭の和合を乱していた久が実は息子思いの慈父であることを証明する文章として引用したということであった。

「或る遺書について」は、塩尻が自分で絵柄として独創的なシナリオを描き、先述した４つの資料を縦糸に、自分と久夫との〝特別の交わり〟と〝逸話〟とを横糸にして織り込んで、美しい布（名随想文）として織り上げた逸品である。それゆえに「或る遺書について」は、今日でもなお多くの人々に読まれ、深い感動と共感とを与えているのである。

注

1　塩尻公明「或る遺書について」『新潮』、1948年6月号、17頁、同『或る遺書について』新潮社、1948年11月、14頁。

2　田辺元著『哲学通論』岩波書店、1933年初版の第6版で1937年発行のもの。

3　日本戦没学生手記編集委員会編『きけ わだつみのこえ―日本戦没学生の手記―』東大協同組合出版部、1949年、現在は、日本戦没学生記念会編『新版 きけ わだつみのこえ―日本戦没学生の手記―』岩波文庫、1982年版、1995年新版第1刷、2015年6月5日新版第28刷が最新版である。

4　例えば、田原総一郎監修・田中日淳編『BC級戦犯60年目の遺書―日本の戦争―』アスコム、2007年。

5　木村宏一郎『忘れられた戦争責任』、青木書店、2001年、30頁。

6　中谷彪『戦没学徒　木村久夫の遺書』桜美林大学北東アジア総合研究所、2016年。

7　塩尻公明「病苦について」『絶対的生活』現代教養文庫、19頁。

8　辰野隆『老若問答』要書房、1950年、46頁~48頁。

9　塩尻公明『或る遺書について』新潮社、1948年11月刊行。

10　前掲『戦没学徒　木村久夫の遺書』、第1章参照。

11　牛村圭『「戦争責任」論の真実』PTP研究所、2006年、315頁。

（2017・2・13）

第4章 「きけ わだつみのこえ」の「木村久夫遺稿」と「遺書」の間

―父は「遺稿」をどのように編集したか―

はじめに

『きけ　わだつみのこえ』[1]の出版経緯には波乱に満ちたものがあったようであるが、その出版の企画と編集とに当たった日本戦没学生手記編集委員会（以下、手記編集委員会）に寄稿された３０９篇の手記の各々にも語り尽せぬ事情や背景があったに違いないと思われる。

同書の初版本に収録された手記は75篇（岩波文庫の新版１９９５年版から74篇になった）であったが、その中でも本稿が焦点を当てる木村久夫の手記は、最も注目されてきた文章の一つであった。例えば、初版出版直後の『朝日評論』の以下の書評は、久夫の手記に最大級の評価を呈している。

シンガポールの刑務所で上官達の罪を背負って死刑に処せられて行った京大学生木村久夫君の最後の一篇で本書は光を放っている。この一篇こそ今日の日本人が心を澄まして必ず読むべきものだと思う。[2]

同書の読後感を収めた『わだつみのこえに応える』では、久夫の手記に触れた人たちが数人いたが、ここでは河盛孝蔵の次の文章を引用しておこう。

木村久夫君の残した手記は『ソクラテスの弁明』にも劣らぬほど私を感動させる。私は幾度くりかえしてこれを読んだことであろう。[3]

こうした久夫の手記の評価は、今日では、『きけ わだつみのこえ』の中の「白眉」の文章の一つとも表現されて広く定着してきているところである。(4)

しかし、久夫の手記については、その内容が捏造されたものであるとか、久夫の旧制高知高等学校時代の恩師である塩尻公明が編集したものであるとか主張する言説や報道がなされてきた。

筆者自身は教育学・教育行政学の研究者の末席を汚している者であるが、たまたま塩尻公明の最終講義「政治学特講」なる講義を受けて以降、彼の著書の愛読者となり、彼の生き方と思想とに大きな影響を受けてきた。それならまだしも、いつの間にか彼の生涯と思想の研究に深入りするに至り、今や塩尻公明研究会の代表者になってしまっている。

そうした経緯を持つ筆者としては、塩尻公明研究の一環として久夫の「手記」と「遺書」とに焦点を当てた研究にも手を伸ばしてきた。とりわけここ数年間は、塩尻が『きけ わだつみのこえ』に収録されている久夫の遺書の編集をしたのではないかという言説と報道の真偽を検証する研究にかなりのエネルギーを投入してきた。

その研究の結果、筆者は、〝久夫の「手記」を編集したのは塩尻ではなく、久夫の父である木村久である〟という結論を得たので、それを幾つかの拙著で公表してきた。(5)一連の出版は、塩尻公明研究者として一刻も早く塩尻の名誉を回復したいという願いと、研究者として何よりも事の真実を明らかにしたいという使命とが筆者に命じた結果であった。久夫の「手記」の編集の真実をお知りになりたい方々には、拙著を是非ともお読み願いたいと望む次第である。

さて本稿のテーマは、これまでの考察からさらに一歩を進めて、久が久夫の「手記」をどのように編集していったのか、つまり久夫が田辺元著『哲学通論』の欄外余白に書き込んだメモ（以下、「手記」）と処刑半時間前に擱筆《かくひつ》した「遺書」とをどのように編集（取捨選択）して『きけ わだつみのこえ』の手記編集委員会に寄稿したのかを明らかにしようとするものである（この考察は、研究の性質上、自ら上記の捏造論や塩尻編集論に対する回答を提示することになる）。

注

1 日本戦没学生手記編集委員会編『きけわだつみのこえ』の初版は東大協同組合出版部、1949年10月刊。その後、1952年には東大新書、1959年には光文社のカッパ・ブックスとして刊行される。1982年以降は岩波文庫版、1995年からは同新版として刊行されている。

2 『朝日評論』の書評。

3 河盛孝蔵「試練の時」『わだつみのこえに応える』東京大学出版会、1950年、124頁。

4 例えば、中村政則「戦争責任—天皇と民衆」『わだつみのこえ』115号、96頁など。

5 拙著『「きけわだつみのこえ」木村久夫遺稿の真実』2015年2月、同『木村久夫遺稿の研究—「きけわだつみのこえ」遺稿の編集者は、恩師か父か』2015年5月、同『戦没学徒 木村久夫の遺書—父よ嘆くな、母よ許せよ、私も泣かぬ』2016年7月（以上、桜美林大学北東アジア総合研究所より出版）。

1　『きけ わだつみのこえ』の手記募集

(1)　木村家、手記募集を知る

〈『きけ わだつみのこえ』の出版企画〉

久が久夫の手記（遺稿）をどのように編集していったのかを検証していく前に、そもそも『きけわだつみのこえ』の出版企画と原稿募集とがどのように進められていったかについて簡単に整理しておこう。(1)

『きけ わだつみのこえ』の前身は東大戦没学生手記編集委員会編『はるかなる山河に─東大戦没学生の手記─』(2)で、同書は出版後30万余部を売り上げるほどの好評を博した。しかし同書は、その遺稿の収録対象が戦没東大生に限定されていた。そこで1948年4月に、新たに編集委員会が結成され、改めて全国の大学高専出身の戦没学生の遺稿を募ることになった。

その後の進捗状況について保阪正康が、早い時期に次のように書いている。貴重な内容なので引用する。

　1948年4月からの編集委員会のメンバーの仕事は、遺族の手元にある遺稿を集めることから始まった。中村（克郎）が中心になって、各新聞社を回り、全国の戦没学生の手記を募集しているのでそのことを報じてほしいと訴えた。当時、新聞は用紙不足で表と裏の二面だったから数行の記事ではあったが、好意的に掲載してくれるところが多かった。こうしてこの年の5月から遺稿が集まり始めた。

この年の5月から9月まで、編集委員会に届いた遺稿は総計309通であった。

遺稿が送られてくるとすぐに中村や野元（菊雄）が内容を確認して、受領書を送った。そして東大協同組合出版部のスタッフが手分けして原稿用紙に写し、現物は返却した。さらに原稿用紙からガリ版刷り（謄写版刷り）の原紙に写し、必要な数だけ印刷した。(3)

この記述は、中村ら編集委員たちの精力的な努力の足跡と編集作業の苦闘の様子をよく描いている。しかし実際の原稿募集や編集作業は、保阪が書いているようには進まなかったようである。例えば保阪は「この年の5月から9月まで、編集委員会に届いた遺稿は総計309通であった」と書いているが、後半の数字は事実であるが、前半は事実ではない。実際は、久夫の遺稿を含めて、9月までにその数の原稿は集まらなかった。

筆者の原稿募集の調査によれば、保阪の記述に幾つかの客観的事実を追加できる。以下にそれを書いていこう。

〈「日本戦没学生の手記」の原稿募集〉

編集委員会が「日本戦没学生の手記」の原稿募集を開始したのは1948年9月であった。それを示しているのが次の文書である（この文書は、筆者がたまたま購入した古書『はるかなる山河に』の中に挟まれていた）。

「日本戦没学生の手記」の原稿募集

「すべては悲劇でした。然し……見ていて御覧、今に私達の時代が来る。」

「憎む事の出来ない敵を殺し合わなくても済むような日が早く来ますように……。」

これが「はるかなる山河に」に寄せていった戦没学生の遺言でした。如何にあの狂暴なファッシズムの圧制に対して人民の「眼」であり「頭脳」である学生出身の兵隊たちが考え、悩み、悶えつゝ萬斛《ばんこく》の涙を呑んで斃れて行った事でしょうか。私共は本書が単に侵略戦争の犠牲となった私達の先輩学生に対する追憶痛惜の念だけで読み取られるのではなく、是を契機としてこの人達が最後迄故国の上に寄せた切々たる遺志が今日更に発展した形に於て継承され、新しい民主的日本の再建の担い手に対して厳粛な反省と激励のよすがともなるべき歴史的ドキュメントとして読まれる事を念じております。

「はるかなる山河に」は各方面に多大な感銘と反響をまき起こしましたが、その対象を一校に限り、募集した数が少かった事に少なからぬ不満を感じ、今般諸方面よりの激励と援助によって新たに「日本戦没学生の手記」を私共の手で編集する事にいたしました。戦没した学生を身内に持つ全国各方面の方々の御協力と御援助を切にお願いし、より立派なものにしたいと思います。手記の募集或は編集一般についての御協力御援助を希望いたします。


（募集要項は裏面の通り）

募集内容　満州事変以来の帝国主義侵略戦争の犠牲となった全国の学生（何れの大学高専たるとを問わず。又卒業後間もなき者）の入営直前及び入営後の手記書簡遺言詩歌断章。その原文又は写し。
送り先　東京都文京区東京大学内東大協同組合出版部気付　日本戦没学生手記編集委員会
締　切　1948年10月末日
付　記　手記書簡の保管と返還につきましては委員会が責任を以て当ります。

日本戦没学生手記編集委員会

編集顧問
渡辺一夫
真下真一
小田切秀雄
桜井恒次

後　援
全国学生自治会連合
日本出版協会
日本新聞協会
大学新聞協会
東京大学学生新聞社
学生書房
東大協同組合出版部

「はるかなる山河に」刊行以来、懇切なる御批評御批判を賜った各新聞、雑誌、放送、評論家、読者諸氏に厚く御礼申上げると共に、今回新しい「日本戦没学生の手記」編集につきましても御指導と御援助をいたゞきたくお願い申上げます。全国的な戦没学生の手記が、より広汎な基礎と、より良き編集とによって完成した際には、この「はるかなる山河に―東大戦没学生の手記―」は自然この中に解消される予定であります。

1948年9月

東大学生自治会戦没学生手記編集委員会
東大協同組合出版部

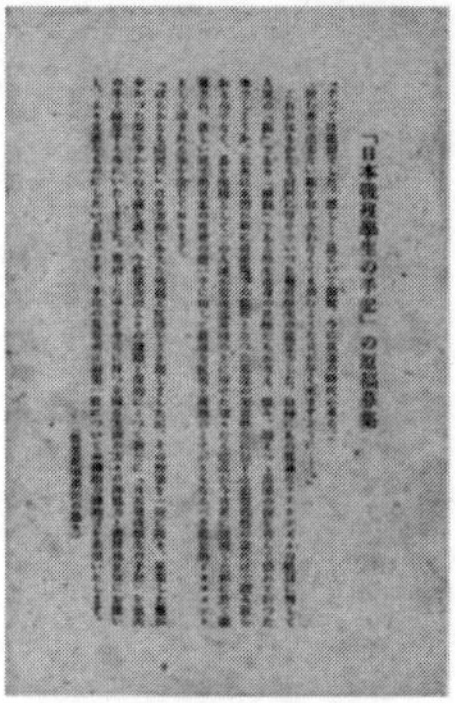

（表面）

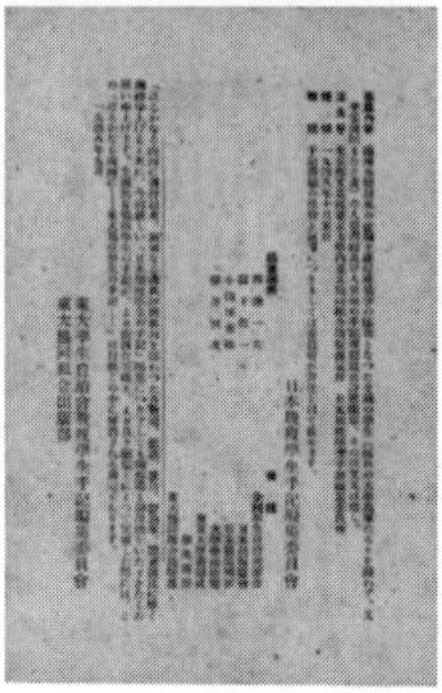

（裏面）

この原稿募集は、『日本戦没学生の手記』の出版編集の意図と目的、同書と『はるかなる山河に』との関係について触れている。

ここで留意しておきたいことは、原稿募集の開始日付を1948年9月、原稿提出の締切日を1948年10月末日と設定していることである。この原稿募集が2回目の文書であった可能性もあるが、その確認はできていない。それにしても手記編集委員会は、2カ月足らずの期間で、しかも『はるかなる山河に』の中にチラシを挿入するといった形の募集で、どれほどの数の原稿が集まると予測していたのであろうか。

〈原稿の再募集〉

甘い予測は現実となり、編集委員たちは11月に入って急遽、在京の新聞社にチラシの内容の掲載を依頼しに廻ったのであろう。それは、いわゆる再募集又は締め切りの延期を意味した。

◇戦死学生の手記募集　日本戦死学生手記編集委員会（東大協同組合出版部気付）では、全国の戦死学生につき来年1月末日を締切に手記を募つている。

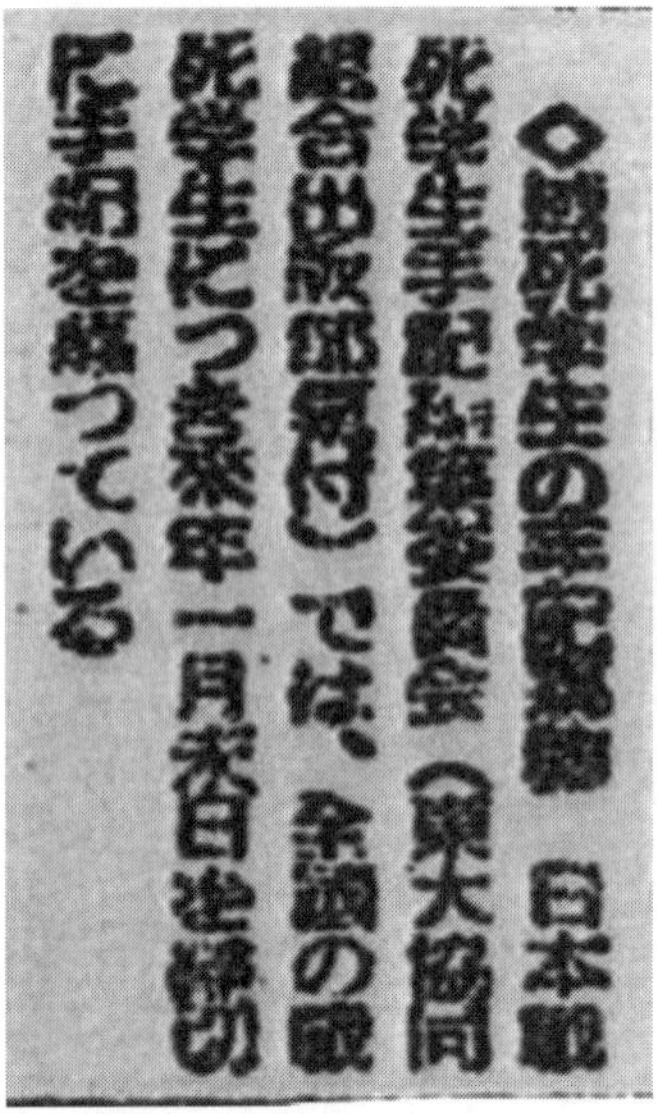
◇戦死学生の手記募集　日本戦死学生手記編集委員会（東大協同組合出版部気付）では、全国の戦死学生につき来年一月末日を締切に手記を募つている

「朝日新聞」（1948年11月15日）

筆者が確認し得た限りであるが、朝日新聞が１９４８年11月15日に「戦没学生の手記募集」という小見出しを付けて掲載してくれた。その文章は、新聞の第二面（当時の紙面は二面であった）の下方の左端の上の5行であった。

記事の見出しは「日本戦没学生の手記の募集」ではなくて「戦死学生の手記募集」であり、締め切りは「来年（注・１９４９年）1月末日」になっている。つまり、締め切りを3カ月間延期して募集するというのであった。しかも、この記事が掲載されたのは朝日新聞の東京版だけで、大阪版には掲載されていなかった（序に言えば、筆者は他の新聞での掲載を探したが、確認できないでいる）。

(2) 木村家、手記募集に応じる

〈木村家、手記募集を知る〉

京大生で戦死した久夫の手記もこの時の編集委員会からの手記募集に応じて寄稿されたもので、先の３０９人の応募手記の１つであった。ただし久夫の手記が編集委員会に届いたのは１９４９年の１月末日頃で、締め切り最終日頃であった。

以下では、久夫の手記が寄稿された経緯について時系列的に整理してみる。

①久夫の遺族が手記募集を知ったのは１９４８年11月27日頃であった。

例えば久夫の妹の孝子は、「わだつみ会」とのインタビュー（２００１年10月13日）で、次のように答えている。

東京の新聞に募集広告が出たそうですが、しかし大阪の新聞には出ませんでした。ちょうどその頃、兄の恩師の八波直則先生が東大に内地留学をしておられまして、高知高校の兄の後輩で東大生だった安光公太郎さんという方に、兄の遺書を送るように木村の家に手紙を出してくれとおっしゃったのです。私ども安光さんからお手紙をいただいて初めて知りました。(4)

もし当初の募集のように1948年10月末日に締め切られていたならば、もし八波直則（旧制高知高校の教授で、久夫の学年担当者）が「東大に内地留学」していなかったならば、さらに八波が「朝日新聞」の手記募集の小さな記事を見逃していたならば、さらにまた「東大生だった安光公太郎」が八波の身近にいなかったならば、久夫の手記は『きけわだつみのこえ』に収録されていなかったのではなかろうか。そう考えれば、久夫の手記が掲載されたことは奇跡に近かった。

〈安光からの手紙〉

②安光公太郎が1948年11月27日付で木村久に手紙を送った。

久夫の旧制高知高校の後輩で、当時東大生であった安光から久に宛てた手紙は、次のような内容であった。全文を紹介しておこう。

拝復

御鄭重なる書翰拝見致しました。御清栄の御様子結構なる事と御喜び申上げます。

扨て、小生申込みの件は、（一）手記の写を、出来れば拝借致したいとのこと。（二）それが不可能ならば塩尻先生の文中の木村先輩の「手記」の転載を許されたいこと。（塩尻先生からはすでに編集部の方で御許しを得て居ります。）

右いづれにしても、御申越のように原文によって順序を訂正する必要上、手記全文（但し差支えなき、家事にわたらぬ限り、）が拝見出来れば好甚です。編集部の方では差支ある部分は或いは全文に亘って仮名ででも、木村先輩の手記を収録したいとの熱望を持っています。

八波先生が、今日あたり、離京なさって、もしかしたら、御宅に立寄られ、この御話をして下さるかも知れません。

昨日、塩尻先生の「或る遺書について」（単行本）が出版されましたので早刻買って読ませていただきました。新潮で一度読ませていただいたものですが、感慨新たに読みなおし、知人にもすすめています。私の記憶違いでなかったら、塩尻先生の御宅で一度御目にかかったことがあったのではないかと思います。いづれにしても、まことに残念なことをいたしたもので、我々後輩を激励して下さるように感じます。この意味で木村先輩の手記はすでに、一つの文化財として、客観性をもった、公共性のあるものになっていると存じます。そして「戦没学生の手記」を通じて、より一層広く、多くの人々の間に、この貴重な文章が、ひいては木村さんその人が、その心の中に生きるであろうことをのぞんで已みません。

そして我々としては「大きな歴史の転換」の「蔭の犠牲」をして「全く無意味のもの」たらしめないように「若き学徒」として「活躍」しなければならないと思います。

末筆ながら、向寒の候、御壮健に御活躍くださるよう御祈り致します。未見の方々ではありますが、御家族の皆様によろしく御伝え下さい。

〈手記応募の薦め〉

安光の手紙から指摘できることは次のことである。まず形式的な面の指摘をしたい。

1つは、「拝復　御鄭重なる書翰拝見致しました」とあるところから、すでに安光と久との間に書翰の交換が行われていたことが分かる。次に2人の書翰交換の経緯を推測してみる。

①11月15日の「朝日新聞」の「戦死学生の手記募集」を読んだ八波が直ちに安光に対して、この募集の件について木村久に連絡して欲しいと依頼した。

②安光は最初の手紙で、八波の代理者であるが、「戦死学生の手記」を募集する記事があったので、久夫の手記を寄稿されてはどうか、もし寄稿を承諾されるのであれば、久夫の手記の原文又は写しを自分に送られたい、そうすれば、自分が手記編集委員会に持参してもよい旨を書いた。

③安光から手紙を受け取った久は、八波と安光からの寄稿の誘いに驚き、さらなる趣旨の説明を求める返信を安光に出した。

④久の返信に対して更なる説明をしたのが、先の安光の書翰である。

以上の筆者の推測がそう大きく間違っていないとするならば、11月15日から同27日までの実質10日程の間に、3通の手紙が二人の間に交わされたことになる。

2つは、先に全文引用した安光の手紙は、趣旨説明を求める久の手紙に対して答えたものである。その内容は、(一) 出来れば、手記の写しを拝借致したいこと、(二) それが不可能ならば塩尻先生の文中の木村先輩の「手記」の転載を許されたいこと、しかも (二) については「塩尻先生からはすでに編集部の方で(転載の) 御許しを得て居 (る)」ということである。

3つは、安光の手紙の内容から、久夫の手記を寄稿することについて、安光と八波と塩尻との間で、また安光と手記編集委員会との間で、すでに相当の連絡が行なわれていたことが読み取れることである。「塩尻先生からは（「或る遺書について」からの引用について）すでに編集部の方で御許しを得て居ります」という話まで進んでいるからである。

この3人の間の連絡については、おそらく安光が献身的で精力的な役割を果したと考えられる。

〈手記の全文を収録したい〉

次に、内容的な指摘をしよう。

1つは、手記編集委員会の方では、久夫の手記（遺稿）を全文収録したいと考えていたことである。このことは、安光が「編集部の方では差支ある部分は或いは全文に亘って仮名ででも、木村先輩の手記を収録したいとの熱望を持っています」と書いていることから推測できる。

手記編集委員会が全文収録の意図を持っていたことは、編集委員たちの誰かが塩尻の随想文「或る遺書について」（『新潮』、1948年6月号、又は『或る遺書について』新潮社、1948年11月）を読んで感動し、今回の企画の中に是非とも久夫の「手記」を「全文」収録したいと熱望したに違いない。この点で「或る遺書について」が与えた影響は大きかった。おそらく手記編集委員会は、久夫の手記を収録する際にも「或る遺書について」を参考にしたのではないかと思われる。

2つは、安光自身が久夫の手記の価値を認め、その寄稿を薦めていることである。

安光は『新潮』（1948年6月号）に掲載の「或る遺書について」を読んで感激し、さらに11月に出版された単行本『或る遺書について』を再読して感慨を新たにし、知人にも同書を読むことを薦めていた。恩師八波に依頼されたこととはいえ、自らも「或る遺書について」を読んで久夫の手記の価値を認識していた安光が、その手紙で久夫の父の久に「木村先輩の手記はすでに、一つの文化財として、客観性をもった、公共性のあるものになっている」と伝え、さらに久夫の貴重な文章が『戦没学生の手記』を通じてより一層広く多くの人々の心の中に生きるとともに、久夫その人が生きることを望むと訴えたのであった。

安光のこのような行動は、あくまでも彼自身の自主的自発的な行動であったことは疑う余地がない。しかし安光の行動の起爆剤となったのが「或る遺書について」であり、旧師の塩尻と八波、それに彼の3人の強い連携であったと言える。

(3) 父、手記の寄稿を決意

〈寄稿を塩尻に連絡〉

安光から久夫の「手記」の寄稿を求められた久は暫し思案するが、やがて寄稿することを承諾する。久が久夫の手記を寄稿することを決心した後に書いた塩尻への手紙（1948年12月14日付）がある。以下にその手紙の一部を示す（傍点は筆者）。

ご無沙汰いたしております。皆々様お障りはございませんか。こちらも無事に暮しております。『或る遺書について』は数冊買い求めました上に、出版元から又2冊買いました。仏前に供え、これこれと思う人たちへ贈りました。久しく見ることの出来なかった美麗な本で驚きました。

沢山の人々が読んでいる様子です。ある印刷屋の男が、何処へ参っても其の話で大変ですと言っていました。大阪市内の小野中学校でも、講堂に生徒衆を集めて、先生が読み聴かされたそうです。此の付近では、こんな人達に解ろうか思われるような男女が書物を買って持っているのに驚きました。大阪梅田の阪急百貨店では、売り切らして、客に断るのに厄介がっているそうです。週刊朝日、大阪時事、其の他の新聞に新潮6月号での記事が掲載されていました。

先生のお蔭で、あの汚名を着た子供が、今では日本国中に尖った男になりました。仮令彼が僥倖《ぎょうこう》に生きながらえていっても、まさかこれ程世に衝動を与えるだけの人間にはなり得まいと考えています。躯殻《くから》は敢《あえ》なく亡びましたけれど、永遠に亡びぬ生命をば先生に得させて頂きました。本人も親ももう得心してよいと思います。

東京の安光氏という人から遺書の写しを送れと申し入れられました。陰で済まぬことを言うのですが、有体は、折角先生に凡てをよくしていただいたのに、此の上未知の方々に同じ事に触れて頂くのを不安に感じまして愚図々々と思案いたして居りました。丁度其の所へ八波先生が東京からの御帰途、お立ち寄りくださいました。安光氏から依頼されて来たと御っしゃっていろいろな話を承り、それでは差支えない部分を抜粋して送りますと言うことにきめました。

只今その抜粋を作っています。大体先生が発表して下さった部分位になろうかと思います。よく先生の御本と対照して、先生が添削して下さった通りに文章を訂正加筆して送る積りです。実は私は妙な気分から実物の遺書だけは余り目を触れぬことにしています。あれを見ると、子供の体臭までするように感じて、未だに興奮いたすのです。昼間は来客で落ち着かず、昨日も夜分に少しく写しましたが、一寸睡眠に障りました。修養のない親の愚かしさです。然し原意に背いては申し訳ありません故、今晩も亦、続きを写しました。遺文の全文は何うか先生の御手許限りに止めて置いて頂きとう存じます。

先生のお噂をいろいろ八波先生から伺いました。よろしいことばかりで喜んでおります。先生の益々御立派になられるのを見て死にたいと思います。（中略）

八波先生が来春に又来ると言われました。又早く塩尻先生のお顔を見たいと妻や孝子が申しております。

（中略）

昭和23年12月14日夜一時

〈久に寄稿を決断させたもの〉

屋上に屋を架すようであるが、右の手紙の内容を要約しておこう。

1つは、『或る遺書について』が好評で、多くの人々に読まれていることを報告していることである。

2つは、『或る遺書について』によって、戦争犯罪人として処刑された久夫の「汚名」が払拭され、今や久夫が「日本国中に尖《とが》った男」になったこと、また久夫が「永遠に亡びぬ生命」を頂けたことで、久夫も自分も「もう得心」できる状態に至っていると伝えていることである。

3つは、「東京の安光氏という人から遺書の写しを送れと申し入れがあった」と報告していることである。因みにここでは、久が安光からの申し出を「遺書の写しを送れ」と捉えていることである。

4つは、八波先生が東京から高知への帰途立ち寄って手記を寄稿するよう説得してくださったので、「差支えない部分を抜粋して送（る）」決心をするに至ったということである。

八波から説得されて、久井が寄稿する決心をしたのであろう。ここでも久が、遺書のうちで「差支えない部分」を抜粋して送る、と書き直していることである。

５つは、只今は久夫の遺文の「抜粋を作っています」と伝えていることである。

この文章と関連する事項を整理すれば、①遺稿の分量は塩尻の「或る遺書について」と同じくらいになること、②「或る遺書について」と「対照」して「先生が添削して下さった通りに文章を訂正加筆」して手記編集委員会に「送る積り」であること、③「原意に背いては申し訳ありません故、今晩も亦、続きを写しましたと」書いているように、寸暇を惜しんで〝遺書の写し〟を作成する作業に励んでいること、である。

これらの整理から、久の「遺稿（手記）」編集作業はかなり進んでいると推測できる。

６つは、この段階の久の編集作業を示している文書（下書き文書）が、木村泰雄氏から筆者に提供された「遺書Ｂ」（付録２の資料篇３に収録）と考えられることである（注・「遺書Ｂ」が、久が一生懸命に〝久夫の遺文の抜粋を作っている〟最中ですと書いている「遺書」の抜粋文であると推測する。ただし、久が手記編集委員会に送った「木村久夫遺稿」は、さらに大きな編集を加えた文章である）。「遺書Ｂ」については、すぐ後で触れる。

７つは、久が「実物の遺書だけは余り目を触れ」ないようにしていると書いていることである。

「実は私は妙な気分から実物の遺書だけは余り目を触れぬことにしています。あれを見ると、子供の体臭までするように感じて、未だに興奮いたすのです」という久の告白は、子の死を悲しむ親心を吐露して訴えるものがある。いつまで経っても我が子の死、まして非業の死を忘却できるものではないことを語っていて、胸を打つ。

8つは、久が1947年1月3日に塩尻に送った久夫の遺文（「遺書（写）」）については、塩尻の「手許限りに止めて置いて頂きとう存じます」とお願いしていることである。

これは、塩尻が「或る遺書について」の執筆に際して、「遺書（写）」の一部分を引用したことを暗に批判しているようにも受け取れないこともない。しかしここでは、久夫の体臭がする「遺書」を永久に密封しておきたいという久の親心を伝えたものと受け止めておきたい。

9つは、「先生のお噂をいろいろ八波先生から伺いました…」とは塩尻の神戸大学への異動の話のことであろう。塩尻は1946年末に河合門下の木村健康の推薦で一高教授への就任が決定していたのであるが、旧制高知高校生たちの塩尻先生留任運動の熱情を尊重して、就任を断った経緯がある。(5) その塩尻が今度は新制の神戸大学へ異動するというのである（なお、塩尻がこの異動を久に知らせるのは、1949年2月18日付のハガキによってである）。

(4) 久による「遺稿」の編集

〈久、「遺稿」の編集に没頭〉

久は1948年12月早々から1949年1月末にかけて、久夫の「遺稿」の編集に没頭する。1月末日が寄稿締め切り日であったからである。

久夫の「遺稿」を編集するに当たって久が取った方法は、「手記」と「遺書」とを一つの文章にまとめるということであった。この方法は「手記」と「遺書」の双方を原意に背かないように一つの文章として編集するのであるから、その作業は極めて難しいと思われる。

しかし久は、敢えてその難しい編集方法を選んだ。久にとって「手記」と「遺書」とは、最愛の久夫が迫り来る処刑を待つ刑務所の独房で、やがて途絶える時間と命とを引き換えにして一字一句綴った文章であった。それは久にとっては貴重窮まるもので、一文字も疎かにできないものであった。

久の編集作業の一端を示していると思われるのが、先に触れた「遺書B」である。この文書は久が書写した「遺書」の〝下書き文〟に、「或る遺書について」で塩尻が移動させた「手記」の文章（例えば、「先生の著書『天分と愛情の問題』をこの地の遠隔なりしため今日の死に至るまでついに一度も拝読し得なかったことはくれぐれも残念です」など）を赤字で挿入したり、数か所に略（文章を省略する意味）の字を付したり、漢字の訂正をしたりしたものである。

〈久、「遺稿」の編集を終える〉

この「遺稿」の編集作業は困難を極めたと思われるが、久は全力を尽くした。もちろん、その作業の過程で家族（斐野と孝子）とも相談し、且つ協力も得たに違いない。しかし編集作業の中心はあくまでも久であり、編集の最終責任者は久であった。そういう意味で、これまでも筆者は「遺稿」の編集者を久であるとしてきたところであり、本稿でもそのように記述していく。

こうして久は、久夫の「遺稿」の編集作業にほぼ1カ月半を費やし、１９４９年1月20日頃に「久夫の遺稿」（久は「久夫の手記」と表現していた。）を仕上げた。

注

1　主要参考文献としたのは、日本戦没学生記念会編『新版　きけ わだつみのこえ―日本戦没学生の手記―』（岩波文庫、1995年）の解説、保阪正康『「きけわだつみのこえ」の戦後史』（文藝春秋、1999年）などであった。
2　東大戦没学生手記編集委員会編『はるかなる山河に』東大協同組合出版部、1947年12月。
3　前掲『「きけわだつみのこえ」の戦後史』、31頁。
4　「木村久夫さんご遺族（義郎、孝子さん夫妻）に聴く」『わだつみのこえ』115号、29頁。
5　この件について詳しくは、拙著『塩尻公明評伝―旧制一高教授を断った学究的教育者―』桜美林大学北東アジア総合研究所、2013年を参照されたい。

2 木村久が手記編集委員会に送った久夫の「遺稿」

(1) 久夫の「遺稿」

〈久編集の久夫の「遺稿」〉

木村久が編集した久夫の「遺稿」は、原稿募集の締め切りである1月末日に安光によって編集委員会に持参された。(1) 保阪の先の記述によれば、編集委員会ではスタッフが寄稿された遺稿を400字原稿用紙に書写し、その作業を終えると、寄稿者に返却される運びになっていた。しかし木村久夫の場合、その「遺稿」は現在のところ行方不明である（筆者が確かめた限りであるが、木村家にはないということであった。そうであるとすれば、手記編集委員会か編集委員の誰かの許に保存されているか、又は紛失されたか、などが考えられる。早急に調査される必要があろう。何はともあれ、「遺稿」の原文が発見されることを願いたい。序に言えば、久は通常、罫紙を使用し、久夫の手記や遺書の書写の時にも漢字とカタカナ混じりの文を書いていたので、寄稿した久夫の「遺稿」も漢字とカタカナ混じりの文であった可能性がある）。

したがって現存する久夫の「遺稿」は、編集委員会で書写された原稿（400字原稿用紙で32頁）ということになる。

〈久編集の久夫の「遺稿」の全文〉

幸いにも筆者は、手記編集委員会で書写された久夫の「遺稿」のコピー原稿を（有田芳生氏のご厚意で）入手することができた。この久夫の「遺稿」の書写原稿は、久が久夫の「手記」と「遺書」とをどのように編集したかを示している点で、本稿のテーマの遂行上の基礎資料ともなる文献である。

さらに言えば、久夫の「遺稿」の書写原稿は、手記編集委員会での編集作業の過程で一部の修正と削除とが行われて、『きけわだつみのこえ』の入稿原稿になったということである。つまり久夫の「遺稿」の書写原稿は、手記編集委員会で編集上の手を加えられるが、その後、入稿原稿にもなったということである（筆者が入手したのは、正確にはこの入稿原稿のコピーである）。

ともあれ、以下に久編集の久夫の「遺稿」の全文を示すことにしたい。

久編集の久夫の遺稿

○死の数日前偶然にこの書を手に入れた。死ぬ迄にもう一度これを読んで死に就こうと考えた。4年前私の書斎で一読した時のことを想い出し乍ら、「コンクリート」の寝台の上で遙かなる故郷、我が来し方を想い乍ら、死の影を浴び乍ら。数日後には断頭台の露と消える身ではあるが、私の熱情は矢張学の道にあったことを最後にもう一度想い出すのである。

此の書に向っていると何処からともなく湧き出づる楽しさがある。明日は

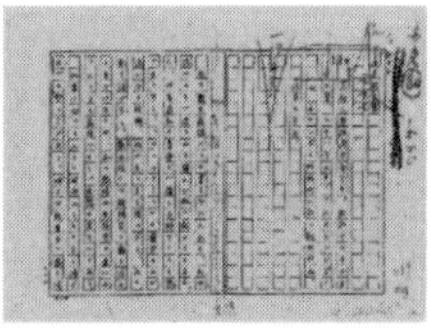

手記編集委員会の久夫の遺稿の組み原稿（1）

同右（2）削除部分

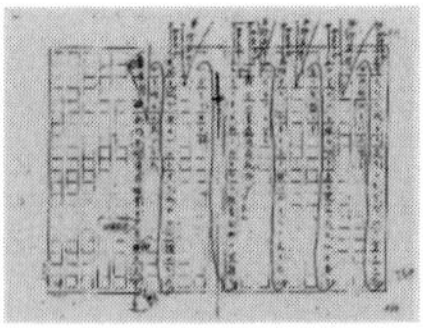

同右（3）最後部分

絞首台の露と消えるやも知れない身であり乍ら、尽きざる興味に惹きつけられて、本書の三回目の読書に取り掛る。

昭和21年4月22日。

○私は此の書を充分に理解することが出来る。学問より離れて既に4年、其の今日に於ても猶、難解を以て著名な本書を、さしたる困難もなしに読み得る今の私の頭脳を我乍ら有りがたく思うと共に、過去に於ける私の学問生活の精進を振返って、楽しく味あるものと喜ぶのである。

○私の死に当たっての感想を断片的に書き綴っていく。紙に書くことを許されない今の私に取っては、これに記すより他に方法はないのである。

○私は死刑の宣告せられた。誰がこれを予測したであろう。年齢30に至らず、且、学半ばにして此の世を去る運命を誰が予知し得たであろう。波乱の極めて多かった私の一生は、又もや類まれな一波乱の中に沈み消えて行く。我乍ら一篇の小説を見るような感がする。然し、これも運命の命ずるところと知った時、最後の諦観が湧いてきた。大きな歴史の転換の下には、私のような蔭の犠牲が如何に多くあったかを過去の歴史に照らして知る時全く無意味のように見える私の死も、大きな世界歴史の命ずるところと感知するのである。

○日本は負けたのである。全世界の憤怒と非難との真只中に負けたのである。日本がこれまで敢てして来た数限りない無理非道を考える時、彼等の怒るのは全く当然なのである。今私は世界全人類の気晴らしの一つとして死んで行くのである。これで世界人類の気持ちが少しでも静まればよい。それは将来の日本に幸福の種を遺すことなのである。

○私は何等死に値する悪をした事はない。悪を為したのは他の人々である。然し今の場合弁解は成立しない。江戸の敵を長崎で討たれたのであるが、全世界から見れば彼等も私も同じく日本人である。彼らの責任を私がとって死ぬことは、一見大きな不合理のように見えるが、か丶る不合理は過去に於て日本人がいやと言う程他国人に強いて来た事であるから、敢て不服は言い得ないのである。彼等の目に留った私が不運とするより他、苦情の持って行き処はないのである。日本の軍隊の為に犠牲になったと思えば死に切れないが、日本国民全たいの罪と非難とを一身に浴びて死ぬと思えば腹も立たない。笑って死んで行ける。

○今度の事件に於ても、最も態度の卑しかったのは陸軍の将校連に多かった。これに比すれば海軍の将校連は遥かに立派であった。

○此度の私の裁判に於ても、また判決後に於ても、私の身の潔白を証明すべく私は最善の努力をして来た然し私が余りにも日本国の為に働きすぎたが為、身が潔白であっても責めは受けなければならなくなった。「ハワイ」で散った軍神も、今となっては世界の法を犯した罪人以外の何者でもなくなったと同様に、「ニコバル」島駐屯軍の為に敵の諜者を発見した当時は、全軍の感謝と上官よりの讃辞を浴び、方面軍よりの感状を授与されようと迄言われた私の行為も、一ヶ月後起った日本降伏の為に、忽ちにして結果は逆になった。

其の時には日本国に取っての大功が、価値判断の基準が変わった今日に於ては仇となったのである。然し此の日本降伏が全日本国民の為に必須なる以上、私一個の犠牲のごときは忍ばねばならない。苦情を言うなら敗戦と判っていながら此の戦を起した軍部に持って行くより仕方がない。然し又、更に考（え）を致せば、満州事変以来の軍部の行動を許してきた全日本国民に其の遠い責任があることを知らねばならない。

○我が国民は今や大きな反省をなしつつあるだろうと思う。其の反省が、今の逆境が、将来の明るい日本の為に大きな役割を果すであろう。それを見得ずして死ぬのは残念であるが致し方がない。日本はあらゆる面に於て、社会的、歴史的、政治的、思想的、人道的の試練と発達とが足らなかった。万事に我が他より勝れたりと考えさせた我々の指導者、たゞそれ等の指導者の存在を許して来た日本国民の頭脳に責任があった。

曾ての如き、我に都合の悪しきもの、意に添わぬものは凡て悪なりとして、唯武力を以て排斥せんとした態度の、行き着くべき結果は明白になった。今こそ凡ての武力腕力を捨て、あらゆるものを正しく認識し、吟味し、価値判断する事が必要なのである。これが真の発展を我が国に来す所以の道である。

○あらゆるものを其の根底より再吟味する所に、日本国の再発展の余地がある。日本は凡ての面に於て混乱に陥るであろう。然しそれでよいのだ。ドグマ的な凡ての思想が地に落ちた今後の日本は幸福である。「マルキシズム」もよし、自由主義もよし、凡てが其の根本理論に於て究明せられ解決せられる日が来るであろう。日本の真の発展は其処から始まるであろう。凡ての物語が私の死後より始まるのは悲しいが、私にかわるもっともっと立派な頭の聡明な人がこれを見、且指導して行って呉れるであろう。何と言っても日本は根紙から変革し、構成し直さなければならない。若き学徒の活躍を祈る。

○孝子に早く結婚させてください。私の死に依って両親並に妹が落胆甚だしく、一家の衰亡に至らん事を最も恐れます。父母よ妹よ、何うか私の死に落胆せずに朗らかに平和に暮らして下さい。

○我々罪人を看視しているのは、もと我軍に俘虜たりし「オランダ軍」の兵士である。曾て日本軍兵士より大変なひどい目に遇わされたとかで、我々に対するシッペイ返しは相当なものである。殴る蹴るなどは最もやさしい部類である。然し我々日本人もこれ以上の事をやって来たのを思えば文句は言えない。ブツブツ文句を言っている者に陸軍の将校の多いのは、嘗ての自己の所行を棚に上げたもので、我々日本人さえ尤もだとは思われない。一度も俘虜を扱った事のない、又一度もそんな行為をした事のない私が、斯様な処で一様に扱われるのは全く残念ではあるが、然し向からすれば私も同じ日本人である。区別して呉れという方が無理かも知れない。然し天運なのは、私は一度も殴られた事も蹴られた事もない。大変皆から好かれている。我々の食事は、朝、米粉の糊と夕方に粥を食う二食で、一日中腹がペコペコで、ヤット歩ける位の精力しかない。然し私は大変好かれているのか看視の兵隊がとても親切で、夜分こっそりと「パン」「ビスケット」煙草などを持って来てくれ、昨夜などは「サイダー」を一本持って来て呉れた。私は全く涙が出た。其の物に対してよりもその親切にである。其の中の一人の兵士が或は進駐軍として日本へ行くかも知れぬと言うので、今日私は私の手紙を添えて私の住所を知らせた。此の兵士らは私の謂わば無実の罪に非常に同情して親切にして呉れるのである。大局的に極めて反日的である彼等も、個々の人として接しているうちには、斯様に親切にして呉れる者も出て来るのである。矢張人間同志だと思う。

○此の兵士は曾て我軍の俘虜となっていたのであるが、其の間に日本の兵士より殴る、蹴る、焼くの虐待を受けた様子を語り、何故日本兵士にはあれ程の事が平気で出来るのか全く理解が出来ないと言っていた。又彼には、日本婦人の社会的地位の低い事が理解出来ぬ事であるらしい。

○吸う一息の息、吐く一息の息、食う一匙の飯、之等一つ一つの凡てが今の私に取っては現世への触感である。昨日は一人、今日は二人と絞首台の露と消えて行く。軈て数日の中には私へのお呼びも掛って来るであろう。それ迄に味わう最後の現世への触感である。今迄は何の自覚もなくやって来た之等の事が味えば味う程、この様にも痛切なる味を持っているものであるかと驚くばかりである。口に含んだ一匙の飯が何とも言い得ない刺激を舌に与え、溶けるが如く喉から胃へと降りて行く触感を、目を閉じてジット味う時、此の現世の千万無量の複雑なる内容が、凡て此の一つの感覚の中にこめられているように感ぜられる。泣きたくなる事がある。然し涙さえ今の私には出る余裕はない。極限まで押しつめられた人間には何の立腹も悲観も涙もない。唯与えられた瞬間々々を有難く、それあるがまゝに享受してゆくのである。死の瞬間を考える時には、矢張恐ろしい不快な気分に押し包まれるが、其のことはその瞬間が来る迄考えない事にする。そして其の瞬間が来た時は、即ち死んでいる時だと考えれば、死などは案外に易しいものなのではないかと自ら慰めるのである。

○私は此の書を数日前計らずも入手するを得た。偶然これを入手した私は、死迄もう一度これを読んで死にたいと考えた。数年前、私が未だ若き学徒の一人として社会科学の基本原理への欲求の盛なりし時、其の一助として、此の田辺氏の名著を手にした事があった。何分有名な難しい本であったので、非常な労苦を排して読んだ事を憶えている。其の或る時は洛北白川の一書斎であったが、今は遙か故郷を離れた昭南の、しかも監獄の冷たい「コンクリート」の寝台の上である。生の幕を閉じる寸前この書を再び読み得たと言うことは、私に最後の楽しみと憩いと情熱とを与えて呉れるものであった。数ヶ年の非学究的生活の後に初めて之を手にし一読するのであるが、何だか此の書の一字々々の中に昔の野心に燃えていた私の姿が見出されるようで、誠に懐かしい感激に打ちふるえるのである。真の名著は何時何処に於ても、又如何なる状態の人間にも、燃ゆるが如き情熱と憩いとを与えて呉れるものである。私は凡ての目的欲求から離して、一息の下にこの書を一読した。そして更にもう一読した。何とも言えないすがすがしい気持であった。私に取っては死の前の読経にも比すべき感を与えてくれた。曾ての如き野心的な学究への情熱に燃えた快味ではなくて、あらゆる形容詞を超越した、言葉では到底現わし得ないすがすがしい感を与えてくれたのである。私は此の本を私の書かれざる遺書として、何となく私と言うものを象徴して呉れる最適の記念物として後に遺す。私が此の書に書かれている哲理を凡て十分に理解したと言うのではない。寧ろ私の理解した所は、此の書の内容からは遙かに距離のあるものかも知れないが、私の言いたい事は、本書の著者田辺氏が本書を書かんとして筆を執られた其の気分が、私の一生を通じて求めていた気分であり、此の書を遺書として、最もよく私を象徴して呉れる遺品として遺そうと思わしめる所以の気分である、という事である。

○私の死を聞いて、先生や学友の多くが愛惜して呉れるであろう。「きっと立派な学徒になったであろうに」と愛惜して呉れるであろう。若し私が生きながらえても、平々凡々たる市井の人として一生を送るとするならば、今此のまゝ此処で死する方が私として幸福かも知れない。まだまだ世俗凡欲には汚され切っていない今の若い学究への純粋さを保ったまゝで一生を終る方が、或は美しく潔いものであるかも知れない。私としては生きながらえて学究への旅路を続けて行きたいのは当然の事であるが、神の眼から見て、今運命の命ずるまゝに死する方が私には幸福なのであるかも知れない。私の学問が結局積読以上の幾歩も進んだものでないとして終るならば、今の潔い此の純粋な情熱が、一生の中、最も価値高きものであるかも知れない。

○私は生きるべく、私の身の潔白を証明すべく、あらゆる手段を尽した。私の上級者たる将校連より法廷に於て真実の陳述をなすことを厳禁せられ、それが為、命令者たる上級将校が懲役、被命者たる私が死刑の判決を下された。これは明らかに不合理である。私にとっては、私の生きる事が、斯かる将校連の生きる事よりも、日本にとっては数倍有益なる事は明白と思われ、又事件其のものゝ実情としても、命令者なる将校連に責が行くべきは当然であり、又彼等が自分自身で之を知るが故に私に事実の陳述を厳禁したものである。此処で生きる事は私には当然の権利で、日本国家の為にもなさねばならぬ事であり、且、最後の親孝行でもあると思って、判決のあった後ではあるが、私は英文の書面を以て事件の真相を暴露して訴えた。判決後の事であり、又上告のない裁判であるから、私の真相暴露が果して取り上げられるか否かは知らないが兎に角最後の努力は試みたのである。初め私の虚偽の陳述が日本人全体の為になるならば止むなしとして命令に従ったのであるが、結果は逆に我々被命者らに仇となったので真相を暴露した次第である。若しそれが取り上げられたならば、数人の大佐中佐、数人の尉官連が死刑を宣告されるかも知れないが、それが真実である以上は当然であり、又彼らの死に依って此の私が救われるとするならば、国家的見地から見て私の生きる方が数倍有益である事を確信したからである。美辞麗句ばかりで内容の全くない、彼等の所謂「精神的」なる言語を吐きながら、内実に於ては物欲、名誉欲、虚栄心以外の何ものでなかった軍人達が、過去において為して来たと同様の生活を将来に於て続けて行くとしても、国家に有益なる事は何等為し得ないのは明白なりと確信するのである。日本の軍人中には偉い人もいたであろう。然し私の見た軍人中には偉い人は余り居なかった。早い話が高等学校の教授程の人物すら将軍と呼ばれる人々の中にも居なかった。

監獄に於て何々中将、何々大佐という人々に幾人も会い、共に生活して来たが、軍服を脱いだ赤裸の彼等は、其の言動に於て実に見聞するに耐えないものであった。此の程度の将軍を戴いていたのでは、日本に幾ら科学と物量があったとしても戦勝は到底望み得ないものであったと思われる程である。殊に満州事変以来、実に南方占領後の日本軍人は、毎日利益を追うを仕事とする商人よりも、もっと下劣な根性になり下っていたのである。彼等が常に大言壮語して言った「忠義」「犠牲的精神」は何処へやったか。終戦に依り外身を装う着物を取り除かれた彼等の肌は、実に見るに耐えないものだった。

○然し国民はこれ等の軍人を非難する前に、斯かる軍人の存在を許容し、又養って来た事を知らねばならない。結局の責任は、日本国民全体の知能程度の浅かった事にあるのである。知能程度の低い事は結局歴史の浅い事だ。二千六百余年の歴史があると言うかも知れないが、内容の貧弱にして長いばかりか自慢にはならない。近世社会としての訓練と経験が足りなかったと言っても、今ではもう非国民として軍部からお叱りを受けないであろう。

私の学生時代の一見反逆的として見えた生活も、全く此の軍閥的傾向への無批判的追従に対する反撥に外ならなかったのである。

○私の軍隊生活に於て、将校連が例の通り大言壮語していた。私が婉曲ながら其の思想に反対すると「お前は自由主義者だ。」と一言の下に撥付けられたものだ。軍人社会で見られた罪悪は、枚挙すれば限りがない。それ等は凡て忘却しよう。彼等もやはり日本人なのであるから。然し一つ言って置きたい事は、彼等は全国民の前で腹を切る気持ちで謝罪し、余生を社会奉仕の為に捧げなければならない事である。天皇の名を最も濫用、悪用したものも軍人であった。

○私が戦も終った今日に至って絞首台の露と消える事を、私の父母は私の不運として嘆くであろう。父母が落胆の余り途方に暮れられる事なきかを最も心配している。併し思いめぐらせば私はこれで随分武運が強かったのである。印度洋の最前線、敵の反抗の最も強烈であった間、これが最後だと自ら断念した事が幾度もあった。それでも私は擦り傷一つ負わずして今日迄生き長らえ得たのである。私としては神が斯くもよく私を此処迄御加護して下さった事を感謝しているのである。私は自分の不運を嘆く事よりも、過去に於ける神の厚き御加護を感謝して死んで行きたいと考えている。父母よ嘆くな、私が今日迄生き得たと言う事が幸福だったと考えて下さい。私もそう信じて死んで行きたい。

○今、計らずもつまらない「ニュース」を聞いた。戦争犯罪者に対する適用条項が削減せられて、我々に相当な減刑があるだろうと言うものである。数日前番兵から、此度新に規則が変って、命令を受けてやった兵士の行動には何等の罪はない事になったとの「ニュース」を聞いたのと考え合わせて、何か淡い希望のようなものが湧き上がった。然しこれ等の事は結果から見れば、死に至る迄の果ない波に過ぎないと思われるのである。私が特にこれを書いたのは、人間が愈々死に到る迄には、色々の精神的な葛藤をまき起して行くものである事を記し置かんが為である。人間と言うものは死を覚悟し乍らも絶えず生への執着から離し切れないものである。

○マンダマレ海軍部隊の主計長をしていた主計少佐内田実氏は実に立派な人である。氏は年齢30そこそこで東京商大を出た秀才である。多くの高官達の大部分が此の一商大出の主計官に、人間的には遙かに及ばないのは何たる皮肉か。日本国全体の姿も案外これに類したものではないかと疑わざるを得ない。矢張り読書し思索し自ら苦しんで来た者と然らざる者とは、異なる所のあるのを痛感せしめられた。

○随分な御厄介を掛けた一津屋の祖母様の苦労、幼な心にも私には強く刻み付けられていた。私が一人前になったら、先ず第一に其の御恩返しを是非せねばならないと私は常々それを大切な念願として深く心に抱いていた。然し、今や其の祖母様よりも早く立って行かねばならない。此の大きな念願の一つを果し得ないのは私の心残りの大きなもの丶一つでる。此の私の意志は妹の孝子に依り是非実現されんことを希う。今迄口には出さなかったが、此の期に及んで特に一言する次第である。

○私の葬儀などは簡単にやって下さい。ほんの野辺送りの程度で結構です。盛大は却って私の気持に反します。墓石は祖母様の横に立てゝ下さい。私が子供の時、此の新しい祖母様の石碑の次に立てられる新しい墓は、果して誰の墓であろうと考えた事があるが、此の私のそれが立つであろうとは想像もしなかった。其処からは遠く吹田の放送局や操車場の広々とした景色が見えましたね。お盆の時、夜お詣りして、遠くの花壇でうち上げられる花火を遠望した事を思い出します。お墓前の柿の木の果を今度帰ったら存分食ってやりましょう。私の仏前および墓前には、従来の供花よりも「ダリヤ」や「チューリップ」などの華（や）かな洋花を供えて下さい。これは私の心を象徴するものであり、死後は殊に華やかに明るくやって行きたいと思います。美味しい洋菓子もどっさり供えて下さい。私の頭に残っている仏壇は余りにも静か過ぎた。私の仏前はもっと明るい華かなものでありたい。仏道に反するかも知れないが仏になる私の願う事だからよいでしょう。そして私一人の希望としては、私の死んだ日よりは寧ろ私の誕生日である四月九日を仏前で祝って欲しいと思います。私は死んだ日を忘れていたい。我々の記憶に残るものは、唯、私の生まれた日だけであって欲しいと思います。

○私の一生の中、最も記念さるべき昭和14年8月だ。それは私が四国の面河の渓で初めて社会科学の書を繙いた時であり、又同時に真に学問と言うものの厳粛さを感得し、一つの自覚した人間として出発した時であって、私の感激ある生は其の時から始まったのである。

○此の本を父母に渡すようお願いした人は上田大佐である。氏は「カーニバル」の民政部長であって、私が二年に亘って厄介になった人である。他の凡ての将校が兵士など全く奴隷の如く扱って顧みなかったのであるが、上田氏は全く私に親切であり、私の人格も充分尊重された。私は氏より一言の叱りをも受けた事はない。私は氏より兵士としてではなく一人の学生として取り扱われた。若しも私が氏にめぐり会わなかったら、私の「ニコバル」に於ける生活はもっと惨めなものであり、私は他の兵士が毎日やらされたような重労働に依り、恐く病気で死んでいたであろうと思われる。私は氏のお蔭に依り「ニコバル」に於ては将校すらも及ばない優遇を受けたのである。これ全く氏のお蔭で氏以外の誰もの為でもない。これは父母も感謝されてよい。そして法廷における氏の態度も実に立派であった。

○この一書を私の遺品の一つとして送る。シンガポール、チャンギー監獄に於て読了。
死の直前とは言い乍ら、此の本は言葉では現わし得ない楽しさと、静かではあるが真理への情熱とを与えてくれるものがあった。何だか凡ての感情を超越して私の本性を再び揺り覚ましてくれるものであった。これが此の世に於ける最後の本である。此の本に接し得た事は無味乾燥なりし私の生涯の最後に憩いと意義とを添えて呉れるものであった。母よ泣く勿れ、私も泣かぬ。

○愈々私の刑が執行せられることになった。戦争が終わり戦火に死なゝかった生命を、今此処で失うことは惜しんでも余りあるが、大きな世界歴史の転換の下、国家の為に死んでゆくのである。宜しく父母は私が敵弾に中《あた》って華々しく戦死を遂げたものと考えて諦めて下さい。

○私が刑を受けるに至った事件の詳細なる内容に付いては、福中英三大尉に聴いて下さい。此処で述べることは差控える。

○父母は其の後お達者でありますか。孝ちゃんは達者か。孝ちゃんはもう22歳になるんですね。立派な娘さんになっているんでしょうが、一目見られないのは残念です。早く結婚して、私に代って家を継いで下さい。私の居ない後、父母に孝養の尽くせるのは貴女だけですから。

○私は随分なお世話を掛けて大きくして頂いて、愈々孝養も尽くせんと言う時になってこの始末です。これは大きな運命で、私のような者一個人ではとても如何とも為し得ない事で、全く諦めるより外ないです。言えば愚痴は幾らでもあるのですが、総て無駄です。止しましょう。大きな爆弾に中って跡形もなく消え去ったのと同じです。

○斯うして静かに死を待って居ると故郷の懐かしい景色が次から次へと浮かんで来ます。分家の桃畑から佐井寺の村を見下したあの幼な時代の景色は、今もありありと浮かんできます。谷さんの小父さんが下の池でよく魚を釣って居ました。ピチピチと鮒が糸にかゝって上って来たのをありありと思い浮かべます。

○次に思い出すのは何と言っても高知です。私の境遇的に思想的に最も波乱の多かった時代であったから、思い出も尽きないものがあります。新家敷の家、鴨の森、高等学校、堺町、猪野々、思い出は走馬灯の如く走り過ぎて行きます。

○塩尻、徳田、八波の三先生は何うして居られるであろう。私の事を聞けば、きっと泣いて下さるであろう。随分私はお世話を掛けた。私が生きていたら思いは尽きない方々なのであるが、何の御恩返しも出来ずに、遥から異郷で死んで行くのは私の最も残念とする所である。せめて私がもう少しましな人間になる迄の生命が欲しかった。私が出征する時に言い遺したように、私の蔵書は全部、塩尻先生の手を通じて高等学校に寄付して下さい。塩尻先生にどうか宜しくお伝え下さい。先生より頂戴した御指導と御厚意とは、何時迄も忘れず死後までも持ち続けて行きたいと思っています。先生の著書『天分と愛情の問題』を此の地の遠隔なりし為、今日の死に至る迄、遂に一度も拝読し得なかった事は呉々も残念です。

○凡ての望みを失った人間の気持は実に不思議なものである。如何なる現世の言葉を以てしても表わし得ない。己《すで》に現世より一歩超越したものである。死の恐ろしさも感じなくなった。

○一津屋のお祖母様はお元気だろうか。私に唯一人の生きた祖母である。本当に良い、懐かしいお祖母様だ。南に征く日にも会って来た。よく一目でもお会いして来たことと思っている。一津屋の重雄叔父様を始め一家一族の方々、名残の尽きぬ方々である。新田の叔父様叔母様に宜しく。阿部先生、其の他の皆々様に宜しくお伝えして下さい。私の死に付いてはできるだけ多く私の友人知人に知らせて下さい。（編集段階で

削除される部分）

○降伏後の日本は随分と変わったことだろう。思想的にも政治経済機構的にも随分の試練と経験と変化とを受けるであろうが、其の何れもが見耐えのある一つ一つであるに相違ない。其の中に私の時間と場所が見出されないのは誠に残念だ。然し世界の歴史の動きは、もっともっと大きいのだ。私如き者の存在に一瞥も呉れない。大山鳴動して踏み殺された一匹の蟻にしか過ぎない。私の如き例は幾多あるものである。戦火に散って行った幾多の軍神もそれだ。原子爆弾で消え去った人々もそれだ。斯くの如きを全世界に渉って考えるとき、自ら私の死もうなづかれよう。既に死んで行った人々のことを考えれば、今生きたいなどと考えるのは、其の人達に対してさえ済まないことだ。若し私が生きて居れば、或いは一人前の者となって幾分かの仕事をするかも知れない。然し又、唯のつまらぬ凡人として一生を送るかも知れない。まだ花弁も見せず、蕾のまゝで死んで行くのも一つの在り方であったかも知れない。今は唯、神の命ずるまゝに死んで行くより他にないのである。

○此の頃になって、漸く死と言うことが大して恐ろしいものではなくなった。決して負け惜しみではない。病で死んで行く人でも、死の前になればこの様な気分になるのではないかと思われる。でも時々ほんの数秒間、現世への執着がひょっこり頭を持ち上げるが、直ぐに消えてしまう。此の分なら、大して見苦しい態度もなく死んで行けると思っている。何と言っても、一生にこれ程大きい人間の試験はない。

今では父母や妹の写真もないので、毎朝毎夕、眼を閉じて、昔の顔を思い浮べては挨拶している。あなた達も何うか眼を閉じて私の姿に挨拶を返して下さい。

○私の事については、今後次々に帰還する戦友たちが告げて呉れましょう。何か便りのある度に、遠路ながら、戦友たちを訪問して、私の事を聴き取って下さい。私は何一つ不面目なることはしていない筈だ。死ぬ時もきっと立派に死んで行きます。私はよし立派な日本軍人の亀鑑たらずとも、高等の教育を受けた日本人の一人として、何等恥づる所のない行動をとって来た筈です。それなのに図らずも私に戦争犯罪者なる汚名を下された事が、孝子の縁談や家の将来に何かの支障を来たしはせぬかと心配でなりません。「カーニコバル」に終戦まで駐屯していた人ならば、誰も皆、私の身の公明正大を証明して呉れます。何うか私を信じて安心して下さい。

○私の最も気掛かりなのは、私の死後、一家仲良く暮して行って下さるかと言うことです。私の記憶にある我が一家は残念ながら決して明朗なるものではなかった。私が死に臨んで挨拶する父の顔も、必ずしも朗らかな笑顔でないことは悲しいです。何うか私の死を一転機として、私への唯一の供養として、今後明朗な一家として日々を送って下さい。不和は凡ての不幸不運の基のような気がします。因縁論者ではないが、此の度の私の死も、其の遠因の一分が、或は其処から出ているのではないかとも、強いて考えれば考えられないこともないかも知れません。新時代の一家の繁栄の為に、唯、其の和合を「モットー」としてやって戴きたい。これが私が死に当って、切に父上に希う一事であります。（編集段階で削除される部分）

○若しも人々の言うようにあの世と言うものがあるなら、死ねば祖父母にも戦死した学友達にも会えることでしょう。それ等の人々と現世の思い出話をすることも楽しみの一つとして行きましょう。又、人の言うように出来るものなら、あの世で蔭ながら父母や妹夫婦を見守っていましょう。常に悲しい記憶を呼び起させる私かも知れませんが、私のことも時々は思い出して下さい。そして却って日々の生活を元気づけるように考えを向けてください。

○私の命日は昭和21年5月23日なり。

○もう書くことはない。愈々死に赴く。皆様お元気で。さようなら。さようなら。

一、大日本帝国に新しき繁栄あれかし。

一、皆々様お元気で。生前は御厄介になりました。

一、末期《まつご》の水を上げて下さい。

一、遺骨はとゞかない。爪と遺髪とを以てそれに代える。

　みんなみの露と消えゆく命もて朝かゆすゝる心かなしも

　朝かゆをすゝりつつ思う故郷の父よ許せよ母よ嘆くな

　遠国《とおくに》に消ゆる命のさびしさにまして嘆かる父母のこと

　友のゆく読経の声をきゝながらわれのゆく日を指折りて待つ

指をかみ涙流して遙かなる父母に祈りぬさらばさらばと
眼を閉じて母を偲べば幼な日の懐《いと》し面影消ゆる時なし
音もなく我より去りしものなれど書きて偲びぬ明日という字を
かすかにも風な吹き来そ沈みたる心の塵の立つぞ悲しき
明日という日もなき命いだきつゝ文よむ心つくることなし
以下二首処刑前夜作
をのゝきも悲しみもなし絞首台母の笑顔をいだきてゆかむ
風も凪ぎ雨もやみたりさわやかに朝日をあびて明日は出でなむ
処刑半時間前擱筆す。　木　村　久　夫

(2) 久編集の久夫の「遺稿」へのコメント

〈手記と遺書を結合〉

ここでは、久編集の久夫の「遺稿」について若干のコメントをしておこう。

1つは、久編集の久夫の「遺稿」は、大雑把に言えば、「手記」と「遺書」とを結合して編集したものであるということである。

今少し詳しく言えば、「遺稿」の前半は「手記」の文章で、後半は「遺書」の文章で構成されているということである。ただし、それは、久夫の「手記」と「遺書」の単純な再現でも結合でもないということである。そこには、巧妙な編集が施されているということである。

なお久は「手記」と「遺書」とを結合して「遺稿」を編集したが、この編集に当たって参考としたのが塩尻公明の「或る遺書について」であった。(2) だが、塩尻は「或る遺書について」の中で、「以下この一文に彼の遺書の一部として引用する文章は、凡てこの書きこみの中から引いてきたものである」(3) と書いていたものの、実際には「手記」のみならず「遺書」からも多くの文章を引用していた。それゆえに塩尻の文章を参考にした久の「遺稿」が「手記」と「遺書」とを結合した文章になったのは、蓋し当然の成り行きであった。

〈文書の削除あり〉

２つは、原意に背かない範囲であるが、「手記」と「遺書」とを結合しながらも、文章の削除を行っているということである。

削除部分は、「手記」と「遺書」とで重複している箇所とか、軍部と軍国主義を批判した箇所等である。軍部と軍国主義を批判した箇所がかなりあるが、むしろ全体として軍部と軍国主義を批判した箇所が多くあったので、削除したのだという見方もできる。その他の削除の理由としては、①文字数のオーバーを心配して止むを得ず削除した、②ＧＨＱの検閲を考慮して削除した、③久の保守的な思想信条から削除した、等々が考えられるが、確かなことは不明である。今後の課題としておきたい。

〈長文の「遺稿」〉

3つは、削除部分がかなりあったとしても、久夫の「遺稿」はかなり長文であるということである。

おそらく久夫の「遺稿」は、『きけわだつみのこえ』に収録されている75篇の遺稿類の中でも1〜2位の長文である（久夫遺稿は、岩波文庫版で24頁に及んでいる）。長文であるが、その内容が充実していると言えるのではなかろうか。

〈短歌は文末にまとめる〉

4つは、「手記」と「遺書」の文中に散在して詠まれていた34首の短歌のうちから選んだ11首の短歌が、「遺稿」では文末に一括してまとめられているということである。

久夫は高校在学中から歌人の吉井勇の影響を受けて、短歌を詠んでは学内雑誌に寄稿していた。読書した本の中にも、詠んだ短歌を書き留めていた。処刑を近くに控えた刑務所の独房のなかでも、久夫は辞世の短歌を作った。短歌を詠うことによって、自分の心を慰め癒し慰め、自分の思いを家族や世間に一生懸命に伝えようとした。まさに短歌は彼の絶唱であった。

久夫は「手記」では、その偶数頁に18首の短歌を記載し、「遺書」では、文中の数か所に16首の短歌を挿入していた。ただし、久が久夫の「遺書」を書写した際には、本文に散在する短歌を（中略）とし、本文を終えた後にそれらの短歌をまとめて記載することにしていた。ただし、久が「手記」の短歌をどのような形で書いたかは、記録がないので分からない。

なお、「手記」と「遺書」の文中に散在して詠まれていた34首の短歌から「遺稿」では11首の短歌を選んだことについては、改めて考察する予定である。

〈辞世の短歌の入れ替え〉

5つは、辞世の短歌二首のうち、一首を入れ替えているということである。この入れ替えは、久が1947年1月3日付の手紙に同封して塩尻に送った「遺書（写）」で既に行っていたものである。この辞世の短歌の入れ替えは、「遺稿」の編集においてもそのままであるということである。この件については、後に詳細に触れることにする。

〈手記編集委員会で二カ所削除される〉

6つは、「遺稿」の二カ所（ゴチック字体の箇所）が手記編集委員会によって削除されたということである。

削除箇所の前者は「手記」と「遺書」に記載されている内容が重複しているから、後者は父（久）のプライバシーの保護を考慮したから、ということであったようである。この削除については、後でもう一度触れる予定である。

〈文末の箇条書きの問題点〉

7つは、文末の箇条書きのまとめ方に問題があるということである。つまり、その箇所は

一、大日本帝国に新しき繁栄あれかし。
一、皆々様お元気で。生前は御厄介になりました。
一、末期《まつご》の水を上げて下さい。
一、遺骨はとゞかない。爪と遺髪とを以てそれに代える。

である。おそらく読者は、上の箇条書きに何の疑問も感じないと思う。説明しよう。

実は、久夫は「遺書」の三項目と四項目との間に――(縦線)を挿入しているのである。しかし久は編集にあたって、この縦線を無視して、第四項目を前に上げ、辞世の短歌をその後に廻してしまったのである。

筆者は、久夫が引いた縦線は、辞世の二首の短歌を詠んだ後、一旦執筆を中断したこと、換言すれば、その線で日付が変更したことを示唆していると考えている。この件については、後に詳しく触れる予定である。

取り敢えず、ここでのコメントは、以上の指摘にとどめておきたい。

注

1 この経緯の詳細については、例えば拙著『戦没学徒木村久夫の遺書』を参照されたい。

2 1948年12月14日付の久から塩尻への手紙。

3 中谷彪ほか編・塩尻公明『或る遺書について』桜美林大学北東アジア総合研究所、2013年、17頁。

3 木村久の「遺稿」編集の分析と考察1 ―「遺稿」と「手記」との関係―

(1) 久の「手記」編集

〈「遺稿」と「手記」の間〉

2節で久が編集した久夫の「遺稿」を紹介してきたが、それは久夫の「手記」と「遺書」の二つを編集したものであった。そこで以下では、順序として、久が「遺稿」を編集するに当たって久夫の「手記」のどの部分を、どれほど引用したのであるか（それは、どの部分を引用しなかったかに通じる。）について照合していく。

分析の方法としては、久が「遺稿」編集に際して久夫の「手記」から引用した文章に傍線を引き、その後引用箇所の分析と考察とを行い、終りに若干の解説を付すことにしたい。

〈「手記」からの引用箇所〉

絞首刑の判決を受け、チャンギー刑務所に収監された久夫が、その独房で田辺元著の『哲学通論』［岩波書店、1933年初版の第6版（1937年10月15日発行）］の頁の欄外余白に無念と憤怒の感想を鉛筆で書き込んだのが、いわゆる久夫の「手記」である。久が「遺稿」を編集するに当たって「手記」も書写した（のではないか）と思われるが、それを示す久の「手記（写）」は見当たらない。

以下に示すのは、筆者が『哲学通論』から直々に書写した久夫の「手記」の全文である（久が書写したとすれば、ほぼ同文であったはずである）。久が「遺稿」に引用した箇所に、傍線を引いていくことにする。

木村久夫の「手記」

凡例

・手記は田辺元『哲学通論』の奇数頁の欄外余白に鉛筆で書き込んでいる。

・偶数頁に記されていた短歌（狂歌、俳句を含む）は、文末に頁数を入れて一括記載した。

・手記の文章は、筆者が撮影した写真版から読み取った。完璧を期したが、若干の誤読があるかもしれない。

・原文は漢字とカタカナ書きであるが、以下では原則として現代仮名遣い文とした。短歌についてはママとした。

・明らかに誤記と思われるものもあるが、そのままとし、筆者が（　）で補った。

・難しい漢字にはルビを付した。ルビの（ママ）は久夫が付したものである。

・左端に『哲学通論』の凡その記載頁を付した。

・文頭の〇は、その頁の文章の冒頭を示すために、筆者が付した。

『哲学通論』の書き込み
（扉）

『哲学通論』の書き込み
（62～63頁）

『哲学通論』の書き込み
（最終頁）

（扉）

○死の数日前偶然に此の書を手に入れた。死ぬ迄にもう一度之を読んで死に就こうと考えた。4年前私の書斎で一読した時の事を思い出し乍ら。コンクリートの寝台の上で、遥かな古郷《ふるさと》、我が来し方を想い乍ら、死の影を浴び乍ら、数日後には断頭台の露と消ゆる身ではあるが、私の熱情は矢張り学の途にあった事を最後にもう一度想い出すのである。

（1頁）

○鉛筆の傍線は私が引いたものである。

（注・久夫は、ほとんどの行に傍線を引いていることを説明している）

父　木村久

住所　大阪府吹田市大字佐井寺四〇二九番地

○此の書に向っていると何処からともなく湧き出ずる楽しさがある。明日は絞首台の露と消ゆるやも知れない身であり乍ら、尽きざる興味にひきつけられて、本書の3回目の読書に取り掛る。昭和21年4月22日

（5頁）

○私は此の書を充分理解することが出来る。学問より離れて既に四年、其の今日に於ても猶、難解を以て著名な本書をさしたる困難なしに読み得る今の私の頭脳を我れ乍ら有難く思うと共に、過去に於ける私の学的生活の精進を振り帰って楽しく味あるものと吾れ乍ら喜ぶのである。

（7頁）

○曾て読みし博士の著書「科学と哲学との間」（注：田辺元『科学と哲学との間』岩波書店、１９３７年）を思い出す。

（11頁）

○私の死に当っての感想を断片的に書き綴って行く。紙に書く事を許されない今の私に取っては之に記すより他に方法はないのである。

（13頁）

○私は死刑を宣告された。誰が之を予測したであろう。年令30に至らず、且学半ばにして既に此の世を去る運命　誰が予知し得たであろう。波乱極めて多かった私の一生も亦波乱の中に沈み消えて行く、何か知ら一つの大きな小説の様だ。然し凡て大きな運命の命ずる所と知った時、最後の諦観が湧いて来た。

（15頁）

○大きな歴史の転換の影には私の様な蔭の犠牲が幾多あったものなる事を過去の歴史に照らして知る時、全く無意味ではあるが私の死も、大きな世界歴史の命ずる所なりと感知するのである。

（17頁）

○日本は負けたのである。全世界の憤怒と非難との真只中に負けたのである。日本は無理をした、非難する可き事も随分として来た。全世界の怒るも無理はない。世界全人の気晴らしの一つとして今私は死んで行くのである。否殺されて行くのである。之で世界人の気持が少しでも静まればよいのである。それは将来の日本に幸福の種を残すことだ。

（19頁）

○私は何等死に値する悪はした事はない、悪を為したのは他の人である。然し今の場合弁解は成立しない、江戸の仇を長崎で打たれたのであるが、全世界からして見れば彼も私も同じく日本人である。即ち同じなのである。

（21頁）

○彼の責任を私が取って死ぬ、一見大きな不合理ではあるが、之の不合理は過去矢張り我々日本人が同じくやって来たのである事を思えば矢鱈《やたら》非難は出来ないのである。彼等の目に留《とま》った私が不運なりとしか、之以上理由の持って行き所はないのである。

（23頁）

○日本の軍隊のために犠牲になったと思えば、死に切れないが、日本国民全体の罪と非難を一身に浴びて死ぬのだと思えば腹も立たない。笑って死んで行ける。

（25〜27頁）

○日本の軍人、殊に陸軍の軍人は、私達の予測していた通り矢張り、国を亡した奴であり、凡ての虚飾を取り去れば私欲、其の物の他は何物でもなかった。今度の私の事件に於ても最も態度の賎しかったのも陸軍の将校連中であった。之に比ぶれば海軍の将校はまだ立派であったと言い得る。大東亜戦以前の陸海軍々人の態度を見ても容易に想像される所であった。陸軍々人は余り俗世に乗り出しすぎた、彼等の常々の広言にも不拘《かかわらず》、彼等は最も賎しい世俗の権化となっていたのである。それが終戦後明瞭に現われて来た。生、物に吸着したのは陸軍々人であった。

（29頁）
○大風呂敷が往々にして内容の貧弱なものなる事は我国陸軍が其の好例であるとつくづく思われた。我国民は今や大きな反省をしつつあるだろうと思う。其の反省が、今の逆境が、晴《あか》い将来の日本に大きな役割を与えるであろう。之を見得ずして死するは残念であるが世界歴史の命ずる所、所詮致し方がない。

（31～33頁）
○此の度《た》びの私の裁判に於ても、亦判決後に於ても、私の身の潔白を証明す可く私は最善の努力をして来た。然し私が余りにも日本国のために働きすぎたるがため、身は潔白であっても責《せめ》は受けなければならないのである。ハワイで散った軍神も今となっては世界の法を侵した罪人以外の何者でもなかったと同様、ニコバル島駐屯軍のために敵の諜者を発見し当時は全島の感謝と上官よりの讃辞を浴び、方面軍よりの感状を授与されるやも知れずと迄言われた私の行為も、一ケ月後に起った日本降伏のため、更《かえ》って結果は逆になった。当時の事情は福中英三氏が良く知っている。聞いてくれ。日本国に効となった事も、価値判断の基準の変った今日に於ては仇《あだ》となるも、之は私達の力を以てしては如何とも致し方ない。

（35頁）
○凡ての原因は日本降伏にある。然し此の日本降伏が全日本国民のために必須なる以上、私一個人の犠牲の如きは涙を飲んで忍ばねばならない、苦情を言うなら、敗戦を判ってい乍ら此の戦を起した軍部に持って行くより為方《いたしかた》はない。然し又更に考えを致せば、満州事変以後の軍部の行動を許して来た、全日本国民に其の遠い責任がある事を知らなければならない。

日本は凡ての面に於て、社会的、歴史的、政治的、思想的、人道的、試練と発達が足らなかったのである。凡て吾が他より勝れりと考え又考えせしめた我々の指導者及びそれらの指導者の存在を許して来た日本国民の頭脳に凡ての責任がある。

（39頁）

○日本は凡ての面に於て混乱に陥るであろう、然しそれで良いのだ。曾ての如き、今の我に都合の悪きもの、意に添わぬものは凡て悪なりとして、腕力を以て、武力を以て排撃して来た我々の態度の行く可き結果は明白であった。今や凡ての武力、腕力を捨てて、凡ての物を公平に認識、吟味、価値判断する事が必要なのである、それで之が真の発展を我々に与えてくれるものなのである。

（41頁）

○凡てのものを其の根底より再吟味する所に、我々の再発展がある。ドグマ的な凡ての思想が地に落ちた今後の日本は幸福である。それを見得ないのは全く残念至極であるが、私に（よりも）更に、もっともっと立派な、頭の聡明な人が之を見、且指導して行ってくれるであろう。何を言っても日本は根底から変革し、構成し直されなければならない。若き学徒の活躍を祈る。

（43頁）

○私の蔵書は凡て、恩師塩尻先生の指示に依り処分してくれ。私の考えとしては高等学校に寄贈するのが最も有効なのではないかと考える。塩尻、八波、徳田、阿部の四先生には必ず私の遺品の何かを差し上げてくれ。塩尻先生の著「天分と愛情の問題」を地の遠隔なりしため今日の死に至るまで一度も拝読し得なかった事はくれぐれも残念である。

（45頁）
○孝子《こうこ》を早く結婚させてやってくれ、私の死に依り両親並に妹が落胆甚しく一家の衰亡に趣《おもむ》かん事を最も恐れる。母よ落胆すな、父よ落胆すな、（朗らかに、平和にくらして下さい。）そして父よ、母に対してやさしくあれ、私が父に願う事は之丈《これだけ》である。そして之こそ死んでも忘れられない只の一事である。願う。
（47～49頁）
○私の葬儀など簡粗にやってくれ、盛大は更《かえ》って私の気持を表わさないものである。墓石は祖母の横に建ててくれ、私が小供の時、祖母の次に立つ石碑は誰のであろうかと考えた事があったが、此の私のそれが建つなどとは、此の私にも想像はつかなかった。然し之はあくまで、一つの大きな世界の歴史の象徴であろう。墓の前の柿の果《み》、それを私が喰う時がやがて来るであろう。
（49頁）
○我々罪人を看視しているのはもと我軍に俘虜《ふりょ》たりしオランダ軍兵士である。曾《かつ》て日本兵士より大変なひどい目に遭わされたとかで、我々に対するしっぺ返しは大変なものである。撲《なぐ》る蹴るは最もやさしい部類である。然し吾々日本人も之以上の事をやっていたのを思えば文句は出ない。
（51頁）
○更って文句をブツブツ言う者に陸軍の将校の多いのは、曾ての自己を棚に上げた者で、我々日本人にさえも尤もだと言う気は起らない。一度も俘虜《ふりょ》を使った事のない、又一度もひどい行為をした事のない私が斯様な所で一様に扱われるのは全く残念ではあるが、然し向こう側よりすれば私も他も同じ日本人である、区別してくれと言う方が無理かも知れぬ。

（53頁）
○然し天運なのか、私は一度も撲《なぐら》れた事も蹴られた事もない。大変皆々から好かれている。我々の食事は朝米粉の糊と夕方に「カユ」を食う二食で一日中腹ペコペコで、やっと歩ける位の精力しかないのである。然し私は大変好かれているのか、監視の兵隊がとても親切で夜分こっそりとパン、ビスケット、煙草などを持ってきてくれ、昨夜などはサイダーを一本持って来てくれた。私は全く涙が出た。モノに対してよりも親切に対してである。

（55頁）
○其の中の一人の兵隊が或は進駐軍として日本へ行くかも知れぬと言うので、今日私は私の手紙を添えて私の住所を知らせた。可能性は薄いが、此の兵隊が私の謂《い》わば無実の罪に非常に同情し、親切にしてくれるのである。大極的には徹底的な反日の彼等も、斯う個々に接して居る内には斯様に親切な者も出てくるのである。矢張り人間だ。

（57～59頁）
○此の兵士は戦前はジャワの中学校の先生で、我軍に俘虜となっていたのであるが、其の間、日本の兵士より撲る蹴る、焼くの虐待を受けた様子を詳しく語り、其の人には何故日本兵士には撲る抑る（蹴る）などの事があれ程平気で出来るのか全く理解出来ないと言っていた。私は日本人全般の社会教育、人道教育が低く、且社会的試練を充分に受けていないから斯くある旨をよく説明して置いた。
　又彼には日本婦人の社会的置位《ちい》（地位）の低いことが大変な理解出来ぬ事であるらしい。つまらぬ之等の兵士からでも、全く不合理と思える事が日本では平然と何の反省もなく行われている事を幾多指摘されるのは全く日本に取って不名誉な事である。彼等が我々より進んでいるとは決して言わないが、真赤《まっか》な不合理が平然と横行するまま許してきたのは何と言っても我々の赤面せざる可からざる所である。

単なる撲ると言う事から丈でも、我々日本人の文化的水準が低いとせざる可からざる諸々の面が思い出され、又指摘されるのである。

殊に軍人社会、及び其の行動が、其の表向きの大言壮語に不拘《かかわ》らず、本髄《ほんずい》は古い中世的なもの其物に他ならなかった事は反省し全国民に平身低頭謝罪せねばならぬ所である。

（63～69頁）

○吸う一息の息、吐く一息の息、喰う一匙の飯、之等の一つ一つの凡てが今の私に取っては現世への触感である。昨日は一人、今日は二人と絞首台の露と消えて行く、軈《やが》て数日の中には私へのお呼びも掛って来るであろう。それ迄に味う最後の現世への触感である。今迄は何の自覚なくして行って来た之等の事が、味えば之程切なる味を持ったものなる事を痛感する次第である。口に含んだ一匙の飯が何とも言い得ない刺激を舌に与え、且つ溶けるが如く、喉から胃へと降りて行く触感に目を閉じてじっと味う時、此の現世の凡てのものを、只一つとなって私に与えてくれるのである。泣き度くなる事がある、然し涙さえもう今の私には出る余裕はない。極限迄押し詰められた人間には何の立腹も、悲観も涙もない、只与えられた瞬間瞬間を只有難く、それあるがままに、享受して行くのである。死の瞬間を考える時には矢張り恐ろしい、不快な気分に押し包まれるが、その事は其の瞬間が来る迄考えない事にする、そして其の瞬間が来た時は即ち死んでいる時だと考えれば、死などは案外易しいものなのではないかと自ら慰めるのである。

（71〜73頁）

○私が此の書を死の数日前計《はか》らずも入手するを得た。偶然に之を入手した私は、死迄にもう一度之を読んで死にたいと考えた。数年前、私が未だ若き学徒の一人として社会科学の基本原理への欲求盛なりしとき、其の一助として、此の田辺氏の名著を手にした事があった。何分有名な程難しい本であったので、非常な労苦を排して一読せし事を憶《おぼ》えている。その時は洛北白川の一書斎であったが、今は遥か故郷を離れた昭南《しょうなん》の、しかも、監獄の冷いコンクリートの寝台の上である。

難解乍ら生の幕を閉じる寸前、此の書を再び読み得たと言う事は、私に最後の楽しみと憩いと、情熱とを再び与えてくれるものであった。

数ケ年の非学究的生活の後に始めて之を手にし一読するのであるが、何だか此の書の一字一字の中に昔の野心に燃えた私の姿が見出される様で、誠に懐しい感激に打ち閉ざされた。

（75〜79頁）

○世界的（真の）名著は何時何処に於ても、亦　如何なる状態の人間にも燃ゆるが如き情熱と憩いとを与えてくれるものである。

私は凡ての目的、欲求とから離れて、一息のもとに此の書を一読した。そして更にもう一読した。何とも言い得ない、凡ての欲求から離れての、すがすがしい気持ちであった。私に取っては死の前の読経にも比さる可き感覚を与えてくれた。曾ての如き（野心的な）学求への情熱に燃えた快味ではなくして、凡てあらゆる形容詞を否定した、乗り越えた、言葉では表し得ない、すがすがしい感覚を与えてくれたのである。

書かれたものが遺言書ならば、私は此の書を書かれざる（遺書として）、何となく私と言うものを象徴してくれる最適のものとして此の書を紀念《きねん》として残すのである。私が此の書に書かれている哲理を凡て理解了解したと言うのではない、むしろ、此の書の内容からはもっと距離があるかも知れないが、私の言い度い事は、私が此の書を送る意味は、本著者田辺氏が本書を書かんと筆を取られた其の時の氏の気分が、即ち私が一生を通じて求めていた気分であり、そして私が此の書を遺品として、最も私を象徴してくれる遺品として、遺《のこ》す以所である。

（81〜83頁）

○私の死を聞いて先生や学友が多く愛惜してくれるであろう。「きっと立派な学徒になったであろうに」と愛惜してくれるであろう。若し私が生き長らえて平々凡々たる市井の人として一生を送るとするならば、今此のまゝ此処で死する方が私として幸福かも知れない。又世俗凡欲には未だ穢《けが》され切っていない今の若い学究への純粋を保ったまゝで一生を終る方が或は美しい潔いものであるかも知れない。

（83頁）

○私としては生き長らえて学究への旅路を続けて行度《いきた》いのは当然の事ではあるが、神の目から見て、結果論にして、今運命の命ずるまゝに死する方が私には幸福なのであるかも知れない。

私の学問が結極《けっきょく》は、積読《つんどく（ママ）》以上の幾歩も進んだもので無いものとして終るならば、今の潔い此の純粋な情熱が一生の中《うち》最も価値高きものであるかも知れない。

（85〜93頁）

○私は生きる可く、私の身の潔白を証《しょう》す可くあらゆる手段を尽くした。私は上級者たる将校連より法廷に於ける真実の陳述をなす事を厳禁され、それが為め、命令者たる上級将校が懲役、私が死刑の判決を下された。之は明かに不合理である。私は私の生きん事が将校連の死よりも日本の為めには数倍有益なる事明白であり、又事件其の物の実情としても、之は当然命令者なる将校に責が行く可きであり、又彼等が自分自身で之を知れるが故に私に事実の陳述を厳禁したのであり、又此処で生きるのが私には当然であり、至当であり、日本国家の為めにも為さねばならぬ事であり、又最後の親孝行でもあると思って、判決のあった後ではあるが、私は英文の書面を以て事件の真相を暴露して訴えた。上告のない裁判であり、又判決後であり、又元来から正当な良心的な裁判ではないのであるから、私の真相暴露が果して取り上げられるか否かは知らないが、親に対して、国家に対しての私の最後の申し訳けとして最後の努力をしたのである。始め私は虚偽の陳述が日本人全体のためになるならば止むなしとして命に従ったのであるが結果は逆に我々被命令者に仇となったので、真相を暴露した次第である。

若しそれが取り上げられたならば、数人の大佐、中佐や、数人の尉官達が死刑を宣告されるであろうが、それが真実である以上当然であり、又彼等の死を以て此の私が救われるとするならば、国家的見地から見て私の生の方が数倍有益である事を確信したからである。

（93頁）

○美辞麗句ではあるが　内容の全くない、精神的とか称する言語を吐き乍ら、内面に於ては軍人景気に追従し、物欲、名誉欲、虚栄以外には何物でもない我々軍人が過去に於て為して来たと同様、仮りに将来に於て生きるも何等国家に有益な事は為し得ない事明白なる事確信するのである。

（97～101頁）

○日本の軍人には偉い人もいたであろう、然し、私の見た軍人には誰も偉い人は居なかった。早い話が高等学校の教授程の人物すら将軍と呼ばれる人の中に居らない。

監獄に居て何々中将少将と言う人に幾人も会い共に生活しているのであるが、軍服を抜《ぬ》いだ赤裸の彼等は其の言動に於て実に見聞するに耐え得ないものである。此の程度の将軍を戴いていたのでは、日本に幾ら、科学、物資があったとしても、戦勝は到底望み得ないものであったと思われる程である。

特に満州事変以後、更には南方占領後の日本軍人は、毎日利益を追う商人よりも根柢の根性は下劣なものであったと言い得る。木曽義仲が京へ出て失敗したのと何処か似た所のあるのは否定し得ない。

（101頁）

○彼が常々大言壮語して止まなかった、忠義、犠牲的精神（は何処へやったか。）、其の他の美字（辞）麗句も、身に装う着物以外の何物でもなく、終戦に依り着物を取り除かれた彼等の肌は実に見るに耐え得ないものであった。此の軍人を代表するものとして東條前首相がある、更に彼の終戦に於て自殺は何たる事か、無責任なる事甚だしい、之が日本軍人の凡てであるのだ。

（105～106頁）

○然し国民は之等軍人を非難する前に、斯かる軍人の存在を許容し又養って来た事を知り、結極の責任は日本国民全般の知能程度の低かったことにあるのである。知能程度の低い事は結極歴史の浅い事だ。歴史二千六百有余年か何かは知らないが、内容の貧弱にして長い事計《ばか》りが自慢なのではない、近世社会としての訓練と経験が少なかったのだと言っても、今ではもう非国民として軍部からお叱りを受けないであろう。

（106頁）

○私の高校時代の一見叛逆として見えた生活は全く此の軍閥的傾向への追従への反撥《はんぱつ》に外ならなかったので

ある。

（107頁）

○私の軍隊生活に於て、中等学校、専門学校や何処かの私大あたりを出た将校が、只将校たるの故を以て大言壮語をしていた、私が円曲乍《えんきょくなが》ら彼等の思想を是正しようとするものなら、彼等は私を「お前は自由主義者だ」と一言のもとに撥《は》ねつけていた。彼等の言う自由主義とは即ち「彼等に都合のよい思惑には不都合なる思想」と言う意味以外には何もないのである。又それ以上の事は何も解らないのである。

（109頁）

○軍人社会の持っていた外延的な罪悪、内包的な罪悪、枚挙すれば限りがない、それ等は凡て忘却しよう、彼等も矢張り日本人なのであるから。

然し一つ言って置き度い事は、軍人は全国民の前で腹を切る気持ちで謝罪し、余生を社会奉仕のために捧げなければならない事である。軍人が今日迄なして来た栄誉栄華は誰のお陰だったのであるか、凡て国民の犠牲のもとに為されたにすぎないのである。

（111頁）

○労働者、出征家族の家には何も食物はなくても、何々隊長と言われる様なお家には肉でも、魚でも、果子でも、幾らでもあったのである、――以下は語るまい、涙が出て来る計りである。

（113～115頁）

○天皇崇拝の熱の最も厚かったのは軍人さんだそうである、然し一枚の紙を裏返へせば、天皇の名を最も乱用、悪用した者は即ち軍人様なのであって、古今之に勝る例は見ない、所謂「天皇の命」と彼等の言うのは即ち「軍閥」の命と言うのと実質的には何等変らなかったのである。只此の命に従わざる者を罪する時にのみ天皇の権力と言うものが用いられたのである。若し之を聞いて怒る軍人あるとするならば、終戦の前と後に於ける彼等の態度を正直に反省せよ。

(115頁)

○私が戦も終った今日に至って絞首台の露と消ゆる事を、私の父母は私の運の不幸を嘆くであろう。確かに私は幸運な男とは言えないであろう、然し、私としては神が斯くも良く私を此処迄で御加護して下さった事を、感謝しているのである。之で最後だと自ら断念した事が幾多の戦闘の中に幾度びもあった。それでも私は擦傷《さつしょう》一つ負わずして今日迄生き長らえ得たのである。全く今日迄の私は幸福であったと言わねばならない。私は今の自分の不運を嘆くよりも、過去に於ける神の厚き御加護を感謝して死んで行き度いと考えている。父母よ嘆くな、私が今日迄生き得たと言う事が幸福だったと考えてくれ。私もそう信じて死んで行き度い。

(119頁)

○今計《はか》らずもつまらないニュースを聞いた、戦争犯罪者に対する適用条項が削減されて我々に相当な減刑があるだろうと言うのである。数日前、番兵から此の度び新に規則が変って、命令でやった兵隊の行動には何等罪はないことになったとのニュースを聞いたのと考え合わせて、何か淡い希望の様なものが湧き上った。然し之等のことは結果から見れば死に到る迄での果無《はてな》い波にすぎないと思われるのである。

(121頁)

○私が特に之を書いたのは、人間が愈々死に到るまでには、色々の精神的変化を自ら惹起《じゃっき》して行くものなることを表わさんがためである。人間と云う物は死を覚悟し乍らも、絶えず生への吸着から離れ切れないものである。

（123～125頁）

○アンダマン海軍部隊の主計長をしている主計少佐内田実氏は実に立派な人である。氏は年令30そこそこであり、東京商大を出た秀才である。

　何某将軍、司令官と言われる人でさえ人間的には氏に遥か及ばない。其の他軍人と称される者（多くの高官達の大部分）が此の一、商大出の主計官に遥か及ばないのは何たる皮肉か、稀《まれ》を無理に好む理由《わけ（ママ）》ではないが、日本の全体が案外之を大きくしたものにすぎなかったのではないかと疑わざるを得ないのである。

（125頁）

○矢張り書き読み、自ら苦しみ、自ら思索して来た者には、然からざる者とは何処か言うに云われぬ相異点のあるものだと痛感せしめられた。

　高位高官の人々も其の官位を取り去られた今日に於ては、少しでもの快楽を少しでも多量に享受せんと見栄も外聞も考慮出来ない現実をまざまざ見せ付けられた　今時に於ては、全く取り返しのつかない皮肉さを痛感するのである。

（127～129頁）

○精神的であり、亦、たる可きと高唱して来た人々の如何に其の人格の賤《いや》しき事を我、日本のために暗涙《あんるい》禁ず能《あた》わず。

　明日は死すやもしれない今の我が身であるが、此の本は興味尽きないものがある、三回目の読書に取り掛る。死の直前とは言い乍ら、此の本は言葉では表し得ない楽しさと、静かではあるが真理への情熱を与えてくれる、何だか私の本性を再び、凡ての感情を超越して、振り帰らしてくれるものがあった。

（129〜131頁）

○家庭問題をめぐって随分な御厄介《ごやっかい》を掛けた一津屋《ひとつや》の御祖母様の苦労、幼な心にも私には強く刻み付けられていた。私が一人前となれば、先ず第一に其の御恩返しは是非せねばならないと私は常々一つの希望として深く心に抱いていた。然し、今や其の御祖母様よりも早く立って行く。此の大きな念願の一つを果し得ないのは、私の心残りの大きなものの一つだ。此の私の意志は妹の孝子に依り是非実現されんことを希《ねが》う、今まで口には出さなかったが、此の期《ご》に及んで特に一筆する次第である。

（133頁）

○私の仏前、及び墓前には従来仏花よりも、ダリヤやチューリップなどの華かな洋花も供えてくれ、之は私の心を象徴するものであり、死後は殊に華かに、明るくやって行きたい。美味《うま》い洋菓子をどっさり供えてくれ、私の頭脳《のう(ママ)》にある仏壇は余りにも静かすぎた、私の仏前はもっと明るい華かなものであり度い。仏道に反するかも知れないが仏たる私の願う事だ。

（133〜137頁）

○そして私の個人の希望としては、私の死んだ日よりはむしろ、私の誕生日である4月9日を仏前で祝ってくれ。私はあくまで死んだ日を忘れていたい、我々の記憶に残るものは唯私の生れた日丈であって欲しい。私の一生に於て楽しく紀念《きねん》さる可き日は、入営以後は一日も無い筈だ。私の一生の中最も紀（記）念さる可きは昭和14年8月だ。それは私が四国の面河《おもごう》の渓《たに》で始めて社会科学の書をひもといた時であり、又同時に真に学問と云うものの厳粛さを感得し、一つの自覚した人間として、出発した時であって、私の感激ある人生は唯其の時から始まったのである。

（139〜141頁）

○此の本を父母に渡す様お願いした人は上田大佐である。氏はカーニコバルの民政部長であって私が二年に渉って厄介になった人である。他の凡ての将校が兵隊など全く奴隷の如く扱って顧みないのであるが、上田氏は全く私に親切であり、私の人格も充分尊重された。私は氏より一言のお叱も受けた事はない。私は氏より兵隊としてではなく、一人の学生として扱われた。若し私が氏に巡り会う事がなければ、私のニコバルに於ての生活はもっとみじめなものであり、私は他の兵隊が毎日やらせられた様な重労働により恐らく、病気で死んでいたであろうと思われる。私は氏のお蔭に依りニコバルに於ては将校すらも及ばない優遇を受けたのである。之全く氏のお蔭で、氏以外の誰ものもの為めではない。之は父母も感謝されて良い、そして法廷に於ける氏の態度も立派であった。

（注：143、196、207頁の４行のメモは久夫の筆跡でないと判断し、削除した。）

（奥付の右頁）

○此の一書を私の遺品の一つとして送る。

昭和21年４月13日、シンガポール　チャンギー監獄に於て読了。死刑執行の日を間近に控え乍ら、之が恐らく此の世に於ける最後の本であろう。最後に再び田辺氏の名著に接し得たと言う事は無味乾燥たりし私の一生に最後一抹の憩いと意義とを添えてくれる者（物）であった。母よ泣く勿《なか》れ、私も泣かぬ。

終

（左頁余白）

（8頁）住所　大阪府吹田市大字佐井寺４０２９番地　　父　木村久

（10頁）此の世への名残りと思ひて味ひぬ一匙の菜一匙のかゆ

（12頁）つくづくと幾起き臥しのいや果の我が身悲しも夜半に目醒めつ

（14頁）紺碧の空を名残りに旅立たむ若き生命よいまやさらばと

（16頁）朝がゆをすゝりつ思ふ古郷の父よ嘆くな母よ許せよ

（18頁）かにかくに凡て名残りは盡きざれど学成らざるは更に悲しき

（20頁）思ふこと盡きて更には無けれども唯安らけく死にて行かまし

（22頁）みんなみの露と消え行く生命《いのち》もて朝かゆすゝる心かなしも

（24頁）音もなく我より去りし物なれど書きて偲びぬ明日と言ふ字を

（26頁）雨音に鳴く夏虫の声聞きて母かとぞ思ふ夜半に目醒めつ

（28頁）かすかにも風な吹き来そ沈みたる心の塵の立つぞ悲しき

（30頁）悲しみも涙も怒りも盡き果てし此のわびしさを持ちて死なまし

（32頁）明日と言ふ日もなき生命抱きつつも文よむ心盡くることなし　―田辺氏の書を再読して―

（34頁）故里の母を思ひて涙しぬ唇かみてじっと眼を閉づ

（36頁）眼を閉じて母を偲《おも》へば幼な日の懐《いと》し面影消ゆる時なし

（38頁）思ひでは消ゆることなし故郷の母と眺めし山の端の月

（40頁）遠国《トホクニ》に消ゆる生命の淋しさにまして嘆かる父母のこと

（42頁）父母よ許し給へよ敗れたる御国のために吾は死すなり
（44頁）指を噛み涙流して遥かなる父母に祈りぬさらば〳〵と
（46頁）詩境もて死境に入るは至境なり斯境なからば悲境なりけり　―狂歌―
（92頁）住所　大阪府吹田市大字佐井寺４０２９番地　父　木村久
（奥付前頁）紺碧の空に消えゆく生命かな　―俳句―

(2) 「遺稿」と「手記」の間についてのコメント

以下では、「遺稿」と「手記」の間の関係について分析し考察して行く。両者の関係を、幾つかの項目に分けて指摘していく。

〈「遺稿」は「手記」のほとんどを収録〉

1つは、久は「遺稿」の編集において、久夫の「手記」のほとんどを収録しているということである。

この事実は、「手記」で傍線を引いた箇所を見れば、何人も容易に理解することができるであろう。収録率はほぼ90％であると言えようか。この事実は、久が久夫の「手記」の主張（例えば、学問への情熱とそれが断ち切られた無念、潔白の身であるのに戦犯として絞首刑を受けるに至った背景と経緯、軍人とりわけ陸軍の高級将校たちの卑怯で堕落した生き方に対する憤怒と告発、戦後日本の再出発への望みと期待、家族・親戚・友人・恩師たちへの感謝とお礼、生きていきたくても死んで行かねばならない自らの悲運…）を可能な限り伝えたいと思念した結果であると考えられる。

2つは、それでは久が収録しなかった箇所は「手記」の中のどの箇所で、その箇所を収録しなかった理由は何であったかということである。

以下、久が収録しなかった箇所を指摘してみることにする。指摘の方法であるが、同箇所を再度引用することは紙数と煩雑さとを増すので、番号①、②、③…と原著の頁数とで示す（注・先出の木村久夫の「手記」の傍線のない箇所を参照されたい）。

〈「遺稿」に収録しなかった箇所〉

その1は、軍隊や軍人を批判した箇所の幾つかを収録していないことである。

久夫がとりわけ厳しく弾劾したのは高級将校たちであった。久はその幾つかを「遺稿」に収録したが、それでもなお、かなりの分量の文章を収録しなかった（又は、収録し切れなかった）。

例えば、①25～27頁、②29頁、③101頁、④113～115頁、⑤123～125頁、⑥125頁、⑦127～129頁である。もっとも、久夫が批判している対象の軍人と軍隊には若干の違いが含まれているが、ここでは一括りにしておきたい。

なお③は、敗戦直後に自殺（未遂）をはかった東條首相の無責任さを糾弾した箇所であったが、久は収録していない。これは久が塩尻の「或る遺書について」を「対照」（注・1948年12月14日付の久から塩尻への手紙の言葉）したためであろうか。

ちなみに、この箇所は塩尻が「手記」を書写した時に〝書写し忘れた〟箇所で、それゆえに塩尻が「或る遺書について」を執筆した時にも抜け落としていた箇所である。この箇所をどう考えたらよいのであろうか。

筆者は、この箇所は、3日間にわたる書写に疲れた塩尻が〝単純に書写し忘れた〟と考えているものである。確かに塩尻が〝意図的に書写しなかったのだ〟と考える人もいないではないであろう。しかし、塩尻が「手記」を書写する段階で、その箇所を〝意図的に書写しない〟理由などなかったからである。

ただし久の場合、「遺書」の編集に当たって『哲学通論』余白のメモ書き手記を見ており、その上で、この箇所を収録していないのである。それゆえに久の場合は、意図的に収録しなかったか、それとも塩尻の「或る遺書について」と「対照」して抜かしたかのどちらかである。どちらにせよ、はっきりしていることは、「遺稿」の最終的な編集責任者が久であったということである。久の判断が何であったかは、今後の検討課題である。

その2は、久夫が軍隊と日本社会における不合理と日本人の文化的水準の低いこととを指摘した箇所である。例えば、先出の⑧57~59頁である。それぞれが正鵠を射た指摘である。

その3は、久夫が自分の葬儀を簡素にやって欲しいと伝えている箇所である。例えば、⑨47~49頁である。革命的な葬儀の提言であったとまでは言えないが、それでも当時にしては、世襲と因習とに囚われない久夫の自由な新しい葬儀観が示されている。

その4は、学問への情熱を謳った箇所の一部を収録しなかった。久は、「数日後には断頭台の露と消ゆる身」である久夫が死の直前まで学問への情熱を持ち続け、「学的生活」を楽しんだ境地を読んだ箇所をたっぷりと「遺稿」に収録したが、それでも、⑩7頁、⑪127〜129頁の記述を収録していない。すぐ後に分析する「遺書」からの収録と重複すると考えたのであろうか。

その5は、久夫が蔵書を旧師の塩尻を通して旧制高知高等学校に寄贈するとか、遺品を4人の旧師に分け与えて欲しいと書いている箇所である。それが⑫43頁である。これも「遺書」と重複していたためであろうか。

〈天皇と天皇制の批判なし〉

3つは、久夫は天皇と天皇制を批判していないということである。

例えば113〜115頁で、久夫は「天皇崇拝の熱の最も厚かったのは軍人さんだそうである。…天皇の名を最も乱用、悪用した者は即ち軍人様なのであって、…所謂『天皇の命』と彼等の言うのは即ち『軍閥』の命と言うのと実質的には何等変わらなかったのである。（以下略）」と書いているが、ここでの久夫の批判の対象は軍人と軍閥であって、天皇や天皇制ではない。

久に至っては、「遺稿」編集で、113〜115頁の久夫の記した当該文章の大部分を収録していない。これは、久夫が厳しい批判の対象とした〝堕落した日本軍隊〟が皇軍そのものであり、〝賎しい高級将校〟たちが仕える最高権力者が大元帥の天皇であったことを正しく把握していなかったことを示している。まして久は、久夫の的を射ていない文章すら、そのほとんどを収録していない。

つまり久夫は、諸悪の根源が天皇を大元帥に戴く帝国軍隊（皇軍）の制度にあり、堕落した軍人や賎しい高級将校たちが現出したのは、その制度が醸し出す必然的な結果であるという構造的な問題点を徹底的に批判すべきであったのに、上滑りな見方しかできていなかったのである。まして久に至っては、なおさらであった。

〈久が書き換えた箇所〉

4つは、久夫の表現を久の表現に書き換えた箇所があるということである。編集者である久が或る事情の下で、久夫の「手記」を「原意に背」かない（先の塩尻への久の手紙の言葉）範囲で書き換えることは許されるであろう（と筆者は考える）。実際、久の「遺稿」の編集にはそういう箇所が散見されるからである。以下、その箇所について指摘してみよう。

〈無理非道について〉

その1は、「無理非道」という表現についてである。この箇所を説明するためには、その該当箇所を示して照合していくのが理解し易いであろう。まず「遺稿」の文章を掲げる。

○日本は負けたのである。全世界の憤怒と非難との真只中に負けたのである。日本がこれまで敢てして来た数限りない無理非道を考える時、彼等の怒るのは全く当然なのである。今私は世界全人類の気晴らしの一つとして死んで行くのである。これで世界人類の気持ちが少しでも静まればよい。それは将来の日本に幸福の種を遺すことなのである。

この一節は「手記」の17頁に該当する箇所である。その箇所は以下の通りである。

日本は負けたのである。全世界の憤怒と非難との真只中に負けたのである。日本は無理をした、非難する可き事も随分として来た。全世界の怒るも無理はない。世界全人の気晴らしの一つとして今私は死んで行くのである。否殺されて行くのである。之で世界人の気持が少しでも静まればよいのである。(「手記」17頁)

さて先の「遺稿」と後の「手記」の文章を照合してみると、つぎのことが指摘できる。

(i)「遺稿」に「無理非道」という言葉があるが、「手記」には「無理非道」という言葉はないということである。引用文からも分かるように、「手記」にあるのは「憤怒」「非難」「無理」である。「無理非道」という言葉はどこにもない。

このことから言えることは、「無理非道」という言葉は、久の〝造語〟であるということである。否、正確には、塩尻の「或る遺書について」からの借用語なのである。すなわち塩尻は「或る遺書について」で、自らが書写した久夫の「手記」の当該箇所を次のようにまとめている。

「日本は負けたのである。全世界の憤怒《ふんど》と非難との真只中に負けたのである。日本がこれまで敢えてして来た数限りない無理非道を考えるとき、彼等の怒るのは全く当然なのである。今私は世界全人類の気晴らしの一つとして死んでいくのである。これで世界人類の気持が少しでも静まればよいのである。」

つまり久は、塩尻が造った「無理非道」という用語や「全く当然なのである」と言い換えた表現をも含めて、塩尻の〝造語〟をそのまま「対照」して借用したということである。

後日談になるが、久夫が使用せず、塩尻が「或る遺書について」で造り、それを久が借用した「無理非道」という言葉が、その後、研究キーワードになって拡散していったことを追記しておこう。(1)

(ii) つぎに、「手記」では「世界全人」、「世界人」であった表現を「遺稿」では「世界全人類」、「世界人類」に書き換えているということである。しかし、久のこの置き換えは、久夫が意図した意味を変化させたのではないかと考える。

〈文章の再構成と移動〉

その3は、「手記」の21頁、39~41頁の箇所にかなりの文章修正を行っているということである。この場合、「遺書」から関連する文章を引用して、文章を再構成しているということである。

その4は、「手記」の文章に「遺書」の一文を移動して「遺稿」として再構成した（より正確に言えば、「遺書」の文章に「手記」の文章とを加えて再構成した）箇所があるということである。

次に示す箇所がその一例である。以下にそれに該当する文章を例示して説明していくことにしたい。

まず久編集の「遺稿」から、その箇所に該当する文章を再度、引用することにする。

○塩尻、徳田、八波の三先生は何うして居られるであろう。私の事を聞けば、きっと泣いて下さるであろう。随分私はお世話を掛けた。私が生きていたら思いは尽きない方々なのであるが、何の御恩返しも出来ずに、遥から異郷で死んで行くのは私の最も残念とする所である。せめて私がもう少しましな人間になる迄の生命が欲しかった。私が出征する時に言い遺したように、私の蔵書は全部、塩尻先生の手を通じて高等学校に寄付して下さい。塩尻先生にどうか宜しくお伝え下さい。先生より頂戴した御指導と御厚意とは、何時迄も忘れず死後までも持ち続けて行きたいと思っています。先生の著書『天分と愛情の問題』を此の地の遠隔なりし為、今日の死に至る迄、遂に一度も拝読し得なかった事は呉々も残念です。（「遺稿」より）

この文書は、次に掲げる「遺書」の文章と、その後に掲載する「手記」の文章とを再構成したものである。

塩尻、徳田、八波の三先生は何うして居られるであろう。私の事を聞けば、きっと泣いて下さるであろう。随分私はお世話を掛けた。私が生きて居れば思い尽きない方々なのであるが、何の御恩返しも出来ずして遥か異郷で死んで行くのは残念だ。せめて私がもう少しましな人間になるまでの生命が欲しかった。これが私の最も残念とするところである。私の出征する時に言い遺したように、私の蔵書は全部、塩尻先生の手を通じて高等学校に寄贈して下さい。（但し孝子の婿になる人が同学を志して必要とするならば、其人に蔵書の全部を渡してもよい）塩尻先生に、何うか宜しくお伝えして下さい。先生より頂戴した御指導と御厚意とは何時迄も忘れず、死後迄も持ち続けて行きたいと思っています。（「遺書」より）

○私の蔵書は凡て、恩師塩尻先生の指示に依り処分してくれ。私の考えとしては高等学校に寄贈するのが最も有効なのではないかと考える。塩尻、八波、徳田、阿部の四先生には必ず私の遺品の何かを差し上げてくれ。塩尻先生の著「天分と愛情の問題」を地の遠隔なりしため今日の死に至るまで一度も拝読し得なかった事はくれぐれも残念である。（「手記」43頁より）

この「遺稿」の文章は、久が「遺書」の文章を前に置き、その文末に「手記」の傍線を附した一文を追加するという操作で見事に新しい文章を構成したケースである。

しかしながらこの箇所は、すでに塩尻がその「或る遺書について」において編集していたもので、[2]久が「遺稿」を編集するに際して塩尻が編集していた文章をそのまま引用した（又は真似た）と言いうことができる。

このように久が、すでに塩尻が編集していた「或る遺書について」の文章を真似した事例は他にもあると思われるが、それらの指摘は省略することにする。

〈「手記」と「遺書」の重複箇所〉

５つは、「手記」と「遺書」との間には、重複した文章があるということである。

久夫は「手記」を書いた後に「遺書」を書いたという時間的経緯があったために、[3]両者の内容に重複した箇所や同趣旨の文章が含まれる結果となった。これらの重複はやむを得なかった、と考えている。

　まして久がそうした経緯の中で書かれた「手記」と「遺書」の両方を編集して、「遺稿」を書き上げようと企図した。その結果、重複した箇所をどうまとめるかという作業は、非常に難しかったと思われる。

　重複した箇所の事例として、「手記」の115頁（戦場では擦傷なくなく生き長らえたこと）、129～131頁（家庭不和への心配のこと）、133～137頁（葬儀のこと）の文章がある。これらの箇所について、久は、どちらかと言えば、先に書かれた「手記」の文章を主に、「遺書」を従にして、「遺稿」の編集を進めていったと言える。その他の箇所についても、ほぼ同様である。

注

1　この「無理非道」という久の編集した言葉に注目して「木村久夫」論を展開した一人に五十嵐顕がいる。五十嵐は『「わだつみのこえ」を聴く』（青木書店、１９９６年、104頁～）で、『きけわつみのこえ』所収の久夫の手記にあった「国民の遠い責任」と「無理非道」という言葉に焦点を当てて分析を展開している。前者はともあれ、後者の「無理非道」という言葉が久夫の言葉ではなく、塩尻と久の創った言葉であったことは、当時の五十嵐の知るところではなかったようである。ただ彼の場合、「無理非道」という言葉を彼の考察上のキーワードとした。

　五十嵐は久夫を裁いたイギリス軍事法廷の裁判記録だけの読解だけで久夫に対する判決を肯認した（彼は「私は法廷議事録を読みつつ、裁判が報復であったといわれている風説とは反対の印象を抱きました」と書いている。同前書、14頁）が、現在では、その研究方法は木を見て森を見ていない手法であるように思われる。なぜならば、その後のイギリス軍事裁判の分析でも明らかにされてきているように、裁判の前に、すでに虚偽の軍律裁判をでっち上げた日本軍の高級将校たちの謀略を見逃した同法廷と同じミスを犯していると思えるからである（この点の指摘については、林博史『ＢＣ級戦犯裁判』岩波新書、２００５年、牛村圭『「戦争責任論」の真実』ＰＨＰ研究所、中谷彪『戦没学徒 木村久夫の遺書』桜美林大学北東アジア総合研究所、２０１６年などを参照されたい）。

なおごく最近知ったことであるが、五十嵐の研究には後日談がある。すでに拙著『戦没学徒 木村久夫の遺書』の最終校正を終えて出版を待っていた筆者は、２０１６年７月後半に半藤一利ほか著『「ＢＣ級裁判」を読む』を読み、同書の執筆者の一人である保阪正康が次のように語っているのを知った。

「わたしは木村久夫上等兵の妹さんに何度も取材して話を聞いています。木村氏は冤罪だったんだけれど、戦後にあってもひどい中傷があったんです。イギリス側の裁判資料だけを読んだある左翼系の学者が『木村はやっぱり戦争犯罪人だ』と主張したことがある。

その学者が妹さんに『あきらめなさい。あなたの兄はやっぱり犯罪人なんです』という意味の手紙を送りつけたとも聞いた。妹さんはかなり怒っていましたよ。『冤罪だった』と名誉回復してやらなければならないのに、まったく逆のことを言う人間がいることに腹が立ったことがあります。」（半藤一利・秦郁彦・保阪正康・井上亮『「ＢＣ級裁判」を読む』日経ビジネス文庫、２０１５年、210頁）。

ここで保阪が示唆している「ある左翼系の学者」とは、五十嵐のことである。筆者は、五十嵐が木村家にそのような内容の手紙を送りつけたということを知らなかった。彼の行動は彼の親切心であったのか、それとも研究者の傲慢な行動であったのかを知る由もないが、もしそうであったとすれば、遺族の傷口に塩を塗るような行為であると思う。筆者は、『「わだつみのこえ」を聴く』に不愉快な読後感想を持ったという複数の読者の声を耳にしたが、正直言って筆者もその一人であった。五十嵐自身の自己弁護、自己懺悔、それとも久夫に対する負目と劣等感の歪んだ告白の故なのであろうか。ただ筆者としては、もっと早く『「BC級裁判」を読む』を読んでおくべきであったと後悔しきりであった。

2　中谷彪他編『或る遺書について』桜美林大学北東アジア総合研究所、2013年、47～48頁。

3　ここで、改めて確認しておきたい。遺書を書く手段も機会もないと考えた久夫は、自らの感想を手許にあった『哲学通論』の欄外余白に書き込んだのが「手記」である。処刑の3日前に、久夫は松浦覚了教誨師から遺書を書く機会を与えられ、400字詰原稿用紙11枚からなる遺書を書いた。これが久夫の「遺書」である。

4　木村久の「遺稿」編集の分析と考察2 ―「遺稿」と「遺書」との関係―

(1)　久による「遺書」の編集

〈「遺書A」と照合する理由〉

本節では、久が「遺稿」の編集に当たって久夫の「遺書」からどの部分をどれほど引用したかについて照合していく。その方法も前章での「手記」の場合と同じく、久が久夫の「遺書」から引用した箇所に傍線を引き、その後「遺稿」と「遺書」の関係について考察し、若干の解説を付していく。

ただし、ここで「遺稿」と照合するのは久夫の「遺書」（付録2の資料篇1に収録）でなく、「遺書A」である。「遺書A」とは筆者の命名であるが、なぜ「遺書A」と照合するかについて、その経緯を説明していくことにする。

〈久夫に「遺書」があった〉

元々久夫の「遺書」は、獄中の久夫が処刑3日前に教誨担当の松浦覚了師から遺書を書く機会を与えられ、処刑半時間前に擱筆した原稿用紙11枚からなる文書である。しかし、この文書は、これまで長らく門外不出の文書として木村家に秘蔵されていた。そのため、一般的には前出の「手記」が久夫の遺書であると受け取られてきた。ただし、疑問視する意見も絶えなかったことも事実であった。ところが2014年3月（それは久夫の死から約68年後、また久の死から約50年後に当たる）に、久夫のご遺族によって久夫に「遺書」が存在していたことが発表され、その現物が限られた範囲（新聞記者と研究者）に公表されるに至った。

久夫の「遺書」を最初にスクープしたのは東京新聞の加古陽治記者で、その報道は2014年4月29日の同紙の朝刊で行われた。筆者は同年3月23日に、木村泰雄氏から「遺書」と『哲学通論』を写真撮影する機会を与えられ、さらに久夫の関する資料も提供された。筆者は「手記」と「遺書」を拙著『塩尻公明と戦没学徒木村久夫』（大学教育出版、2014年7月刊）に収録したほか、その他の資料の研究をも進め、その成果を数冊の著書にまとめた。本稿もそのひとつである。

したがって今日、久夫が処刑前に「手記」の他に「遺書」を書いていたことのほかに、木村家には久夫に関する資料が大切に保存されていることが明らかになっている。ご遺族の勇断に感謝するとともに、久夫研究や戦没学徒研究がさらに進むことを願う次第である。

〈「実物の遺書」に代わるもの〉

さて、久が「遺稿」を編集していた時期（1948年末から1949年1月20日頃）には、久の手許に実物の『哲学通論』と「遺書」とがあった。それでは久は、実物の「遺書」を使用したのであろうか。筆者は、久はそれを使用しなかったと考えている。

その理由は、久が塩尻に送った手紙の中で、「実は私は妙な気分から実物の遺書だけは余り目を触れぬことにしています。あれを見ると、子供の体臭までするように感じて、未だに興奮いたすのです」（1948年12月14日付の久から塩尻への手紙）とまで書いているからである。

それでは久が「実物の遺書」に代わるものとして使用したのは何であったのか。筆者は、久が「遺書」を書写して、1947年1月3日付の手紙に同封して塩尻公明に送った「遺書（写）」の類を使用したのではないかと推測する。それでは、「遺書（写）」の類とは何か。これについて、もう少し説明しよう。

〈「遺書（写）」の類とは何か〉

久が塩尻に送った「遺書（写）」は、現在も塩尻家に保存されている。それゆえに、久がそれを使用した可能性はない。それでは久は何を使用したのか。

当時はコピーのない時代であったことを考慮するならば、考えられることは、塩尻に送った「遺書（写）」の控えか、「遺書（写）」の下書きを使用したのではないかと推測される。つまり先述の「遺書（写）」の類というのは、「遺書（写）」の控えか、もしくは「遺書（写）」の下書きか、ということになる。これは表現が異なっているが、同一のものを指している。

〈「遺書（写）」と「遺書A」〉

実は、「遺書（写）」の控えか、もしくはその下書きか、に該当する資料が手許にある。それは、筆者が木村泰雄氏から提供された「遺書A」である。「遺書A」は「遺書（写）」と文章の改行箇所や、文末の短歌の説明文の箇所で少し異なるが、書式的にも内容的にも同一である。

以上のことから、久が「遺稿」の編集に際して「遺書」の代わりに「遺書A」を使用したであろうと判断できるのである。

序に言えば、「遺書（写）」も「遺書A」も、「遺書」と同文ではないということである。それは、久が「遺書」を書写した際に、若干（数カ所）の書き換えをしているからである。このため久が「遺書A」を使用して「遺稿」を編集したことから、「遺稿」が「遺書」と一部分異なる内容になるということである。けだし当然のことである。

以上、「遺稿」を「遺書A」と照合するに至った経緯について説明してきた。そこで次に、「遺稿」を「遺書A」と照合していくことにする。

〈「遺書A」からの引用箇所〉

久は久夫の「遺稿」を編集するために、「遺書A」からどの部分をどれほど引用したのであろうか。以下では、「遺書A」の全文を示し、久編集の「遺稿」に引用された箇所に傍線を引いていくことにする。

「遺書A」（木村久夫遺書（写））

独立混成第36旅団　木村久夫
留守担当者　大阪府吹田市大字佐井寺4029　木村　久

遺　品

1、遺書（父宛）丁寧に認める暇がなくて、実にぞんざいな言葉遣をしましたことを許して下さい。

2、英和辞典、和英辞典、哲学通論、眼鏡、其他出来るだけの機会をとらえて、多くの人々に私の遺品を一部分づつ託しましたから、其内の幾つかは着くでしょう。

遺書　木村久夫

未だ30才に満たざる若き生命を持って老いたる父母に遺書を捧げる不孝をお詫びします。愈々私の刑が執行される事になった。絞首に依る死刑である。戦争が終了し戦火に死なゝかった生命を、今此処に於て失って行く事は惜みても余りあることであるが、これも大きな世界

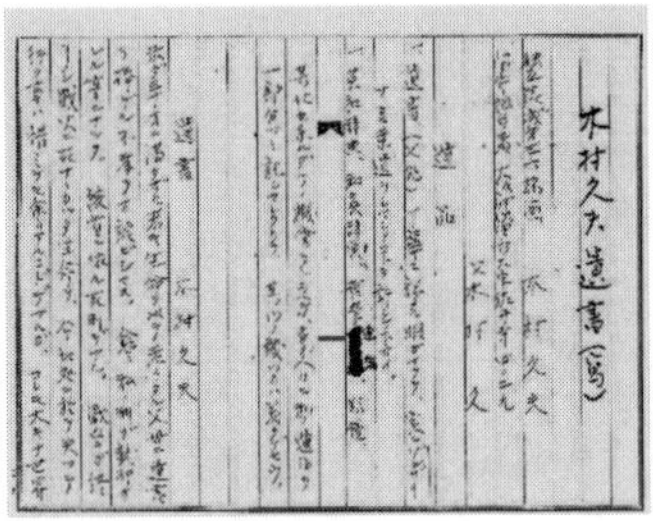

「遺書A」の冒頭頁

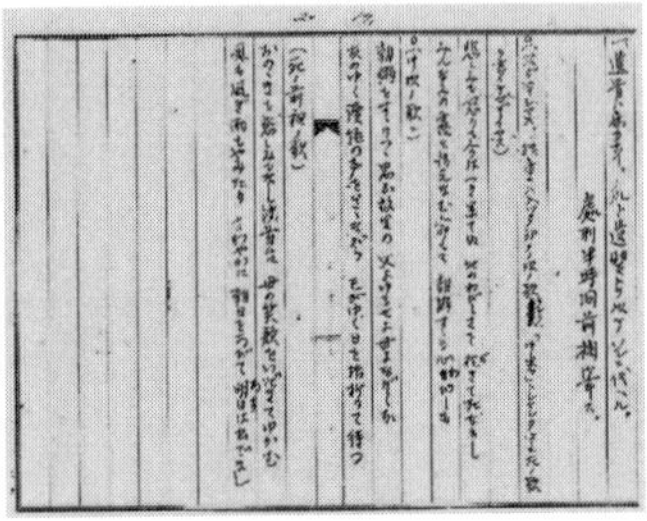

同右の最終頁

歴史の転換のもと国家のために死んで行くのである。宜しく父母は私は敵弾に中って華々しい戦死を遂げたものと諦めて下さい。私が刑を受くるに至った事件の内容については福中英三氏に聴いて下さい。此処で述べることは差し控える。

父母は其の後お達者でありますか。孝ちゃんは達者か。孝ちゃんはもう22才になるんですね。立派な娘さんになっているんでしょうが一眼見れないのは残念です。早く結婚して私の家を継いで下さい。私の居ない後父母に孝行を尽くせるのは貴女だけですから。私は随分なお世話を掛けて大きくして頂いて、愈々孝養も尽くせると言う時になって此の始末です。これは大きな運命で、私の様な者一箇人では如何とも為し得ない事でして、全く諦めるより外に何もないのです。言えば愚痴は幾らでもあるのですが凡てが無駄です。止しましょう。大きな爆弾に中って跡形なく消え去ったのと同じです。

斯うして静かに死を待ちながら坐っていると、故郷の懐かしい景色が次から次へと浮んで来ます。分家の桃畑から佐井寺の村を下に見下した、あの幼な時代の景色は今も眼にありありと浮んで来ます。谷さんの小父さんが下の池でよく魚を釣って居られました。ピチピチと鮒が糸にかゝって上って来たのも、ありありと思い浮かべることが出来ます。家のお墓も思い出します。其処からは遠くに吹田の放送局や操車場の広々とした景色が見えましたね。又、お盆の時、夜お参りして、遠くの花壇で打ち上げられる花火を遠望したことも思い出します。お墓の前には柿の木がありました。今度帰ったらあの柿を喰ってやります。御先祖の墓があって祖父祖母の石碑がありますね。小供の頃に、此の新しい祖母の横に建てられる次の新しい墓は果して誰の墓であろうかと考えたことがありますが、其次に私のが建つとは其時は全く考え及びませんでした。お祖父様、お祖母様と並んで下の美しい景色を眺め、柿の木を喰ってやりましょう。思い浮びましたから序手にお願いして置きますが、私の葬儀などは余り盛大にやらないで、ほんの野辺送りの程度で結構です。盛大なのは更って私の気持に反します。お供物なども慣習に反するでしょうが、美味しそうな洋菓子や美しい洋花をどっさり供えて下さい。私は何処迄も晴やかに明朗でありたいです。

次に思い出すのは何ん（と）言っても高知です。境遇及び思想的に最も波乱に富んだ時代であったから、思い出も尽きないものがある。新屋敷の家、鴨の森、高等学校、堺町、猪野々、思い出は走馬燈の如く走り過ぎて行く。塩尻、徳田、八波の三先生は何うして居られるであろう。私の事を聞けば、きっと泣いて下さるであろう。随分私はお世話を掛けた。私が生きて居れば思い尽きない方々なのであるが、何の御恩返しも出来ずして遥か異郷で死んで行くのは残念だ。せめて私がもう少しの人間になるまでの生命が欲しかった。これが私の最も残念とするところである。私の出征する時に言い遺したように、私の蔵書は全部、塩尻先生の手を通じて高等学校に寄贈して下さい。（但し孝子の婿になる人が同学を志して必要とするならば、其人に蔵書の全部を渡してもよい）塩尻先生に、何うか宜しくお伝えして下さい。先生より頂戴した御指導と御厚意とは何時迄も忘れず、死後迄も持ち続けて行きたいと思っています。

（中略《ママ》）

凡ての望みが消え去った時の人間の気持は実に不可思議なものである。如何なる現世の言葉を以てしても現し得ない。已に現世より一歩超越したものである。何故か死の恐しさも解らなくなった。凡てが解らない。夢でよく底の知れない深みへ落ちて行く事があるが、丁度あの時の様な気持である。

死刑の宣告を受けてから、計らずも曾て親しく講義を拝聴した田辺元博士の「哲学通論」を手にし得た。私は読みに読み続けた。私は此の書を幾度か諸々の場所で手にし愛読したことか。下宿の窓で、学校の図書館で、猪野々の里で、洛北白川の下宿で、そして今又異国の監獄の一独房で。然し時と場所とは異っていても、私に与えてくれる感激は常に唯一つであった。私は独房の寝台の上に横たわりながら、此の本を抱き締めた。私が一生の目的とし、理想としていた雰囲気に再び接し得たる喜びであった。私はせめての最後の憩いであり慰みであった。私は戦終り、再び書斎に帰り、好きな学の精進に没頭し得る日を幾年待っていたことであろうか。然し凡てが失われた。私は唯、新しい青年達が、自由な社会に於て、自由な進歩を遂げられんことを地下より祈ること丶しよう。「マルキシズム」もよし、自由主義もよし、如何なるものもよし、凡てが其の根本理論に於て究明され解決される日が来るであろう。真の日本の発展は其処から始まるであろう。凡ての物語りが私の死後より始まるのは誠に悲しい。

（中略《（ママ）》）

一津屋のお祖母様はお元気だろうか。

それから一津屋の重雄叔父さんを始め一族の方々、名残は果てしない人ばかりである。

（中略《（ママ）》）

私の死したる後、父母が落胆の余り途方に迷われる事なきかを最も心配しています。思いめぐらせば私はこれで随分武運が強かったのです。印度洋の最前線、而も敵の反抗の最も強烈なりし間、随分これで命の終りかと自ら諦めた危険もあったのです。それでも擦り傷一つ負わなかったのは神も出来るだけ私を守って下さったのだと考えましょう。父母は私は既に其の時に死んだものと諦めて戴きたい。私の死については出来るだけ多く、私の友人知人に通知して下さい。

降伏後の日本は随分変わったことだろう。思想的に、政治、経済機構的にも随分の試練と経験と変化とを受けるであろうが、其の何れもが見耐えのある一つ一つであるに相異ない。其の中に私の時間と場所との見出されないのは誠に残念だ。然し世界の歴史の動きはもっともっと大きいのだ。私の如き者の存在には一瞥もくれない。泰山鳴動して踏み殺された一匹の蟻にしか過ぎない。私の如き者の例は夥多あるのである。戦火に散って行った幾多軍神もそれだ。原子爆弾で消えた人々もそれだ。斯くの如きを全世界に渉って考えるとき、自ら私の死もうなずかれよう。既に死んで行った人のことを考えれば、今生きたいなど丶考えるのは、その人達に対してさえ済まないことだ。若し私が生きて居れば、或は一人前の者となって幾分かの仕事をするかも知れない。然し唯の拙らぬ凡人として一生を送るかも知れない。未だ花弁も見せず蕾のま丶で死んで行くのも一つの在り方であったかも知れない。今は唯、神の命ずるま丶に死んで行くより他にないのである。

（中略《ママ》）

此の頃になって漸く死と言う事が大して恐ろしいものではなくなって来た。決して負け惜しみではない。病で死んで行く人でも死の前になれば斯の様な気分になるのではないかと思われる。時々、ほんの数秒の間、現世への執着がひょっこり頭を持ち上げるが直ぐ消えてしまう。此の分なら大して見苦しい態度もなく死んで行けると思っている。何を言っても一生に於てこれ程大きい人間の試験はない。今では、父母妹の写真もないので、毎朝毎夕眼を閉じ、昔時の顔を思い浮べては挨拶しています。あなた達も何うか眼を閉じて私の姿に挨拶を返して下さい。

（中略《ママ》）

もう書くことは何もないが、何かもっと書き続けたい。筆の動くま丶に何かを書いて行こう。私のことについては以後次々に帰還する戦友達が告げてくれましょう。何か便りある度に、遠路ながら戦友達を訪問して、私の事を聴いて下さい。私は何一つ不面目なる事はして居らない筈です。死んで行く時も、きっと立派に死んで行きます。私はよし立派な軍人の亀鑑たらずとも、高等の教養を受けた日本人の一人として、何等恥ずる所ない行動を取って来た積りです。それなのに、計らずも私に戦争犯罪者なる汚名を下されたことが、孝子の縁談や家の将来に何かの支障を与えはせぬかと心配でなりません。「カーニコバル」に終戦まで駐屯していた人ならば、誰もが皆、私の身の公明正大を証明して呉れます。何うか私を信じて安心して下さい。

私の最も気掛りなのは、私の死後、一家仲良く暮して行って下さるかと言うことです。私の記憶にある我が家は、残念ながら決して明朗なるものでなかった。私が死に臨んで挨拶する父の顔も、必ずしも朗らかな笑顔ではないことは悲しいです。何うか私の死を一転機として、私への唯一の供養として、今後明朗な一家として送って下さい。不和は凡ての不幸不運の基のような気がします。因縁論者ではないが、此の度の私の死も其の遠因の一分が或は其処から出ているのではないかとも、強いて考えられないこともないかも知れません。新時代の一家繁栄の為に、唯、基の和合を其のモットーとしてやって頂きたい。これが私が死に当って、切に父に希う一事であります。

人の言うようなら、死ねば祖父母にも、戦死した学友にも会えることでしょう。あの世でそれ等の人々と、現世の思い出語りをすることも楽しみの一つとして行きましょう。又、人の言うように出来るものなら、あの世で蔭ながら父母や妹夫婦を見守って行きましょう。常に悲しい記憶を呼び起さしめる私かも知れませんが、私のことも時々は思い出して下さい。そして却って日々の生活を元気づけるように考を向けて下さい。

「ドイツ」人か誰かの言葉を思い出しました。

「生れざらむこそよけれ。生れたむには、生れし方へ急ぎ帰るこそ願はしけれ」

私の命日は昭和21年5月23日なり。（十数行略）

もう書くことはない。愈々死に赴く。皆様、お元気で、さようなら、さようなら。

一、大日本帝国に新しき繁栄あれかし。

一、皆々様お元気で。生前はご厄介になりました。

一、末期の水を上げて下さい。

一、遺骨は届かない。爪と遺髪とを以てそれに代える。

処刑半時間前擱筆す。

中谷注・木村久氏の写しは、以上までである。以下の文は、「筆跡」や「父が申します」という表現から、久夫の妹の孝子さんの追記である。短歌を省略するのは久氏の常であったので、孝子さんが付け加えたと考えられる。

○（父が申します。独房には入った初めの頃の歌らしく、「中略」としました中に下の歌を書いてございます）

悲しみも怒りも今はつき果てぬ　此のわびしさを抱きて死なまし

みんなみの露と消えなむ命もて　朝粥すゝる心わびしも
○（中略の歌に）
朝粥をすゝりつ思ふ故里の　父よゆるせよ母よなげくな
友のゆく読経の声をきゝながら　己がゆく日を指折りて待つ
○（死の前夜の歌）
おのゝきも悲しみもなし絞首台　母の笑顔をいだきてゆかむ
風も凪ぎ雨もやみたり　さわやかに朝日をあびて明日は出でまし

(2)「遺稿」と「遺書A」の間についてのコメント

以下では、「遺稿」と「遺書A」の関係について、幾つかの項目に分けて指摘していく。「遺稿」と「手記」の関係で指摘した内容と重複する場合があるが、ご了承されたい。

〈「遺稿」は「遺書A」のほとんどを収録〉

1つは、久は「遺稿」の編集において、久夫の「遺書A」のほとんどを収録しているということである。

このことは、「遺書A」の文章に下線を引いた個所の多さを見れば明らかであろう。引用比率は「手記」と甲乙つけがたい。久とすれば、「手記」がそうであったのと同じく、「遺書A」の文章からも可能な限り収録して、久夫の主張を世に伝えたいと考えたのであろう。

〈「遺稿」に収録しなかった箇所〉

2つは、久が敢えて収録しなかった箇所はどこで、その理由は何であったのであろうかを考えてみたい。

収録しなかった箇所ごとについて検討してみる。

①幾つかの短い文章や断片的な文章で、収録されていない箇所がある。それらについては、例示しないが、文章の繋ぎであったり、「手記」との文章の重複であったり、余り意味があるとは考えられない箇所と考えるので、これ以上触れない。

②唯一、長い文章で収録されていないのが、次の文章である。

死刑の宣告を受けてから、計らずも曾て親しく講義を拝聴した田辺元博士の「哲学通論」を手にし得た。私は読みに読み続けた。（中略）然し凡てが失われた。私は唯、新しい青年達が、自由な社会に於て、自由な進歩を遂げられんことを地下より祈ること、しよう。

久としては、以上に引用した文章がすでに「手記」（71～79頁）に書かれていた文章とほぼ同旨であり、その文章を収録したので、この引用部分を収録しなかったのであろう。

しかしながら、久夫が「手記」と「遺書」の双方に同趣旨の文章を書いたということは、『哲学通論』が彼にとって如何に思い出深い、かつ貴重な書物であったかを示唆しているとともに、帰還して学問の道に進みたかったが、その道が閉ざされたという無念の気持ちを告白したものと読み取るべきであると考える。そこで繰り返し引用することになるのであるが、「私は独房の寝台の上に横たわりながら、此の本を抱き締めた。私が一生の目的とし、理想としていた雰囲気に再び接し得たる喜びであった。私はせめての最後の憩いであり慰みであった。私は戦終り、再び書斎に帰り、好きな学の精進に没頭し得る日を幾年待っていたことであろうか。然し凡てが失われた」という久夫の学問への強烈な熱情と学問への道が断ち切られた無念とを告白した久夫の文章は、是非とも収録して欲しかったと思う。

と同時に筆者は、久夫が「然し凡てが失われた」と自分の非運を嘆きつつも、「私は唯、新しい青年達が、自由な社会に於て、自由な進歩を遂げられんことを地下より祈ること丶しよう」と、日本の「新しい青年たち」に日本社会の復興と自由で民主的な社会建設とを託すと祈っている気高い精神に敬服する。

③久が編集において収録しなかった文章の1つに、「『ドイツ』人か誰かの言葉を思い出しました。『生れざらむこそよけれ。生れたむには、生れし方へ急ぎ帰るこそ願はしけれ』」がある。この位置づけが難解であったので、収録を躊躇ったのであろう（ただし、筆者も誰の言葉であるのか、知らない）。

④久が久夫の表現を変更している箇所が幾つかある。ここでは、その二例をあげることにしよう。

一例目は、「何故か死の恐しさも解らなくなった。凡てが解らない」という文章である。この傍点の文言を、久は「遺稿」で「何故か死の恐しさも感じなくなった」と書き換えている。理性的理解を感覚的感情に書き換えたと言えようか。

二例目は、「自分は日本軍人の亀鑑たらずとも少なくとも教養ある日本人の一人として聊かの恥ずべき行為をもしなかった積りです」という文章である。

この文章は、「遺書A」でも同文である。久が久夫の「遺書」を書写した（まとめ直した）のが「遺書A」であり、それを基にして編集したのが久夫の「遺稿」であるから、当然、同文となるはずである。従って、本節で「遺稿」と「遺書A」の関係を論じる限り、何ら問題はない。筆者が指摘しておきたいことは、「遺稿」と久夫の「遺書」との関係である。

この箇所は、「遺書」では、「よし立派な軍人の亀鑑《きかん》たらずとも、日本人として、日本最高学府の教養を受けた日本インテリーとして、何等恥ずる所ない行動を取って来た筈である」であった。この一文は一見、久夫の露骨なエリート主義思想を誇示した文章と思われるかも知れないが、そう読み取ってはならないと考える。

久夫は、旧制高知高校で塩尻公明から人間として誠実に生きる姿勢を学び、塩尻の（精神的）自由と（政治制度的）民主主義と（すべての人々の）幸福とを尊重する思想をも自らの信条として承け継ぎ、将来は「社会科学者」（「遺書」の言葉、彼の場合は経済学研究者）になるべく、進学した京都帝国大学経済学部で勇躍勉学に勤しんでいた。しかし、意に反して久夫は徴兵され、「私の一生に於て楽しく記念さる可き日は、入営以後は1日も無い」（「手記」）と述懐した軍隊生活を兵隊として4年余り耐え忍んだのである。挙句の果ては、上官たちの罪を被されての戦犯であり絞首刑である。その久夫が「遺書」で、確かに「立派な軍人の亀鑑《きかん》」ではなかったけれども（彼なりに、彼が理想と考える立派な軍人の亀鑑となるべく努力精進したと推察できるが）、「日本人として、日本最高学府の教養を受けた日本インテリー」として「何等恥ずる所ない行動を取って来た筈である」と書いたのである。その中でも「日本人として、日本最高学府の教養を受けた日本インテリー」として「行動を取って来た」という言葉は、彼が軍隊生活において貫き通したプライド（矜持と自負）を如実に物語っているのではなかろうか。

彼が幹部候補生試験を受けずに兵隊にとどまったこと、軍隊生活において「『お前は自由主義者だ』と一言のもとに撥ねつけ」（「手記」）られたり、階級昇進を抑えられたりしながらも、「忠義、犠牲的精神、其の他の美辞麗句」を「大言壮語」する「中等学校、専門学校や何処かの私大あたりを出た将校」たちに「叛逆」したこと、「彼等の思想を是正しよう」（「手記」）として自説を主張して憚らなかったことなどは、彼の「日本最高学府の教養を受けた日本インテリー」というプライドの故であったのではなかろうか。しかも、この場合の彼の行為や意識を支えていたプライドの質は、悪しき選良意識ではなく、一種のノブレス・オブリージ（noblesse oblige、高い身分に伴う義務）又はアカデミック・オブリージ？（academic oblige、educated oblige、高度な学問・教養を修めた人間に伴う義務）という意識であったのではなかろうか。そして、この意識の故に、久夫は「遺書」で、「此の分なら大して見苦しい態度もなく死んで行ける」と述べ、「私は何一つ不面目なる事はして居らない筈です。死んで行く時も、きっと立派に死んで行きます」と宣言し、またさらに「聊かの恥ずべき行為をもしなかった積りです」と言い切ることができたのではなかろうか。

長々と述べてきたが、筆者の言いたいことは、久が「遺稿」の編集において、「遺書」のこの箇所から、まず「よし立派な」を抜き、さらに「日本最高学府の教養を受けた日本インテリー」を「教養ある日本人の一人」と書き換えたが、この書き換えは久夫の行動を支えていた精神的支柱（プライド）を軽視することになったのではないかということである。むしろ筆者は、彼の純粋なプライドこそが痛烈な軍隊と軍人批判を清澄な文章で綴った要因ではないかと考えているのである。

⑤「遺書A」における久夫の詠んだ短歌は、文末に整理されている6首であった。そのうち久は、冒頭の「悲しみも怒りも今はつき果てぬ　此のわびしさを抱きて死なまし」だけを収録しなかった。収録しなかった短歌は、上の句も下の句も、絶望感に沈んだ心境を詠っており、また「死なまし」という衝撃的な表現で終えているので、収録することを躊躇したのであろうか。しかし6首とも、迫りくる死との対決を詠った短歌である。

ちなみに久夫が「遺書」で詠んでいた短歌は全16首であり、右の短歌はその3首目であった。

⑥久は久夫の辞世の短歌2首のうちの最後の一首を、前に詠った短歌と置き換えたということである。

この置き換えについては、「東京新聞」（２０１４年４月29日）が事実を踏まえずに報道した箇所の１つで、筆者が異議を申し立てた箇所である。すなわち「東京新聞」は、「恩師編集　今の形に」と大見出しを打ち、「きけわだつみのこえ」に掲載の久夫の遺稿は恩師の塩尻が編集したものであり、従って辞世の短歌2首の入れ替えも塩尻が行ったものである旨を報道した。

この記事に対して、筆者は資料分析を通して、久夫の遺稿を編集したのは父の久であり、辞世の短歌2首の入れ替えも父の久が行ったと証明し、同紙の報道を誤報であると批判した。(1)

久が久夫の遺稿の編集に当たって「辞世の短歌」を入れ替えた背景と解釈とについては、次の第５節で改めて論じることにしたい。

注

１　拙著『「きけわだつみのこえ」木村久夫遺稿の真実』桜美林大学北東アジア総合研究所、２０１５年２月、同『木村久夫遺稿の研究』同前、２０１５年６月、同『戦没学徒　木村久夫の遺書』同前、２０１６年７月。

5　「遺稿」と「手記」・「遺書」との関係―考察とまとめ―

第3節では、久が編集した「遺稿」と「手記」との関係について、第4節では、「遺稿」と「遺書A」との関係について考察してきた。本節では、「遺稿」と「手記」・「遺書」との関係について考察していく。

本節では総括的コメントをするという任務があるが、第3節と第4節で後述するとして残したままの問題については、できるだけ詳細に論じることにしたい。このために、第3節と第4節の記述と重複したり類似したりする記述も生じる場合もあるが、ご容赦願いたい。

(1)「遺稿」は「手記」と「遺書」を収録

〈「遺稿」は、「手記」と「遺書」とを収録〉

1つは、久は、久夫の「手記」と「遺書」との両方から、そのほとんどの文書を収録して「遺稿」を編集しているということである。

より正確に言えば、久は「遺稿」の編集において、久夫の「手記」と、久が久夫の「遺書」を書写した「遺書A」との両方から、そのほとんどの文書を収録して「遺稿」を作成したということである。

久が久夫の「手記」を使用したことは分かるとしても、久が久夫の「遺書」ではなくて、久が久夫の「遺書」を書写した「遺書A」を使用したことについては、当該箇所で既に一応の説明をしたところであるが、ここではもう少し詳細な説明をしておく必要があろう。

〈「遺書（写）」は3通〉

久が久夫の「遺書」を書写したものが「遺書（写）」である。ところがその「遺書（写）」には、筆者が確認している限り、以下の3通があった。

1通目は、久が久夫の「木村久夫遺書（写）」であるとして塩尻へ郵送したもの（以下、「遺書（写）」）。

2通目は、久が書写した「木村久夫遺書（写）」で、筆者が「遺書A」と呼んでいるもの（以下、「遺書A」）。

3通目は、久が書写した「遺書　木村久夫」で、筆者が「遺書B」と呼んでいるもの（以下、「遺書B」）。

以下、この3通[1]の特徴と相互の関係を簡単に説明しておこう。

「遺書（写）」は、久が1947年1月3日付の封書で、久夫の戦死を報告する手紙と一緒に「木村久夫遺書（写）」として久夫の恩師の塩尻公明に送ったものである。この「遺書（写）」は、久による久夫の「遺書」の達筆な書写で、誤字も消し字もほとんどない。特に本文の後には、久夫の恩師である塩尻教授宛てを意識して書いたと思われる丁寧な追記文がある。

しかしながら「遺書（写）」は、①文中の全16首の短歌の箇所を（中略）とし、文末に、（独房には入った初めの頃の歌）、（中略の歌）、（死の前夜の歌）と分け、各2首ずつ、合計6首を記載していること、②辞世の2首のうち、最後の一首を別の短歌と入れ換えていること、③処刑前夜と処刑当日を画する日付変更線を省略したために、時制の混乱を引き起こすことになっていることなど、後々まで論争の種となる書写となっていた。これらの問題点については、この後で改めて論じる。

「遺書A」は、文章も構成も「遺書（写）」とほぼ同じであるところから、「遺書（写）」の下書き、又は控えと判断できる。「遺書A」も達筆であるが、「遺書（写）」には及ばない。ただし「遺書（写）」で指摘した特徴や問題点は、すべて「遺書A」に該当する。

「遺書B」は、前の2通の文書と書式が異なっている。この点については、次に述べる。

〈「遺書B」は「遺書（写）」や「遺書A」と異なる〉

「遺書B」が「遺書（写）」や「遺書A」と異なっている点を、以下に列挙してみよう。

その1は、「遺書B」は「遺書　木村久夫」の見出しで始まっており、「遺書（写）」や「遺書A」で冒頭に記載されている旅団名、留守宅の住所と遺族宛名（注・木村家の住所、木村久夫の名前）、遺品の明細についての記載がないことである。

その2は、「遺書B」だけに、各文節の文頭に○印が付けられていることである（注・ただし、「遺書（写）」と「遺書A」では、文末に記載された短歌の3つの説明文の冒頭にだけ○印が付けられている）。

これは、久が久夫の文章を節ごとにまとめて書いていったものと判断される。しかも、この「遺書B」の書式は「遺稿」にも継承されていく。

その3は、文中に文や文字の挿入の箇所、訂正した箇所などが散見されることである。この場合、赤字（筆者は、モノクロ印刷のコピー文を入手したので、推測である）又はゴチック字で記入されている場合が多い。この典型例は、「先生の著書『天分と愛情の問題』を此の地の遠隔なりし為、今日の死に至る迄、遂に一度も拝読し得なかった事は呉々も残念です」という文章の挿入である。

その4は、文章や文字を消したり削除したりした箇所が散見されることである。この典型例は、

「ドイツ」人か誰かの言葉を思い出しました。
『生れざらむこそよけれ。生れたむには、生れし方へ急ぎ帰るこそ願はしけれ』

で、この二行は各々二本線で消されている。

その5は、短歌のまとめ方が異なっているということである。つまり「遺書（写）」と「遺書A」とは短歌の書き方がほぼ同じであるが、「遺書B」の短歌のまとめ方は「遺書（写）」や「遺書A」のそれとは異なっている。

以下の引用はやや重複し、且つ煩雑になるが、「遺書（写）」「遺書A」「遺書B」の該当箇所を例示して、その異なっている点を比較してみる。

〈「遺書（写）」の文末について〉

「遺書（写）」の文末は、以下のようになっている。

もう書くことはない。愈々死に赴く。皆様、お元気で、さようなら、さようなら。
一、大日本帝国に新しき繁栄あれかし。
一、皆々様お元気で。生前はご厄介になりました。
一、末期の水を上げて下さい。
一、遺骨は届かない。爪と遺髪とを以て、それに代える。

処刑半時間前擱筆す。

○（父が申します。以上が自筆の遺書の写でございます。鉛筆書きで誤字も見当たらず、非常に落ちついて書いてあります。二、三日以前から書き出して、処刑前、渉外局の僧侶の方が読経に行って下さった時、未だ書いていたそうで、時間が追って来たため、終わりの方は字が乱暴になって居ります。尚、遺書中、「中略」としました中には、親族の人々などのことなど書いて、左の歌も書いてございました。

最初の二首は独房には入った初め頃のものらしく見えます。

悲しみも怒りも今はつき果てぬ　此のわびしさを抱《だ》きて死なまし

みんなみの露と消えなむ命もて　朝粥すゝる心わびしも

○（父が申します。次のは中略の歌らしく見えます）

朝粥をすゝりつ思ふ故里の　父よゆるせよ母よなげくな
友のゆく読経の声をきゝながら　己がゆく日を指折りて待つ
○（父が申します。次のは死の前夜の歌です）
おのゝきも悲しみもなし絞首台　母の笑顔をいだきてゆかむ
風も凪ぎ雨もやみたり　さわやかに　朝日をあびて明日《あす》は出でまし
以上

(2)「遺書（写）」の特徴と問題点

「遺書（写）」について、若干の特徴と問題点とを列挙してみる。

その1は、「一、末期の水を上げて下さい」に続けて「一、遺骨は届かない。爪と遺髪とを以てそれに代える」を並べてしまっていることである。

この記述については、以下に見る「遺書A」も「遺書B」も同様である。この記述から生じる問題点については後述する。

その2は、文末の短歌の説明文の冒頭に「父が申します」と書いて、その後に娘の孝子が父の言葉を代筆する書式を取っていることである。

しかし、「遺書（写）」の筆跡を見る限り、久の筆跡である。このような書式としたのは、書写の作業に孝子も協力していたことを示すためであったと推測する。

その3は、文末の短歌の説明文が非常に丁寧な表現になっていることである。

これは、「遺書（写）」が久夫も木村家も尊敬してやまない塩尻公明宛への文書であることを示唆している。

その4は、文末の短歌の説明文が非常に丁寧な表現であるにもかかわらず、その内容を慎重に吟味すれば、事実認識を誤っていると思われる記述があることである。

例えば「二、三日以前から書き出して、処刑前、渉外局の僧侶の方が読経に行って下さった時、未だ書いていたそうで、時間が追って来たため、終わりの方は字が乱暴になって居ります」という説明文である。

この説明文では、久夫は処刑の「二、三日以前」から「遺書」を書き出して、「処刑前」に「渉外局の僧侶の方が読経に行って下さった時」まで、言い換えれば「処刑半時間前」に「擱筆す」る時まで、ずっと書き続けていたことになる。久や孝子は僧侶（松浦教誨師）からそのように話を聞いていたから、その通りに書いたのに違いない。しかしそのために、時制の読み違いをするに至ったと思われる。

その5は、「（処刑の）時間が追って来たため、終わりの方は字が乱暴になって居ります」と書いているが、久夫の「遺書」は、「終わりの方」も、「誤字も見当たらず、非常に落ちついて書いてある」と言えるのではないか。その精神の落ち着きぶりは実に立派であったと評したい。

その6は、短歌を説明した文章が問題を含んでいるということである。それを説明しよう。

1つは、久夫が「遺書」で詠んだ短歌の数を惑わせるのではないかということである。

「遺書（写）」の文末では、「父が申します。…「中略」としました中には…左の歌も書いてございました」で始まって、「最初の二首は独房には入った初め頃のものらしく見えます」、「次のは中略の歌らしく見えます」、「次のは死の前夜の歌です」と説明し、その時期に詠んだ短歌を各2首ずつ例示しているが、これでは久夫が「遺書」で詠んだ短歌は6首ということになる。久夫が「遺書」で詠んだ短歌数は16首であった。

2つは、短歌を詠んだ時期の説明が意味不明であるということである。

久夫が独房に収監されたのは死刑判決を下された日であり、彼が独房に監禁されて「遺書」を書く機会を得たのは処刑の二、三日前であった。こうした経緯を考えるならば、「独房には入った初めの頃のもの」であるという説明はどう理解すればよいのであろうか。

次に（中略の歌らしく）とは、おそらく時期的に「独房には入った初めの頃」と（死の前夜の歌）の中間という意味での（中頃の歌に）という並べ方なのであろう。そう推測しても、（中略の歌に）という説明は分かりにくい。

最後の（死の前夜の歌）とは、処刑前夜に詠んだ「辞世の短歌」という意味である。それゆえに、素直に読めば、最後の2首が「辞世の短歌」になる。しかし、久は書写した際に、短歌をすべて（中略）としている以上、最後の2首が「辞世の短歌」であったという確証がない。

もし久が「遺書（原文）」の通りに短歌を書写していたならば、短歌の数や短歌を詠った時期の説明に疑問など生じなかったのではなかろうか。それとも久には、短歌を（中略）としなければならなかった理由があったのであろうか。この点の考察は、さらに後に行うことにしたい。

なお、「遺書（写）」の問題点で、それらが「遺書A」「遺書B」に共通するものについては、そこでは繰り返さない。

〈「遺書A」の文末について〉

「遺書A」の文末は、以下のようになっている。

もう書くことはない。愈々死に赴く。皆様、お元気で、さようなら、さようなら。
一、大日本帝国に新しき繁栄あれかし。
一、皆々様お元気で。生前はご厄介になりました。
一、末期の水を上げて下さい。
一、遺骨は届かない。爪と遺髪とを以てそれに代える。
処刑半時間前擱筆す。

○（父が申します。独房には入った初めの頃の歌らしく、「中略」としました中に下の歌を書いてございます）
悲しみも怒りも今はつき果てぬ　此のわびしさを抱きて死なまし
みんなみの露と消えなむ命もて　朝粥すゝる心わびしも
○（中略の歌に）

朝粥をすゝりつ思ふ故里の　父よゆるせよ母よなげくな
友のゆく読経の声をきゝながら　己がゆく日を指折りて待つ
○（死の前夜の歌）
おのゝきも悲しみもなし絞首台　母の笑顔をいだきてゆかむ。
風も凪ぎ雨もやみたり　さわやかに朝日をあびて明日は出でまし

ここでは、「遺書A」の一点だけ指摘することになる。
それは、「遺書A」の文章は先に見た「遺書（写）」の文章と、ほぼ同じであるということである。ほぼ同じというのは、両者の本文は同じであるが、「遺書A」の文末の短歌の説明から「遺書（写）」の時のような丁寧な書き方が消えているということである。これは、「遺書（写）」が塩尻宛で、「遺書A」が「遺書（写）」の控え文か、下書きであることを示すヒントでもある。
その他の問題点は、その2の「遺書（写）」の問題点と重複するので省略する。

〈「遺書B」の文末について〉

「遺書B」の文末は、以下のようになっている。

もう書くことはない。愈々死に赴く。皆様、お元気で、さようなら、さようなら。
一、大日本帝国に新しき繁栄あれかし。

一、皆々様お元気で。生前はご厄介になりました。
一、末期の水を上げて下さい。
一、遺骨は届かない。爪と遺髪とを以て、それに代える。

辞　世

（独房に入りし初めの頃の歌）
悲しみも怒りも今はつき果てし　此のわびしさを抱《だ》きて死なまし
みんなみの露と消えなむ命もて　朝粥すゝる心わびしも
（中略の歌に）
朝粥をすゝりて思ふ故里の　父よゆるせよ母よなげくな
友のゆく読経の声をきゝながら　**われの**ゆく日を指折りて待つ
（死の前夜の歌）
をのゝきも悲しみもなし絞首台　母の笑顔をいだきてゆかむ
風も凪ぎ雨もやみたりさわやかに　朝日をあびて明日《あす》は出で**なむ**

処刑半時間前擱筆す

（以上）

さて、「遺書B」の文末の特徴と疑問点について見ていこう。

その1は、記述の様式が前出の「遺書（写）」や「遺書A」と異なっているということである。例えば、以下の点で、「遺書（写）」や「遺書A」と異なった新しい書き方をしていることである。
①文末の短歌の前に「辞世」を付し、その後に各2首ずつ、合計で6首を配置していること。
②文末の最末尾に「処刑半時間前擱筆す」を持ってきて、「遺書」を終えていること。
③短歌の表記をゴチック字で、「己の」を「われの」と表現し、「まし」を「なむ」と修正していること。

その2は、「遺書B」は、文末の最末尾に「処刑半時間前擱筆す」を配したことによって、（死の前夜の歌）の最後の短歌（風も凪ぎ雨もやみたりさわやかに　朝日をあびて明日は出でなむ）の時制と矛盾するようになったということである。

つまり久夫の処刑時間は当日の午前9時5分であった。その「処刑半時間前」に「擱筆す」るということは、久夫は午前8時半頃に筆を置いて書くことをやめたということである。午前8時半頃に筆を置いた久夫が「朝日をあびて明日は出でなむ」と詠っているのは、時制が合わないのではないかということである。

以上、「遺書」の3通りの書写のうち、文末の書き方を比較し、その特徴と問題点とを指摘してきた。問題点が生じる原因の究明に入る前に、久が編集した前出の「遺稿」の文末の書き方も確かめておきたい。

〈「遺稿」の文末の書き方について〉

久が最終的にまとめあげた「遺稿」の文末は、以下のようになっていた。

○もう書くことはない。愈々死に赴く。皆様お元気で。さようなら。さようなら。

一、大日本帝国に新しき繁栄あれかし。

一、皆々様お元気で。生前は御厄介になりました。

一、末期《まつご》の水を上げて下さい。

一、遺骨はとゞかない。爪と遺髪とを以てそれに代える。

みんなみの露と消えゆく命もて朝かゆすゝる心かなしも
朝かゆをすゝりつつ思う故郷の父よ許せよ母よ嘆くな
遠国《とおくに》に消ゆる命のさびしさにまして嘆かる父母のこと
友のゆく読経の声をきゝながらわれのゆく日を指折りて待つ
指をかみ涙流して遙かなる父母に祈りぬさらばさらばと
眼を閉じて母を偲べば幼な日の懐《いと》し面影消ゆる時なし
音もなく我より去りしものなれど書きて偲びぬ明日という字を
かすかにも風な吹き来そ沈みたる心の塵の立つぞ悲しき
明日という日もなき命いだきつゝ文よむ心つくることなし

以下二首処刑前夜作
をのゝきも悲しみもなし絞首台母の笑顔をいだきてゆかむ
風も凪ぎ雨もやみたりさわやかに朝日をあびて明日は出でなむ
処刑半時間前擱筆す。　木　村　久　夫

〈「遺稿」の特徴と問題点〉

ここでも「遺稿」の特徴と問題点とを指摘する。ただし、前出の3通と共通の問題点は省略する。

その1は、短歌の書き方が前出の3通のそれと全く一変しているということである。

もう少し具体的に言えば、①短歌の数が、6首から11首に増えていること、②11首のうち、最後の2首を「以下二首処刑前夜作」としたこと（注・辞世という言葉を使用しなくなったこと）、である。

実は、この短歌の書き方は、塩尻公明の「或る遺書について」の文末の短歌の書き方と酷似しているということである。ただし、短歌の書き方について「或る遺書について」と「遺稿」との違いは、①収録した11首の短歌のうちで1首だけが違うこと、②前者が11首の短歌を一挙に掲載する前に、「最後の二首は死の前夜のものである」と説明しているのに対して、後者が最後の二首の前に「以下二首処刑前夜作」と記入していること、である。

短歌の書き方についての類似点から判断すれば、久の「遺稿」は塩尻の「或る遺書について」を参考にしたようである。

なお、「或る遺書について」と「遺稿」11首の短歌の選別と、そのうちの1首だけの違いについては、改めて後述する予定である。

その2は、「遺稿」では、文の最末尾に「処刑半時間前擱筆す。木村久夫」というように、「木村久夫」の名前を追記しているということである。

久が「木村久夫」の名前を追記したのは、本来の「遺稿」の執筆者であるはずの木村久夫の署名が「遺稿」のどこにもなかったので、文の末尾に挿入したのではないかと推察する（注・『きけわだつみのこえ』では、書式の統一から、寄稿者の名前が各寄稿文の冒頭に記されることになる）。

ちなみに久夫の「遺書」では、冒頭に「遺書　木村久夫」という見出しがあって、本文が始まっている。従って、久が書いたように、文の末尾に「木村久夫」という署名はない。

〈「遺書B」から「遺稿」へ大きな変化〉

以上で、「遺書（写）」、「遺書A」、「遺書B」それに「遺稿」のそれぞれの文末の記述の特徴と問題点とを考察してきた。その結果、幾つかのことが明らかになったが、ここでは次の重要な二点のみを特記しておきたい。

1点は、久夫が引いた傍線――をどう理解するかということであった。筆者は、4つの文書に共通するこの傍線の無視又は無理解が時制の矛盾を引き起こした原因であったと認識しているが、この問題点の説明についてはかなり長く、かつ複雑になるので、改めて後述することにする。

2点は、「遺書（写）」と「遺書A」とはほぼ同一の文章であり、そこから「遺書B」への変化は小さかったが、「遺書B」から「遺稿」への変化は、その短歌の数とまとめ方とにおいて、画期的な飛躍があったということであった。

ところで、この画期的な飛躍をもたらしたのは、久が塩尻の「或る遺書について」の文末の短歌のまとめ方を参照したためではないかというのが、筆者の推測であった。

次に、この推測が正しいかどうかを検証するために、「遺稿」の短歌と「或る遺書について」の短歌の関係について確かめていく。

(3)「遺稿」の短歌と「或る遺書について」の短歌の関係

〈「遺稿」と「或る遺書について」の短歌の照合〉

「遺稿」の短歌と「或る遺書について」の短歌の関係を見るには、両者が掲載している短歌一覧を照合してみることが確実な方法であろう。

まず塩尻の「或る遺書について」が文末に掲載している久夫の11首の短歌を示そう。


最後に、彼の遺書の中に散在して現われている和歌の二、三を拾い上げることにしよう。…最後の2首は死の前夜のものである。

みんなみの露と消えゆくいのちもて朝かゆすゝる心かなしも
朝かゆをすゝりつつ思ふ故郷の父よ嘆くな母よ許せよ

遠国《とおくに》に消ゆる生命の淋しさにまして嘆かる父母のこと
指をかみ涙流して遥かなる父母に祈りぬさらばさらばと
眼を閉じて母を偲《おも》へば幼な日の懐《いと》し面影消ゆるときなし
音もなく我より去りしものなれど書きて偲びぬ明日といふ字を
かすかにも風な吹き来そ沈みたる心の塵の立つぞ悲しき
悲しみも涙も怒りもつき果てしこのわびしさを持ちて死なまし
明日という日もなき生命抱きつゝ文よむ心つくることなし
をののきも悲しみもなし絞首台母の笑顔をいだきてゆかむ
風もなき雨もやみたりさわやかに朝日を浴びて明日は出でまし

塩尻の「或る遺書について」は、この短歌で文章を終えている。
次に、久編集の「遺稿」が収録している久夫の11首の短歌の一覧を示そう。

みんなみの露と消えゆく命もて朝かゆすゝる心かなしも
朝かゆをすゝりつつ思う故郷の父よ許せよ母よ嘆くな
遠国《とおくに》に消ゆる命のさびしさにまして嘆かる父母のこと
友のゆく読経の声をきゝながらわれのゆく日を指折りて待つ
指をかみ涙流して遙かなる父母に祈りぬさらばさらばと

眼を閉じて母を偲べば幼な日の懐《いと》し面影消ゆる時なし
音もなく我より去りしものなれど書きて偲びぬ明日という字を
かすかにも風な吹き来そ沈みたる心の塵の立つぞ悲しき
明日という日もなき命いだきつゝ文よむ心つくることなし
以下二首処刑前夜作
をのゝきも悲しみもなし絞首台母の笑顔をいだきてゆかむ
風も凪ぎ雨もやみたりさわやかに朝日をあびて明日は出でなむ
処刑半時間前擱筆す。　木村久夫

〈「遺稿」と「或る遺書について」の短歌の相似点と相違点〉

ここで、「或る遺書について」と「遺稿」の短歌の相似点と相違点を示すことにする。時代的には塩尻の「或る遺書について」が先に刊行されていて、久が「或る遺書について」を参照して「遺稿」を編集したのではないかというのが筆者の推測であったので、以下では、「遺稿」の短歌一覧で説明する。短歌の後の（　）内は、短歌の出典である。

みんなみの露と消えゆく命もて朝かゆすゝる心かなしも（手記・22頁、遺書）
朝かゆをすゝりつつ思う故郷の父よ許せよ母よ嘆くな（遺書・手記16頁に類似短歌）
遠国《とおくに》に消ゆる命のさびしさにまして嘆かる父母のこと（手記・40頁）

友のゆく読経の声をきゝながらわれのゆく日を指折りて待つ（遺書）

（「或る遺書について」にはない。「遺稿」では加えている。〈＋1首〉）

指をかみ涙流して遙かなる父母に祈りぬさらばさらばと（手記・44頁）

眼を閉じて母を偲べば幼な日の懐《いと》し面影消ゆる時なし（手記・36頁）

音もなく我より去りしものなれど書きて偲びぬ明日という字を（手記・24頁）

かすかにも風な吹き来そ沈みたる心の塵の立つぞ悲しき（手記・28頁、遺書・辞世）

悲しみも涙も怒りも果てしこのわびしさを持ちて死なまし（手記・30頁、遺書）

（「或る遺書について」にはある。「遺稿」では抜いている。〈−1首〉）

明日という日もなき命いだきつゝ文よむ心つくることなし（手記・32頁）

以下二首処刑前夜作

をのゝきも悲しみもなし絞首台母の笑顔をいだきてゆかむ（遺書）

風も凪ぎ雨もやみたりさわやかに朝日をあびて明日は出でなむ（遺書・辞世）

処刑半時間前擱筆す。　　　　木　村　久　夫

若干のコメントを付しておこう。

1つは、久の「遺稿」が掲載している久夫の短歌は11首で、それは塩尻が「或る遺書について」で紹介していた短歌の数と同じである。

2つは、「遺稿」の11首の短歌は、「手記」と「遺書」の両方から選別されているということであ

る。しかも、その数は均等である。

すなわち「遺稿」の11首の出典の内訳は、「手記」から4首、「遺書」から4首、「手記」と「遺書」に重複しているものから3首である。一方「或る遺書について」の内訳は、「手記」から5首、「遺書」から3首、「手記」と「遺書」に重複しているものから3首である。

また、「手記」と「遺書」で短歌が重複しているのは、久夫が先に「手記」を書き、その後で「遺書」を書いたので、先に詠んだ思いの強い短歌を繰り返すことになったのであろう。

「手記」で詠った短歌の下の句を「遺書」で読み替えた短歌も見られるが、これは短歌の一部分の表現を変えるという作歌手法であろう。

3つは、両者は同じ11首の短歌を掲載しているのであるが、「遺稿」は、「或る遺書について」に掲載されていた一首を、新たな一首に入れ替えているということである。

たった一首だけの入れ替えであるが、久が塩尻にまったく従ったのではなく、彼自身の主体性を発揮した一面を示したものと考えることができる。

ただし問われるべき問題は、久が一首を入れ替えた理由は何であったのかということである。

それは、先に見た「手記」と「遺書」からの短歌の選択数を均等にしようとしたというような単純な理由からではなかろう。

むしろ筆者は、二首には、ともに久夫の死を待つ切羽詰まった心情が詠われているが、「友のゆく読経の声をきゝながらわれのゆく日を指折りて待つ」の方が処刑までの日に今少し心の余裕が読み取れるのに対して、「悲しみも涙も怒りも果てしこのわびしさを持ちて死なまし」の方が久夫の悲惨極まりない苦しい心境が迫って来るようで、耐え難い感傷に捉われたところから、久は前者を収録して、後者を削除したのではなかろうか。

筆者自身は、両方の短歌とも死刑囚が処刑日を待つ心の苦悩を詠った秀歌であるので、両方とも収録して欲しかったと思う。まして11首に留めるべきという制約がなかったのであるから、余計にそう思う。

4つは、久夫の「手記」と「遺書」に詠われた短歌の中で、久はどういう基準で11首の短歌を選んだのかということである。

久夫は旧制高校生の時代から「遺書」に至るまで多数の短歌を詠ったが[2]、「遺稿」編集の場合、久が久夫の詠んだ短歌を選択する範囲は「手記」と「遺書」とに限定される。久夫は「手記」で18首(狂歌と俳句の各一首を除く)、「遺書」で16首の短歌を詠っている。久はその全34首の短歌の中から、何を基準に11首の短歌を選択したのであろうかということである。

筆者の内容的な分類では、全34首の短歌のうち、父母を詠った短歌(「手記」に8首、「遺書」に4首あり)から5首、消えゆく生命を詠った短歌(「手記」に7首、「遺書」に11首あり)から4首、学問への憧憬を詠った短歌(「手記」に2首、「遺書」に1首あり)から2首、合計11首を選んでいると判断できる。もちろん選択の質をこそ重視すべきであろうが、その点でも妥当な選択と考えてよいのではないであろうか。

ただ筆者としては、久夫の学問への情熱を考えるならば、「遺書」の中の「かにかくに思ひは凡て尽きざれど 学ならざるは更に悲しき」も是非とも加えて欲しかったと思う。

５つは、「辞世」の２首の歌についての説明に変遷があるということである。

久は「遺稿」で、全11首のうちの最後の二首について「以下二首処刑前夜作」と説明している。これは直接的には、塩尻が「或る遺書について」で「最後の２首は死の前夜のもの」と書いていたものを参考にしたのであろうか（ちなみに塩尻の「或る遺書について」の先の表記は、久から受け取った「遺書（写）」の中の「次のは死の前夜の歌です」という表現を、文章形式に書き換えたものであったと考えられる）。

問題は、次の点である。久夫はその「遺書」の中頃で、「短歌を久し振りに詠んで見た。何れもが私の辞世である」と前置きして９首の短歌を書きつけ、その後も文中に５首の短歌を挿入している。そして文末の三行の箇条書きの次に、改めて「辞世」と銘打って２首の短歌を綴っている。久夫にとってこの２首こそが本当の意味での「辞世」の短歌であったはずである。

しかし久は、久夫が書いていた「辞世」という適切な表現を使用しないで、「以下二首処刑前夜作」という表現をした。なぜ久はそのような表現をしたのであろうか。何か意図があったのであろうか。それを次に検討しよう。

（４）辞世の短歌の入れ替えについて

〈「遺稿」と「遺書」における辞世の短歌〉

残してきた課題の一つに、辞世の短歌の問題があった。ここで詳細に検討してみたい。

辞世の短歌２首については、取りあえず先述してきた２つの文書を思い起こしていただきたい。

まず久が編集した「遺稿」の「以下二首処刑前夜作」は、以下の二首であった。

をのゝきも悲しみもなし絞首台 母の笑顔をいだきてゆかむ

風も凪ぎ雨もやみたりさわやかに 朝日をあびて明日は出でなむ

この二首は、先に久が塩尻へ送っていた「遺書（写）」の（死の前夜の歌）と基本的に同じである（従って、「遺書（写）」の短歌を引用して書いた塩尻の「或る遺書について」の「最後の二首は死の前夜のものである」という二首も同文である）。

基本的に同じと書いたのは、出でまし→出でなむ、と書き換えただけであるからである。しかし、私見であるが、「なむ」の方が主体的というか、決意表明が籠っているように思われる。

しかし、ここで指摘したいことは、この二字の書き換えの問題ではない。辞世の短歌2首についてもっと大きな書き換えが行われていたということである。それを次に追ってみよう。

〈「遺書」の辞世の短歌〉

以下は、久夫が「遺書」で詠んだ「辞世」の短歌2首である。

風も凪ぎ雨も止みたり爽やかに 朝日を浴びて明日は出でなむ

心なき風な吹きこそ沈みたる こゝろの塵の立つぞ悲しき

この「辞世」の短歌と、前出の遺稿」の「以下二首処刑前夜作」の2首とを比較すれば、両者の違いは明らかである。つまり久は「遺稿」の編集で、久夫の「辞世」の短歌の最後の一首「心なき風な吹きこそ沈みたるこゝろの塵の立つぞ悲しき」を、その二首前に詠んでいた「をのゝきも悲しみもなし絞首台 母の笑顔をいだきてゆかむ」と入れ替えていたということである。

しかもこの入れ替えは、久が塩尻に送った「遺書（写）」で既に行われており、「遺書A」「遺書B」「遺稿」に引き継がれ、更に出版された『きけ わだつみのこえ』の木村久夫遺稿にそのまま受け継がれてきているということである。

〈辞世の短歌を入れ替えた理由を探る〉

久が久夫の「辞世」の短歌の最後の一首を入れ替えた理由については、いろいろな解釈が成り立ちそうである。しかし、この問題を考える前に、「心なき風な吹きこそ沈みたるこゝろの塵の立つぞ悲しき」の意味を確かめておきたい。この短歌の意味の中に入れ替えの理由の一つがあるように思えるからである。

短歌の心得のない筆者の同短歌の素訳は「私の心をかき乱す風よ、どうか吹かないでくれ。せっかく静まっていた私の心にまた塵が舞い立ち、悲しくなるではないか」というものである。

〈「こゝろの塵」の解釈〉

この短歌には、最後の最後まで死に立ち向かい、死と葛藤した人間の苦闘の様が詠われている。すなわち、戦犯という罪状で絞首台の露として消えていかなければならない自分の非業の死を、何度も天命として受け入れ、覚悟したはずであったが、やはりこの期に及んでも刑死は受け入れがたく、納得できない心が詠われている、というのが筆者の理解であった。

筆者がこのように理解するに至ったのは、久夫の「遺書」の以下のような文言を根拠としていた。説明しよう。

久夫は「遺書」で、自らの非運の死を諦観の境地で見つめるかのように書いている箇所がある。

「戦争が終了し、戦火に死なゝかった生命を、今此処に於て失って行くことは惜みても余りあることであるが、これも大きな世界歴史の転換のもと、国家のために死んで行くのである。」

「これは大きな運命で、私のような者一箇人では如何とも為し得ないことでして、全く諦めるより外に何もないのです。言えば愚痴は幾らでもあるのですが、凡て無駄です。止しましょう。…今は唯、神の命ずるまゝに死んで行くより他にないのである。」

「此の頃になって、漸く死と言うことが大して恐ろしいものではなくなって来た。決して負け惜しみではない。…此の分なら大して見苦しい態度もなく死んで行けると思っている。」

そこから久夫は、「私は何一つ不面目なる事はして居らない」ことや「私はよし立派な軍人の亀鑑たらずとも、高等の教養を受けた日本人の一人として、何等恥ずる所ない行動を取って来た」ことを主張し、それゆえに「死んで行く時も、きっと立派に死んで行きます」と綴り、毅然たる死への覚悟の境地を宣言していた。

しかしながらそのすぐ後で、久夫は（「何一つ不面目なる事はして居らない筈で」あるのに）「計らずも私に戦争犯罪者なる汚名を下された」と反論している。筆者はこの反論を、死を覚悟したものの、「戦争犯罪者なる汚名を下された」ままで刑死することにどうしても納得できない、それゆえに処刑前夜に至っても心が乱れる、その自分の心が悲しいのだと詠っている、と読み取ったのである。別言すれば、この短歌はもっぱら久夫が自分自身の心の乱れと動揺とを悲しいと詠ったのだ、と理解するものであった。

〈死の恐怖と戦った久夫〉

筆者のこうした読み取り方は、久夫は自分の死を納得して死の途に就いたのではない、最後の最後まで不条理な死に抗議し、且つ久夫自身は死の恐怖と闘ったのだ、というものでもあった。それゆえに筆者は前著で、「久夫は超人間的にではなくて、人間的に生への執念を抱きつつも、また人間的に死の瞬間を恐れつつも、勇気をふりしぼって死の恐怖を克服しようと戦ったのであった。そうした久夫の人間的な行動、否、余りにも人間的な行動がわれわれに深い共感と限りない感動とを呼び起こすのである(3)」と評したのであった。

そのように評価する視点から筆者は、辞世の短歌二首は「遺書」のままでよかったのではないか、否、そのままでも、久夫が28年間の人生を立派に且つ豊かに生き抜いたことを些かも否定するものではないと判断したのであった。

〈政府の通知〉

この筆者の解釈は、政府の戦死通知や教誨師の久夫の最後の姿についての所見と異なるものである。まず政府の戦死通知を紹介しよう。

政府の戦死通知は、１９４８年12月に「第一復員局法務調査部」から大阪府民生部世話課を経由して木村久宛に伝えられたもので、その内容は「ご令息久雄《（ママ）》には…（１９４６年）５月23日午前９時シンガポール　チャンギー刑務所に於て天皇陛下万歳を高唱せられつゝ実に立派な最後を遂げられ護国の御霊となられました」というものであった。

しかしながら、戦争を嫌い、軍隊と職業軍人に反発していた久夫が「天皇陛下万歳を高唱」したかについては大いに疑問であり、信じ難いことである。久夫も黄泉の国で、不本意な表現に異議を申し立てているに違いない。

ここで筆者の言いたいことは、戦死者がその死に臨んで「天皇陛下万歳を高唱」したなどという表現は、兵士が忠君愛国の士として散ったと讃える当時の政府の常套句であったのではないか、ということである。

〈教誨師の所見〉

次に教誨師の所見を見よう。久夫の教誨を担当した松浦覚了教誨師が、久に報告したり語ったりした久夫の最後の姿は次のようなものであった。

１９４６年６月末頃に木村家に届いたと憶測する「教誨師面談記録　第13号」の「所見」によれば、久夫は「実に沈著《ママ》なる態度に日本軍人として有識者としての風貌があり特に5月22日の夜の如きは英国の看守の軍人よりその態度の厳正なれしことを賞せられたり…従容として辞世の最後の分を伝えられて訣別をせり」というものであった。

また、松浦師は帰国後、木村家を訪問して久夫との面談の状況を家族に語られたようである。久はその時に聞いた松浦師の話を、１９４７年1月3日付の塩尻への手紙で、「久夫は…最後の受刑の直前にも物狂わしい虚勢も示さねば、聊かの恐怖の色も浮べず、全く静かな態度で刑場へ足を運んで行ったそうで、…（松浦師は）聖僧のような姿に感じた」ようです、と書いている。久母の斐野と妹の孝子も、ほぼ同旨の話を『婦女界』の石原記者へのインタビューで答えている。以下は石原記者のまとめである。

その運命の日―渉外局の僧侶、松浦覚了師が、刑場への呼びだしに行くと、久夫氏は、ゆっくりと鉛筆をおいて、水浴を所望した。すがすがしいシャワーを一浴び。所長の情けの煙草を深く吸いこんだ。

「いろいろお世話になりました。」

そして、従容と、絞首台への扉をくぐったのだという…。

若き学徒として、まるで聖僧のような最後であった（松浦覚了師談[4]）。

木村家の家族3人が松浦師から同じ話を聞いたのであるから、3人の話の内容がほぼ同じになるのは当然のことであろう。

ただし、教誨師の報告で気が付くことは、「従容として」と「聖僧」という表現である。「聖僧」とは前出の「有識者」「若き学徒」を承けた巧みな表現であると考えられるが、「従容として云々」という表現も、どうも政府から戦地に派遣された教誨師たちの使用した常套句のひとつであったのではなかろうか。

つまり当時の教誨師たちは、「戦陣訓」の「第七　死生観」の「死生を貫くものは崇高なる献身奉公の精神なり。…身心一切の力を尽くし、従容として悠久の大義に生くることを悦びとすべし」を踏まえていて、久夫をも含む刑死者たちが「従容として悠久の大義に生」きたことを遺族に報告することにしていたのではなかろうか。否、彼等はそういう報告をする使命を負わされていたのではなかろうか。

〈常套句でも遺族の悲しみを癒す〉

ともあれ戦死者が「天皇陛下万歳を高唱」したという政府の戦死通知も、「従容として悠久の大義に生」きたと書いた教誨師たちの所見も、偏に遺族の心を癒し安らげるための常套句であったのではなかろうか。

ただし、それらの報告を受けた遺族の多くは、帰らぬ兵士の〝最後の立派な姿〟を知らされて、その悲しみを大いに癒されたに違いない。

木村家の場合、久夫が「天皇陛下万歳を高唱」したという話は信じ難かったであろうが、松浦教誨師の所見や直々の話を聞いて、大いに救われたと思われる。

〈聖僧のように逝った久夫〉

そこで久は、教誨師の話を「少し誇張して聞かせて下さったのかも知れませんが(5)」と認識しながらも、敢えて好意的に受け取り、久夫が立派な態度で刑場に消えたことで自分と家族との心に鬱積していた深い悲しみを抑えようとして、久夫の辞世の短歌の一句を、その二首前の母を詠った句と入れ替えたのではなかろうか。

この入れ替えによって辞世の短歌は、久夫が「受刑の直前にも物狂わしい虚勢も示さねば、聊かの恐怖の色も浮べず、全く静かな態度で刑場へ足を運んで行った」こと、また、その姿がまさしく「聖僧」のようであったのだ、と表現することになったのである。

以上が、久が辞世の短歌を入れ替えた理由であるとする筆者の見方である。

〈「こゝろの塵」の構成要素〉

他方で、久夫の短歌の「こゝろの塵」の意味は、もっと複雑で多義に及ぶのではないかとも考えられる。例えば、久夫が木村家の家督を継ぐ長男であったことから生起するいろいろな「こゝろの塵」

と読み取った久が、短歌を入れ替える操作をしたのではないかという見方である。

以下に、それらの「こゝろの塵」と推測できる要因について、久夫の「遺書」の中から取り出してみることにする。

1つは、自分の死によって老いたる「父母が落胆の余り途方に暮れ」るのではないかという心配である。

この「塵」を訴えている文書に、「私の死したる後、父母が落胆の余り途方に暮れられることなきかを最も心配しています」「未だ30才に満たざる若き生命を以って老いたる父母に遺書を捧げる不孝をお詫びします」「私は随分なお世話を掛けて大きくして頂いて、愈々孝養も尽くせると言う時になって此の始末です」などがある。

本来ならば一人息子で家督を継ぐ自分が先立つことになれば、後に残されることになる年老いた両親は落胆し、途方に暮れるのではないかという心配である。

2つは、「私に戦争犯罪者なる汚名を下されたこと」によって、「孝子の縁談や家の将来に何かの支障を与えはせぬか」という心配である。

久夫が知る戦前と戦時中の戦争犯罪者への世間の目は厳しかった。戦争犯罪者はまさしく戦争犯罪を犯した者という烙印を押され、その家族も世間の冷たい目に晒されるという状態であった。久夫はそのことをよく知っていたので、自分が戦争犯罪者であることを理由に、妹の孝子が縁談で不当な扱いを受けるのではないか、また、戦争犯罪者を出した木村家が将来において世間から差別されたり不利な扱いを受けたりするのではないかと心配するということである。

3つは、記憶にある木村家はいつも家庭不和な状態であったことの心配である。

久夫は、木村家内の家庭不和の心配について「手記」でも「遺書」でも書き、これからは速やかに円満な家庭を構築して行って欲しいと願った。久夫が死に臨んで、これほど書き続けたということは、彼がこの問題にずっと気を揉んできたことを示唆している。とりわけ「遺書」の終わり近くの次の一節は強烈である。

私の最も気掛りなのは、私の死後、一家仲良く暮して行って下さるかと言うことです。私の記憶にある我が家は、残念ながら決して明朗なるものでなかった。私が死に臨んで挨拶する父の顔も、必ずしも朗らかな笑顔ではないことは悲しいです。何うか私の死を一転機として、私への唯一の供養として、今後明朗な一家として送って下さい。不和は凡ての不幸不運の基のような気がします。…新時代の一家繁栄の為に、唯、其の和合をモットーとしてやって頂きたい。これが私が死に当って、切に父に希う一事であります。

久夫は、木村家の家庭の「不和」の原因を作り出している父に対して、「(家庭の)和合」を「私の死を一転機として、私への唯一の供養」として訴え、さらに重ねて「私が死に当って、切に父に希う一事」であると念押しした。久夫は、記憶にある両親の不和を思い浮かべると、家庭の和合の実現を父に熱願せずにはおれなかったのである。

以上、少なくとも3つくらいの心配が「こゝろの塵」として追加できるかと推測できる。

これらの久夫の心配を読み取った久が、やや少し安らかに死を迎えようとする心境を詠った短歌と入れ替えたのではなかろうか。

〈「家庭の和合」を願った箇所が削除される〉

ここで特記しておかなければならないことは、久夫が家庭不和の心配を書いた二カ所の文章を、久はすべて「遺稿」に収録していたということである。このことは、久夫が「死に当って、切に父に希」った「家庭の和合」の願いに久が応えたことを示唆していた。

筆者はこの示唆を過去形で記述したが、それは、この箇所が手記編集委員会で削除されてしまい、『きけわだつみのこえ』の木村久夫遺稿にはないからである。削除の理由は、プライバシーに関わる内容であるから削除した、ということであるらしい。当の本人である久が承知で収録していたのであるから、手記編集委員会の判断が妥当であったかには疑問のあるところである。

(5) 最後の箇条書きと縦線の意味

〈「遺書」からの引用〉

あとに残していたもう1つの問題は、「遺稿」の文の末尾に位置している箇条書きと縦線（以下、線）の意味についての考察である。その箇所を久夫の「遺書」から引用しよう。

もう書く事はない、愈々死に赴《おもむ》く。皆様、お元気で、さようなら、さようなら。

一、大日本帝国に新しき繁栄あれかし。
一、皆々様お元気で。生前はご厄介になりました。
一、末期の水を上げてくれ。

辞 世

風も凪ぎ雨も止みたり爽やかに
　　朝日を浴びて明日は出でなむ
心なき風な吹きこそ沈みたる
　　こゝろの塵の立つぞ悲しき

一、遺骨は届かない、爪と遺髪とを以てそれに代える。
　処刑半時間前擱筆《かくひつ》す

以上である。辞世の2首の短歌については、すでに考察したので、ここでは除外する。

ここでの問題は、短歌の次に久夫が引いた線の意味である。筆者の見解は、その線は日付変更線を意味するということである。それは、5月22日と23日とを分ける線であると言い換えてもよい。

筆者の推測も含めて書くのであるが、久夫は5月21日から遺書を書き始めたが、処刑前日である22日の夕方から夜にかけて、一度筆を置いたはずである。筆を置いた久夫のその後の行動は、体重測定と夕方に刑務所で開かれるお別れ会（晩餐会）への出席であったと思う。この時間帯の事情を説明すると思われる資料を次に紹介しよう。

死刑判決を受けてからみんなPホールに収監されて過ごしているんだけど、宣告は受けたもののいつ執行されるかわからないんですよ。…処刑の日程が決まると、その前日、しかも前日の夕方に知らせが届くんです。」「名前を呼ばれたら、次の日が処刑です。別室に連れて行かれて、そこで死刑の日時を宣告されるんです。…次の日の朝に死刑が執行されてね。」

「こうして夕方に死刑執行が言い渡されると、続いて体重測定が行われた。処刑される人間の体重が軽すぎると、定められた時間に目的が達せられない、つまり確実に死に至らしめることができない怖れがある。そのため、規定の体重に達しないものは、砂袋をぶら下げられる。その砂袋の数を見積もるための、悲しくも残酷な体重測定なのだ。夜になると、最後の晩餐が開かれた。次の日に処刑される人間だけが、晩餐会ができる。最後の晩餐は、Ｐホールのなかにある少し広めの部屋で行われました。(6)」

さて、何時に久夫が晩餐会を終えて独房に戻ったかは分からない。しかし、久夫が線を引いたのは、処刑前日の22日の夕方に、辞世の短歌を書いた後であったか、もしくは処刑当日の23日の早朝であったかのどちらかである。ただし、確かなことは、この線が22日と23日を分けているのではないかということである。筆者がこの線が日付変更線を意味すると書いたのは、そういう意味である。

したがって久夫が、最後の二行（一、遺骨は届かない、爪と遺髪とを以てそれに代える。処刑半時間前擱《かく》筆《ひっ》す）を書いたのは処刑当日の23日の早朝であって、擱筆したのは処刑半時間前ということである。

その時間は、久夫の処刑時間が午前9時5分であったことから単純に逆算すれば、1946年5月23日の午前8時半頃であったと推定できる（久夫は、処刑前に水浴をし、煙草を吸ったという。そのことを考えれば、もう少し前であったかもしれない）。

なぜ筆者が日付変更線を意味する線にこだわるかと言えば、ひとつは、辞世の短歌（「風も凪ぎ雨も止みたり爽やかに　朝日を浴びて明日は出でなむ」）が22日中に詠まれた短歌であり、翌日の処刑日との時制が合致するからであり、二つは、久夫が21日から23日の午前8時半まで休みなく遺書を書き続けていたのではなかったということを示すためである。

もし筆者の上述の推測が正しいとするならば、久編集の「遺稿」（さらに、それを継承している『きけわだつみこのえ』）は問題を含んでいるのではなかろうか。そこで次に「遺稿」の記述を検証していくことにする。

〈「遺稿」からの引用〉

久夫の「遺書」の上記の引用箇所に該当する「遺稿」の箇所は、次の通りであった。

○もう書くことはない。愈々死に赴く。皆様お元気で。さようなら。さようなら。

一、大日本帝国に新しき繁栄あれかし。

一、皆々様お元気で。生前は御厄介になりました。

一、末期《まつご》の水を上げて下さい。

一、遺骨はとゞかない。爪と遺髪とを以てそれに代える。

みんなみの露と消えゆく命もて朝かゆすゝる心かなしも
朝かゆをすゝりつつ思う故郷の父よ許せよ母よ嘆くな
遠国《とおくに》に消ゆる命のさびしさにまして嘆かる父母のこと
友のゆく読経の声をきゝながらわれのゆく日を指折りて待つ
指をかみ涙流して遙かなる父母に祈りぬさらばさらばと
眼を閉じて母を偲べば幼な日の懐《いと》し面影消ゆる時なし
音もなく我より去りしものなれど書きて偲びぬ明日という字を
かすかにも風な吹き来そ沈みたる心の塵の立つぞ悲しき
明日という日もなき命いだきつゝ文よむ心つくることなし

以下二首処刑前夜作
をのゝきも悲しみもなし絞首台母の笑顔をいだきてゆかむ
風も凪ぎ雨もやみたりさわやかに朝日をあびて明日は出でなむ

処刑半時間前擱筆す。　木村久夫

以上である。

11首の短歌の選択の問題点や、辞世の短歌の入れ替えの問題点については既に考察してきた。それゆえに以下では、さらに新しい問題点について考察していく。

筆者がこの箇所で指摘したいことは、「遺稿」は「遺書」を誤って編集しているのではないかということである。言い換えれば、この編集では誤解を招くのではないかということである。指摘しよう。

その1は、線の次の行に書いていた「一、遺骨はとゞかない。爪と遺髪とを以てそれに代える」を、その前の三つの箇条書きの続きに並べているが、これは、前述したように、久夫が22日夕方か夜に一旦筆を置いたときに引いた線、もしくは処刑日である23日の早朝に最後の二行を追加するために引いた線（日付変更を意味する線）を無視しているということである。しかも、この線の意味を無視したことが、以下に述べる編集上の問題を招来することになったということである。

その2は、「以下二首処刑前夜作」から「処刑半時間前擱筆す。木村久夫」までの最後からの4行は、その4行の間の限りでは時制的に整合性があるように見えるが、「以下二首処刑前夜作」と「処刑半時間前擱筆す」の間に存在したはずの数時間、もしくは日付変更の経過を無視しているということである。

換言すれば、「以下二首処刑前夜作」から「処刑半時間前擱筆す」では、久夫は前夜から処刑半時間前まで何をしていたのかが説明されないということである。こうした書き方では、久夫は前夜から処刑半時間前まで徹夜して遺書を書き続けていたような印象を与えかねない。

その3は、箇条書きの次に、「手記」と「遺書」の文中に散在して書き込まれていた短歌を11首一括して並べているが、もう少し丁寧な説明をしておくべきでなかったかということである。

久が「遺稿」の編集作業を開始した時は「遺書」の存在を秘密にしていて、「手記」を「久夫の遺書」として編集していた。しかし実際には、久は「手記」と「遺書」とを合わせて「久夫の遺書」とし、それを基にして「遺稿」を編集していた。それゆえに、11首の短歌は久夫が「手記」と「遺書」の両方で詠んでいた合計34首の短歌の中から選んだものである。

そうだとすれば、その説明をしておくべきではなかったろうか。例えば塩尻は「或る遺書について」で、「最後に、彼の遺書の中に散在して表れている和歌の二、三を拾い上げることにしよう。…最後の二首は死の前夜のものである」(7)と説明していたように、である。

〈筆者が提案する書き方〉

「遺稿」の最終段階の箇所の記述の問題点について指摘した。以下に、筆者の意見に基づいて「遺稿」の当該箇所を文章化してみよう。

もう書くことはない。愈々死に赴く。皆様お元気で。さようなら。さようなら。

一、大日本帝国に新しき繁栄あれかし。

一、皆々様お元気で。生前は御厄介になりました。

一、末期《まつご》の水を上げて下さい。

辞　世（又は、処刑前夜作）

をのゝきも悲しみもなし絞首台母の笑顔をいだきてゆかむ
風も凪ぎ雨もやみたりさわやかに朝日をあびて明日は出でなむ

一、遺骨はとゞかない。爪と遺髪とを以てそれに代える。
処刑半時間前擱筆す。　　木　村　久　夫

（遺書に詠われていた短歌から数首を書き抜く）

みんなみの露と消えゆく命もて朝かゆすゝる心かなしも
朝かゆをすゝりつつ思う故郷の父よ許せよ母よ嘆くな
遠国《とおくに》に消ゆる命のさびしさにまして嘆かる父母のこと
友のゆく読経の声をきゝながらわれのゆく日を指折りて待つ
指をかみ涙流して遙かなる父母に祈りぬさらばさらばと
眼を閉じて母を偲べば幼な日の懐《いと》し面影消ゆる時なし
音もなく我より去りしものなれど書きて偲びぬ明日という字を
かすかにも風な吹き来そ沈みたる心の塵の立つぞ悲しき
明日という日もなき命いだきつゝ文よむ心つくることなし

〈『きけわだつみのこえ』最新版の訂正の間違い〉

この箇所は『きけわだつみのこえ』の初版（東大協同出版部、１９４９年）から最新の岩波文庫版まで「遺稿」通りであった。筆者の指摘を参考にして訂正された最新版（岩波文庫、２０１５年6月5日28刷版、465～467頁）でも、必ずしも正しく訂正されていないと考える。そこでは次のようになっている。煩を厭わず引用する。

もう書くことはない。愈々死に赴《おもむ》く。皆様お元気で。さようなら。さようなら。
一、大日本帝国に新しき繁栄あれかし。
一、皆々様お元気で。生前は御厄介になりました。
一、末期《まつご》の水を上げて下さい。
みんなみの露と消えゆく命もて朝かゆすゝる心かなしも
朝かゆをすすりつつ思う故郷《ふるさと》の父よ許せよ母よ嘆くな
遠国《とおくに》に消ゆる命のさびしさにまして嘆かる父母のこと
友のゆく読経《どきょう》の声をききながらわれのゆく日を指折りて待つ
指をかみ涙流して遙かなる父母に祈りぬさらばさらばと
眼を閉じて母を偲《しの》べば幼な日の懐《いと》し面影消ゆる時なし
音もなく我より去りしものなれど書きて偲びぬ明日という字を

かすかにも風な吹き来そ沈みたる心の塵《ちり》の立つぞ悲しき
明日という日もなき命いだきつつ文よむ心つくることなし

以下二首、処刑前夜の作
おののきも悲しみもなし絞首台母の笑顔をいだきてゆかむ
風も凪《な》ぎ雨もやみたりさわやかに朝日をあびて明日は出でなむ

遺骨はとどかない。爪と遺髪とを以てそれに代える。
処刑半時間前擱筆《かくひつ》す。　木村久夫

筆者の案と岩波文庫版との違いは明々白々で、改めて指摘するまでもないであろう。以下では違いについての筆者の意見を述べることにする。

筆者は、久が「手記」と「遺書」に散在して詠っている34首の短歌の中から選んだ9首（「辞世の短歌」2首を除く）を、何の説明もしないままに、線の前に置くことが妥当であるかに疑問を持つ。この9首の短歌は、久夫が文中に散在して書いていた34首の短歌から久が選んだものである。それゆえに塩尻公明がその随想文「或る遺書について」で9首の短歌を文章の最後に置いたように、文末に別書きする形で置くのが適切であると考える。筆者の提案もそのように書いたのであるが、いかがであろうか。

注

1　これら3通については、既に拙著『戦没学徒　木村久夫の遺書』に収録している。すなわち「遺書（写）」は同書の260〜265頁、「遺書A」は同469〜473頁、「遺書B」は同474〜480頁に、である。
2　久夫が詠んだ短歌のすべては、拙著『戦没学徒　木村久夫の遺書』の資料篇に収録してある。
3　拙著『戦没学徒　木村久夫の遺書』桜美林大学北東アジア総合研究所、２０１６年、220頁。
4　『婦女界』、１９４９年4月号、48頁。
5　１９４９年1月3日付の久から塩尻への手紙。
6　田原総一朗監修・田中日淳編・堀川恵子聞き手『ＢＣ級戦犯60年目の遺書―日本の戦争―』アスコム、２００７年、58〜63頁。なお、茶園義男『ＢＣ級戦犯・チャンギー―絞首台』紀尾井書房、１９８３年、169〜173頁の「最後の晩餐会」も参照されたい。
7　中谷彪ほか編、塩尻公明『新版　或る遺書について』大学教育出版、２０１３年、44〜45頁。

おわりに

本稿の目的については「はしがき」で述べたところであるが、その要点を今一度確認すれば、久が『きけわだつみのこえ』の手記編集委員会に寄稿する「木村久夫遺稿」を書き上げるために、久夫が『哲学通論』の欄外余白に書き込んだ「手記」と、処刑半時間前に擱筆《かくひつ》した「遺書」とをどのように編集（取捨選択）したのかをできるだけ実証的に明らかにしようとするものであった。

ただし、筆者にとってこの考察は、『きけわだつみのこえ』に収録されている「木村久夫遺稿」の編集を塩尻がしたのではないかという言説と報道とに疑問を覚えた筆者が、その真偽を検証すべく諸資料を駆使して研究した結果、「木村久夫遺稿」を編集したのは塩尻ではなく、久夫の父である木村久が編集したという結論に到達した第一段階の考察から、久が久夫の「手記」と「遺書」とをどのように編集したのかを究明しようとする第二段階の考察に当たるものである。

本稿の考察で明らかになったことを指摘すれば、以下のように整理することができる。

1つは、「遺稿」は「手記」と「遺書」のほとんどの文章を収録しているということである。〝ほとんど〟と書いた意味は、「手記」と「遺書」のすべての文章ではないが、ほとんどの文章を収録しているということである。ただし、久が「手記」と「遺書」の文章に、自分の文章を加えたという箇所はないということである。むしろ久の編集は、考察してきたように、若干の点で恣意的な編集をした箇所もなきにしもあらずであるが、久夫の「手記」と「遺書」の文章を忠実に編集しようと努力していたと言える。この点で、久の編集は久夫の「原意に背いては」いない、と言ってよいであろう。

2つは、「遺稿」の前半に「手記」を、後半に「遺書」を配置しているということである。「手記」と「遺書」とが切り替わる箇所は、中段にある「愈々私の刑が執行せられることになった。云々」という文章からである。読者は、この文章の前後のつながりにやや違和感を覚えられるのではなかろうか。

3つは、「遺稿」には内容的に重複している箇所が散見されるということである。これは久の編集の故ではなく、元々久夫の「手記」と「遺書」に内容的に重複している箇所があったからである。その「手記」と「遺書」を一篇の「遺稿」にまとめようとするのは至難の作業で、文筆家ではない久の編集した文章に重複した箇所が散見されたとしても止むを得ないと考えるべきであろう。

4つは、久夫が引いた線（日付の変更を意味する線）を理解できなかったということである。久夫が引いたこの線の意味を編者の久が理解できなかったために、時制の不整合が生じてしまったということである。

5つは、久夫が「手記」と「遺書」の中で散在的に詠んでいた短歌34首の中から11首を選び出し、それらのうちの9首を説明なしに箇条書きの次に一括して並べたが、説明が必要であったのではないかということである。

序に言えば、この11首は、塩尻が「或る遺書について」の文章末で選んだ11首と短歌数では同じであるが、そのうちの一首だけが異なった短歌であった。久は塩尻の文章や短歌の内容を「照合」したであろうが、主体性を発揮した箇所もあったということである。

久はその他の文章でも塩尻の文章を「照合」している箇所もあるが、それをもって「東京新聞」（２０１５年7月17日夕刊）のように、「恩師の添削を踏襲」したなどとは言えないのではないか。こういうレトリックで1年3カ月前の報道（２０１４年4月29日の同紙の朝刊、第一面の大見出し、「恩師編集今の形に」）の誤報を訂正したとするのは誠実な態度ではないと考える。

6つは、辞世の短歌の一つを入れ替えたということである。

どのような理由で久夫がこの短歌の入れ替えを行ったのかについては、本稿でもかなりの紙数を費やして考察してきたところである。また、そうした考察の結果として、筆者は筆者なりに自分の見解を提示して責任を果たしたつもりである。ただ筆者は、自分の見解の他にも、いろいろな考え方や解釈が成り立ち得ることを承知しているので、自説に固執するつもりはない。

さて、正鵠を射た見解は何であろうか。今後も見解の提示を注視していきたい。

それはともあれ、筆者は、辞世の短歌二首は「遺書」のままでよかったのではないか、否、そのままであった方が、久夫が28年間の人生を立派に且つ豊かに生き抜いたことを示しているのではないか、と考えている。

（2017・9・8）

付録

付録1　本書に収録した文書及び資料一覧（文書及び資料の末尾の頁数は、収録の冒頭の頁を示す。）

（木村久夫の遺文関係）

1　木村久夫の「手記」（1946年4～5月頃、久夫が田辺元著『哲学通論』欄外余白に書き込んだ手記・中谷彪筆写・全文、240頁）

2　**木村久夫の「遺書」**（1946年5月21～23日、中谷彪筆写の全文、**資料篇1に収録**、337頁）

3　木村久夫の「遺書A」（1946年12月頃、久の筆写・控え文・全文、274頁）

4　木村久が塩尻公明に郵送した久夫の「遺書（写）」（木村久の筆写、1947年1月3日付・全文、132頁）

5　塩尻公明筆写の「木村久夫君の遺書」（1946年12月19日了、143頁）

6　**塩尻公明執筆の「或る遺書について」の原稿**（『新潮』に送った原稿、**資料篇2に収録**、346頁）

7　**木村久夫の「遺書B」**（1948年12月頃、久が「戦死学生の手記」応募のための下書き案・全文、**資料篇3に収録**、375頁）

8　久編集の「木村久夫遺稿」（久が「戦死学生の手記」編集委員会に寄稿した原稿・全文・216頁）

（手紙類）

9　木村久から塩尻公明への手紙（1947年1月3日付、124頁）

10　木村久から塩尻公明への手紙（1948年2月14日付、抄、165頁）

11　塩尻公明から木村久への手紙（1948年6月9日付、168頁）

12　安光公太郎から木村久への手紙（1948年11月27日付、全文、204頁）

13　木村久から塩尻公明への手紙（1948年12月14日付け、抄、208頁）

付録2　資料篇

1　木村久夫の「遺書」（1946年5月21〜23日・全文）

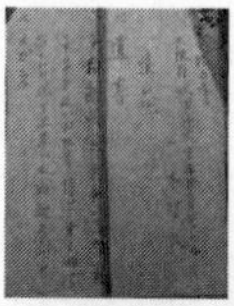
久夫の遺書（表紙）

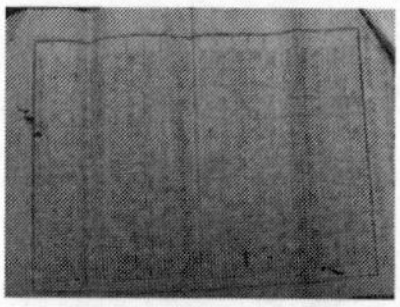
久夫の遺書（1頁）

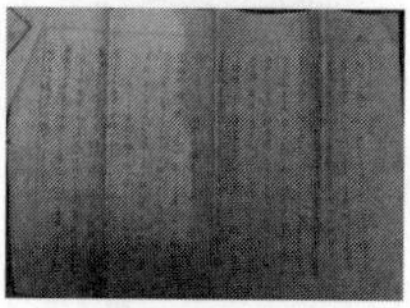
久夫の遺書（2頁）

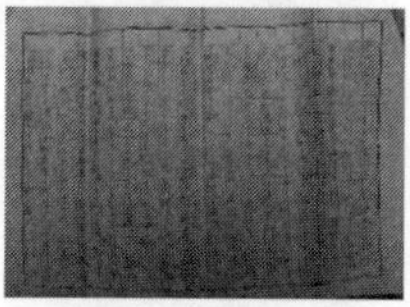
久夫の遺書（3頁）

久夫の遺書（4頁）

久夫の遺書（5頁）

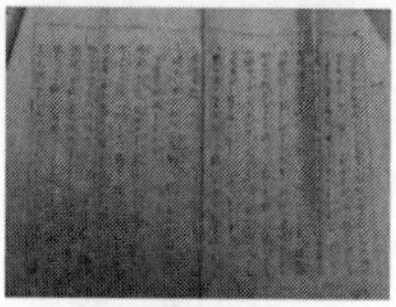
久夫の遺書（6頁）

久夫の遺書（7頁）

久夫の遺書（8頁）

久夫の遺書（9頁）

久夫の遺書（10頁）

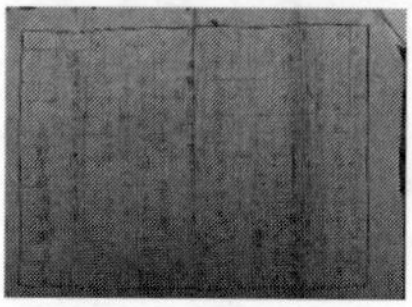
久夫の遺書（11頁）

・「遺書」は、「遺品」（表紙）1枚と「遺書」400字詰原稿用紙11枚とから構成されている。
・青鉛筆書きである。
・原文は、漢字とカタカナとひらがなを交えて書かれている。

・漢字は極力そのままにしてルビをうち、旧仮名遣《かなづか》いについては現代仮名遣い文とした。ただし、短歌と「引用文」とは、そのままとした。
・読者の便宜を考えて、適宜、（　）で筆者注を入れた。

（表紙）
留守担当者
　大阪府吹田市大字佐井寺4029
　　　　　　　　父　木村　久

遺　品
1、遺書
2、英和辞典（之は倉庫にある背嚢《はいのう》の中にあり、之は内地より持って来た唯一の品なるを以て出来る丈御配慮下さい）
3、メガネ

所属部隊第36旅団岡野部隊花岡隊
留守担当者　大阪府吹田市大字佐井寺　　木村　久

遺書

木村久夫

未だ30才に満たざる若き生命を持って老いたる父母に遺書を捧げるの不孝をお詫びする。愈々《いよいよ》私の刑が執行される事になった。絞首に依る死刑である。戦争が終了し戦火に死なゝかった生命を、今此処に於て失って行く事は惜みても余りある事であるが、之も大きな世界歴史の転換のもと国家のために死んで行くのである。宜しく父母は私は敵弾に当って華々しい戦死を遂げたものと諦めてくれ。私が刑を受くるに至った事件の内容については福中英三氏に聞いてくれ。此処で述べる事を差し控える。

父母は其の後お達者であるか。孝子《こうこ》は達者か。孝ちゃんはもう22才になるんですね、立派な娘さんになっているんでしょうが、一眼見れないのは残念です。早く結婚して私の家を継いで下さい。私の居ない後、父母に孝養を尽くせるのは貴女丈《だけ》ですから。私は随分なお世話を掛けて大きくして戴いて、愈々孝養も尽くせると言う時になって此の始末です。之は大きな運命で、私の様な者一個人では如何とも為し得ない事でして、全く諦める　より外に何もないのです。言えば愚痴は幾らでもあるのですが、凡てが無駄です。止しましょう。大きな爆弾に当って跡形なく消え去ったのと同じです。

斯《こ》うして静かに死を待ち乍ら坐っていると、故郷の懐かしい景色が次から次へと浮んで来ます。分家の桃畑から佐井寺の村を下に見下ろした、あの幼な時代の景色は今も眼にありありと浮んで来ます。谷さんの小父さんが下の池でよく魚釣りをして居られました。ピチピチと鮒が糸にかゝって上って来るのもありありと思い浮かべる事が出来ます。家のお墓も思い出します。其処からは遠くに吹田の放送局や操車場の広々とした景色が見えましたね。又お盆の時、夜お参りして、遠くの花壇で打ち上げられる花火を遠望したことも思い出します。又お墓の前には柿の木がありましたね。今度帰ったらあの柿を喰ってやります。御先祖の墓があって祖父、祖母の石碑がありますね。小供の頃、此の新しい祖母の横に建てられる次の新しい墓は果して誰の墓であろうかと考えた事がありますが、お祖母さんの次に私のが建つとは、其の時は全く考え及びませんでした。お祖父様、お祖母様と並んで、下の美しい景色を眺め柿を喰ってやりましょう。思い浮びましたから序《つい》でにお願いして置きますが、私の葬儀などは余り盛大にやらないで下さい、ほんの野辺の送りの程度で結構です。盛大は更《かえ》って私の気持に反します、又たお供物なども慣習に反するでしょうが　美味そうな洋菓子や美しい洋花をどっさりお供え下さい。私は何処迄も晴やか明朗でありたいです。

次に思い出すのは何を言っても高知です。境遇及び思想的に最も波乱に富んだ時代であったから、思い出も尽きないものがある。新屋敷の家、鴨の森、高等学校、堺町、猪野々、思いは走馬燈の如く走り過ぎて行く。塩尻・徳田・八波の三先生はどうして居られるであろう。私の事を聞けばきっと泣いて下さるであろう。随分なお世話を掛けた。私が生きて居れば思い尽きない方々なのであるが、何の御恩返しも出来ずして遥か異郷で死んで行くのは残念だ。私の凡てが芽生えたのは此の時であったのであるが、それも数年とは続かなかった。せめて一冊の著述でも出来得る丈の時間と生命とが欲しかった。之が私の最も残念とするところである。私が出征する時に言い遺して来た様に、私の蔵書は全部塩尻先生の手を通じて高等学校に寄贈してくれ。学校の図書が完備されていない事は私が夙《つと》に痛感していた所であった。私の図書の寄贈に依って可成りの補備が出来るものと信ずる。若き社会科学者の輩出のため少しなりとも尽くす所あらば、私の希望は満される。（但し孝子の婿に当る人が矢張り経済学者として一生を志す人ならば、勿論其の人のため必要ならば蔵書の全部を捧げても良い）塩尻先生には殊に良《よ》ろしくお伝えしてくれ、先生より頂戴した御指導と御厚意は何時迄も忘れず死後迄も持ち続けて行きたいと思っている。

短歌を久し振りに詠《よ》んで見た　何れもが私の辞世である。

○つくづくと幾起き臥しのいや果の此の身悲しも夜半に目醒めつ。
○雨音に夏虫の鳴く声聞けば母かとぞ思ふ夜半に目醒めつ。
○悲しみも涙も怒りも尽き果てし此の侘しさを持ちて死なまし。
○みんなみの露と消え征く生命もて朝粥すゝる心かなしも。
○現し世の名残りと思ひて味ひぬ一匙の菜一匙の粥。
○朝粥をすゝりつ思ふ故里の父よ赦せよ母よ嘆くな。
○友の征く読経の声聞き乍ら己の征く日を指屈りて待つ。
○紺碧の空を名残りに旅立たむ若き生命よさらばさらばと。
○故里の母を想へば涙しぬ唇噛みてじっと眼を閉づ。

凡ての望みが消え去った時の人間の気持は、実に不可思議なものである。如何なる現世の言葉を以てしても現し得ない、己に現世より一歩超越したものである。何故か死の恐ろしさも解らなくなった。凡てが解らない、夢でよく底の知れない深みへ落ちて行く事があるが、丁度あの時の様な気持である。

死刑の宣告を受けてから、計らずも曾て氏の講義を拝聴した田辺元博士の「哲学通論」を手にし得た。私は唯に読みに読み続けた。そして感激した。私は此の書を幾度か諸々の場所で手にし、愛読したことか。下宿の窓で、学校の図書館で、猪野々の里で、洛北白川の下宿で、そして今又遠く離れた昭南《しょうなん》の監獄の一独房で、然し場と時とは異っていても、私に与えてくれる感激は常に唯一つであった。私は独房の寝台の上に横たわり乍ら、此の本を抱き締めた。私が一生の目的とし、理想としていた雰囲気に再び接し得た喜びであった。私にはせめての最後の憩《いこ》いであり慰《なぐさ》みであった。私は戦《たたかい》終り、再び書斎に帰り、学の精進に没頭し得る日を幾年待っていた事であろうか、然し凡てが失われた、私は唯新しい青年が、私達に代って、自由な社会に於て、自由な進歩を遂げられん事を地下より祈るを楽しみとしよう。マルキシズムも良し、自由主義もよし、如何なるものも良し、凡てが其の根本理論に於て究明され解決される日が来るであろう、真の日本の発展は其処から始まる。凡ての物語りが私の死後より始まるのは誠に悲しい。

一津屋のお祖母様はお元気だろうか。私に唯一人の生きた祖母である。本当に良い、懐かしいお祖母様だ。南に征《い》く日にも会って来た。良く最後一眼でもお会いして来たことと、今となって懐かしく思っている。今日迄一口も言葉には出さなかったが、私は幼少の時分より長く此の祖母に家の事で随分御心配を掛けた事を知っている。私が一人前になれば、早くあの御恩の幾分なりとも返したいと常に念願していたのであるが駄目であった。今は其の 志《こころざし》 丈を述べて其れに代える。それから重雄叔父様を始め一族の方々名残は果てし無い人計《ばか》りである。

○　慾も捨て望も総べて絶へたるになほ此のからだ生ける悲しき。
○　明日の日は如何なる郷《くに》へ行くならむ極楽と言ひ地獄と言ふも。

私の死にたる後、父母が其の落胆の余り途方に迷われる事なきかを最も心配している。戦争の終りたる今となって死んで行く不孝は何処迄でもお詫びせねばならないが、思い巡らせば、私は之で随分武運強かったのである、印度洋の最前線、而も敵の反抗の最も強烈なりし二ヶ年、随分之で生命の最後かと自ら諦めた危険もあったのである、それでも擦り傷一つ負わなかった。神も出来る丈私を守って下さったのであると考えたい。父母は私は既に其の時に死んだものと諦めて戴き度《た》い。諦めなければ此の私自身が父母以上にもっと悲しいのである。私の死については出来る丈多く私の友人知人に通知してくれ。

降伏後の日本は随分変わった事だろう。思想的に、政治、経済機構的にも随分の試練と経験と変化とを受けるであろうが、其の何れもが見耐《みごた》えのある一つ一つであるに相異《そうい》ない。其の中に私の時間と場所との見出されないのは誠に残念の至りである。然し世界の歴史の動きはもっともっと大きいのだ。私の如き者の存在には一瞥《いちべつ》もくれない、泰山鳴動《たいざんめいどう》して踏み殺された一匹の蟻《あり》にしか過ぎない。私の如き者の例は、幾多あるのである。戦火に散って行った幾多軍神もそうだ、原子爆弾で消えた人々もそうだ。斯くの如きを全世界に渉《わた》って考えるとき、自ら私の死もうなずかれよう。既に死んで行った人の事を考えれば、今生き度いなどと考えるのは、その人達に対してさえ済まない様な気がする。若し私が生くれば、或は一社会科学者として幾分かの業績は就《な》すかも知れない、然し又将《はた》して生きて見て唯の俗世の凡人として一生を送るかも知れない。未だ花弁を見せず蕾《つぼみ》のまゝ多《おお》（く）の人に惜しまれ乍ら死んで行くのも一つの在り方であったかも知れない。自分本位の理論は此の場合止めよう、今は唯世界創造神の命ずるまゝ死んで行くより他に何物もないのである。意気地ないが　之が今　私の持ち得る唯一の理論だ。

○　かにかくに思ひは凡て尽きざれど学ならざるは更に悲しき。

○　をのゝきも悲しみもなし絞首台母の笑顔を抱きて征かなむ。

○　夜は更けぬしんしんとして降る雨に神のお告げをかしこみて聞く。

此の頃になって漸《よう》く死と言う事が大して恐ろしいものではなくなって来た。決して負け惜しみではない。病で死んで行く人でも　死の寸前には斯の様な気分になるのではないかと思われる。時々ほんの数秒の間、現世への執着がひょっくり頭を持上げるが直ぐ消えてしまう。此の分では愈々あの世へのお召が来ても、大して見難《みにく》い態度もなく行け相《そう》と思っている。何を言っても一生に於て之程大きい人間への試験はない。今では、父母妹の写真もないので、毎朝毎夕眼を閉じ、昔時の顔を思い浮べては挨拶している、お前達も眼を閉じ、大学生当時の私にでも挨拶してくれ。阿部（孝）先生はお元気か。良ろしくお伝えしてくれ。どう御挨拶申して良いか適当な言葉も思い当たらない。それから新田の叔父叔母様にも良ろしく、入営直前お会した時のお姿が思い浮かべられる。

もう書く事とて何もない。然し何かもっと書き続けて行き度い。筆の動くまゝ何かを書いて行こう。私の事については、以後次ぎ次ぎに帰還する戦友達が告げてくれるであろう。何か友より便りある度びに、遠路をいとわず、戦友を訪問して私の事を聞いてくれ。私は何一つ不面目《ふめんぼく》なる事はして居らない筈だ。死んで行く時も立派に死んで行く筈だ。又よし立派な軍人の亀鑑《きかん》たらずとも、日本人としは、日本最高学府の教養を受けた日本インテリーとしては、何等恥ずる所ない行動を取って来た筈である。唯それ丈は父母への唯一の孝行として残せると思っている。唯私に戦争犯罪者なる汚名が計らずも下された事が、軈《やが》ては孝子の縁談に、又家の将来に何かの支障を与えないかと言う事が心配であるが、カーニコバルに終戦迄駐屯していた人ならば　誰もが皆私の身の公明正大を証明してくれる事を信ずる。安心してくれ。

私の死後唯一つ気掛かりなのは、一家仲良く暮して行ってくれるかどうかと言う事である。私の記憶にある一家と言うものは残念乍ら決して相和《あいわ》したものではなかった。私が死に臨んで思い浮べる父の顔と言うものは必ずしも朗らかな父の笑顔では無いと言う事は、悲しみて余りあるものがある。此の私の死を一転機として、私への唯一の供養《くよう》として、今後の一家を明朗な一家として送られる事をお祈りする。不和は凡ての不幸不運の基《もと》である。因縁論者ではないが、此の度びの私の死も其の遠因の一分でも或は其処から出ているのではないかとも考えられない事もないのである。新時代への一家繁栄の基である将来のため一家和合を其の「モットー」としてやって戴き度い。殊更に死に当って父に求むる一事である。

死ねば、祖父母にも、又一津屋の祖父にも会えるであろう。又計らずも戦死していた学友にも会える事であろう。あの世で、それ等の人々と現世の思出語《おもいで》りをしよう。今はそれを楽《たのしみ》の一つとして死んで行くのである。また世人の言う様に出来得るものならば、蔭から父母や妹夫婦（原文は「婦夫」）を見守って行こう。常に悲しい記憶を呼び起さしめる私であるかも知れないが、私の事も思い出して日々の生活を元気付けて戴き度い。

誰かドイツ人の言葉であったか　思い出した。

「生れざらんこそよなけれ、生れたらん人には生れし方へ急ぎ帰るこそ願はしけれ」

私の命日は昭和21年5月23日なり。

私の遺品も充分送れないのは残念である。然し出来る丈の機会をとらえて、多くの人に私の遺品の一部ずつを頼んだ。其の内の幾つかは着くであろう。英和、和英字書（辞書）、哲学通論、ズボン、其の他である。また福中の叔父さんも私の遺品となる可きものを何か持って居られるかも知れない、お尋ねしてくれ。遥か異郷に於て多少とも血を分けた福中氏を持ったと言う事は不幸中の幸であった。氏は私のために心から嘆いてくれるであろう。氏に最後お目に掛って御礼を申し上げなかった事は残念である。良ろしくお伝え申してくれ。もう書く事はない、愈々死に赴《おもむ》く。皆様、お元気で、さようなら、さようなら。

一、大日本帝国に新しき繁栄あれかし。

一、皆々様お元気で。生前はご厄介になりました。

一、末期の水を上げてくれ。

辞世

○ 風も凪ぎ雨も止みたり爽やかに
　　朝日を浴びて明日は出でなむ

○ 心なき風な吹きこそ沈みたる
　　こゝろの塵の立つぞ悲しき

一、遺骨は届かない、爪と遺髪とを以てそれに代える。
　　処刑半時間前擱筆《かくひつ》す

2　塩尻公明執筆の「或る遺書について」の原稿（『新潮』から返却されて塩尻宅に保存）

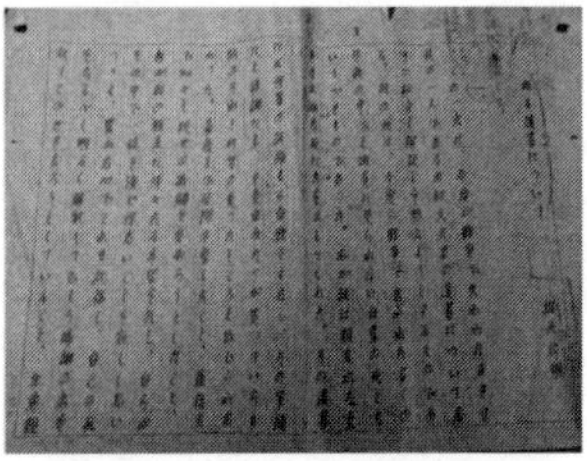

塩尻執筆の「或る遺書について」の原稿1頁（写真版）

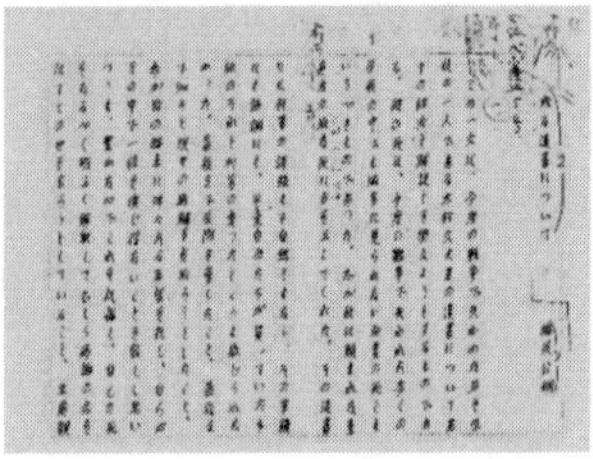

原稿1頁（コピー版）

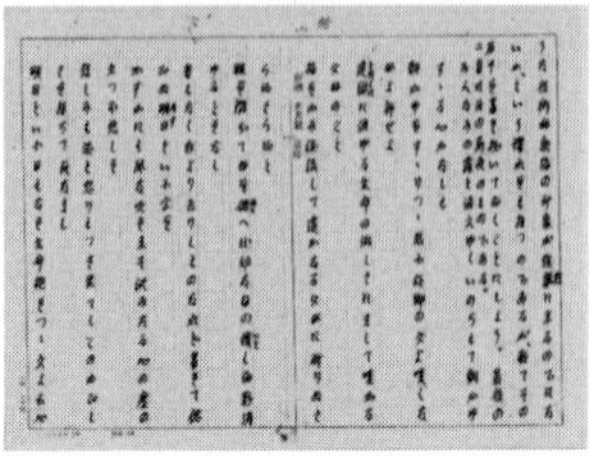

同前55頁

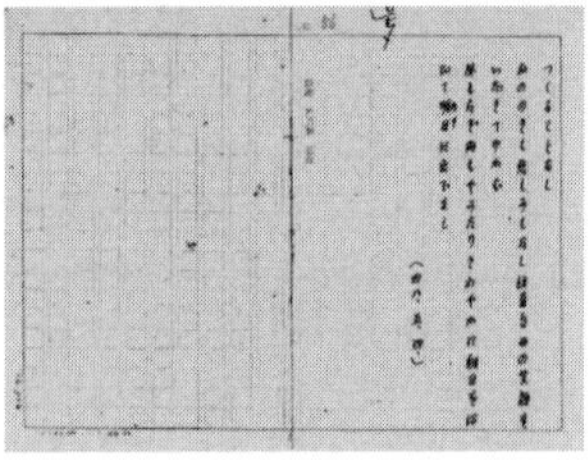

同前56頁（最終頁）

凡例

1、本文の用語・用字（漢字およびかなづかい）は原文どおりとし、原著者の文章を生かすことを心がけたが、明らかに誤記と見られるものは訂正した。

2、木村久夫氏の「手記」と「遺書」からの引用部分については、改行してわかりやすく工夫した。

3、難しい漢字にはルビをふった。

或る遺書について

塩尻公明

1

この一文は、今度の戦争で失われた若い学徒の一人である木村久夫《きむらひさお》君の遺書について若干の紹介と解説とを与えようとするものである。彼の死は、今度の戦争で失われた多くの学徒の中でも滅多《めった》に見られない非業《ひごう》の死ともいうべきものであった。だが彼は類まれな素直な立派な死に方を示してくれた。その遺書には何等の誇張も不自然さもなく、その筆蹟にも語調にも、平素自分たちが貰っていた手紙のそれと何等の変わったところも感じられなかった。最後まで学問を愛したこと、最後まで沁々と現世の感触を受取ろうとしたこと、我が国の将来に洋々たる希望を託し、自らがその中で一役を演じ得ないことを寂しく思いつゝも、豊かな心でこれを祝福し、自己の死をなるべく明るく解釈してむしろ感謝の念を以てこの世を去ろうとしていること、生前親しかった凡《すべ》ての人々にこまやかな愛情を運び、生前の恩誼《おんぎ》を感謝し、行き届いた勧告をまで与えていること、然も愈々《いよいよ》最後の場面に臨んでは同時に処刑された職業軍人たちにはその例を見出すことができなかったほどの落ちついた静かな態度を示したことなど、年若い学徒としては我々の仰ぎ見るに足るような死に方を示した。彼自身遺書の中に「人生にこれほど大きな試験はほかにないだろう」と言っているが、彼はその大きな試験に立派に及第した。このように立派な死に方を可能にした力は何であったであろう。彼の遺書に現われているところや彼の平生《へいぜい》について知っているところを材料として、この点について若干の推測を下してみることも、この一文の意図するところの一つである。

木村君は昭和17年3月高知高等学校を卒業して京都帝国大学経済学部に入学、その新しい制服もまだ十分に着慣れぬうちに応召《おうしょう》入隊、入隊早々病気にかゝり一ヵ年近くの病院生活を送ったが、退院するや否や南方派遣軍に加わって内地を出発、約一万人の陸海軍人と共に印度洋の一孤島、ほぼ淡路島ほどの大きさをもつカーニコバル島に上陸、いくたびかの激しい戦闘ののち、その地で終戦を迎えるに至った学徒兵の一人であった。カーニコバル島の島民中には英語を話す印度人も少なくなく、中には大学を卒業して木村君の好んだ種類の書物を数多く所蔵しているものもあり、彼はそれらの印度人と親しみ、其等の書物を次々に借り受けて盛んに勉強していたそうである。また、激しい戦闘のあいまにも、故郷の家に残して来た、苦心の蒐集に成る愛蔵の書物のことをいくたびとなく懐かしそうに、また誇らしげに口にしていたそうである。英語も非常に熟達して、軍中で一、二を争う有能な通訳となった。然しこのことはまた彼の不運の原因ともなった。島民に対する様々の指令や調査や処罰などの凡ゆる場合に、彼は通訳として関係しなくてはならなかった。殊《こと》に終戦の直前に島民中のスパイの検挙が行われて多数の印度人が処刑されたとき、その逮捕や取調べに関係しなくてはならなかったことは、彼にとって特に不利な事情となった。彼に命令を下した上官たちの当然に荷《にな》うべき責任の多くが、彼らの卑怯な言い逃れや木村君の遺書に現われているような事情などに依って多く彼の一身に負わされることになった。既に激しい暴行を受けて瀕死の状態に陥っていた犯人が彼にさげ渡されて、彼が困却しているうちに死んでしまった、というようなことも起こった。英軍の上陸後この処刑事件が問題とされるに及んで、彼は軍司令官某中将、兵団長某少将、その他の高級武官たちと共に軍事裁判に附せられ、戦争犯罪人として死刑の宣告を受け、ついに昭和21年5月23日シンガポールの刑場に異境の露と消えるに至ったのである。彼はもともと軍隊と戦争とが何よりも嫌いな青年であって、初めて軍服を着なくてはならなくなった日にも、そのことを言い言いしていたという。島にいた間にも他の日本軍人のように残虐な行為は一つもなく、島民に親しまれ―英軍に軟禁されるようになってからも島民は彼に色々の物を差し入れていたという―子供たちにいつも附きまとわれていたやさしい兵士であった。その彼が奇《く》しき運命の手によって戦争犯罪人として処刑されることになり、然も職業軍人に見ることのできない立派な死に方を示してみせる、という廻り合わせになったのであった。高級武官たちが上ずった気違いじみた声でわざとらしく天皇陛下万歳を叫んだり、自らの足で歩むことが出来ず附添の兵士に支えられてやっと死刑台の上に立つという醜態《しゅうたい》を演じているのに対して、落着いた足どりで自ら死刑台の上に登ってゆくことの出来たものは木村君といま一人高商教授の某氏と、二人のインテリのみであったということである。最後の日の彼の風貌や、判決後の獄中の生活状態などについては、引揚げて来た多くの戦友たちや、未決状態の間同じ獄中にいて後に釈放された人々や、彼が刑場に赴く最後の瞬間まで、幾たびか彼を訪れ彼と語り合った日本渉外局の或る僧侶などの物語りに依って、次第に明瞭となってきたが、其等の物語りの凡てが、彼自身の遺書に現われている雰囲気とよく符合しているように思われるのである。その僧侶の語ったところに依れば「受刑の直前に至っても物狂わしい虚勢も示さねば聊《いささ》かの恐怖の色をも浮かべず、全くもの静かな態度で刑場へ歩みを運び、自分はそこに聖僧《せいそう》のような姿を感じた」ということである。彼自身も遺書の中に「自分は日本軍人の亀鑑《きかん》たらずとも少なくとも教養ある日本人の一人として聊かの恥ずべき行為をもしなかった積りです」と言い「死ぬときもきっと立派に死んでゆきます」と言って、充分な自信の程を示しているが、これは決して単なる誇張ではなかったようである。

2

確定した刑の執行を待ちつゝ独房の中で暮していたときに、彼は或る戦友の手を通じて田邊博士の「哲学通論」を手に入れた。愈々刑の執行を受けるときまでに、これを繰返して3回まで通読することが出来た。正式の遺書を書く機会は到底与えられず、それが故国に伝えられるというような事は勿論不可能であろうと考えた彼は、この書物だけは或いは遺品の一つとして故国に届くこともあろうかと推測して、この書物の欄外余白に小さな克明な鉛筆の文字で遺書の代りともなるべき様々の感想を書きつらねたのであった。以下この一文に彼の遺書の一部として引用する文章は、凡てこの書きこみの中から引いてきたものである。彼の感想は、いうまでもなく推敲の結果書かれたものではなく、文辞《ぶんじ》必ずしもとゝのってはいない。また重複、繰り返しも至るところにある。然し乍ら、このように特異の環境の下に立った若い学徒が、その時その時の実感をそのまゝに文章に盛ったものとして、独特の価値をもっていると思う。

彼の遺書が我々を打つところのまず第1の特徴は、実に最後の瞬間まで学問を愛しえたという彼の実力を、ありのまゝに示しているということである。臨終の真際までその研究をたゝなかった学者の美談は世に必ずしも少なくはない。しかしそれはハッキリとした死刑の宣告を受けたのちに、受刑の瞬間までそうしたというわけではない。『哲学通論』の第一頁には次のような書き入れがある。

「死の数日前偶然にこの書を手に入れた。死ぬ迄にもう一度これを読んで死に就こうと考えた。4年前私の書斎で一読したときのことを思い出し乍ら、コンクリートの寝台の上ではるかなる故郷、我が来し方を想い乍ら、死の影を浴び乍ら、数日後には断頭台の露と消える身ではあるが、私の熱情はやはり学の途《みち》にあったことを最後にもう一度想い出すのである。」

また同じ場所に時を異にして書き入れられた次の文章がある。

「この書に向かっていると何処からともなく湧き出ずる楽しさがある。明日は絞首台の露と消ゆるやもしれない身であり乍ら、尽きざる興味に惹《ひ》きつけられて、本書の3回目の読書に取り掛る。昭和21年4月22日。」

数頁あとの余白には次の書き入れがある。

「私はこの書を充分に理解することが出来る。学問より離れて既に4年、その今日に於いてもなお難解を以て著名な本書をさしたる困難もなしに読み得る今の私の頭脳を我乍ら有難く思うと共に、過去における私の学的生活の精進を振返って楽しく味あるものと我乍ら喜ぶのである。」

また数頁あとには（次のようにある)。

「数年前私がまだ若き学徒の一人として社会科学の基本原理への欲求の盛なりしとき、その一助としてこの田邊氏の名著を手にしたことがあった。何分有名な難しい本であったので、非常な労苦を排して一読したことを憶《おぼ》えている。その時は洛北白川の一書斎であったが、今ははるか故郷を離れた昭南《しょうなん》（注・シンガポール）の、しかも監獄の冷たいコンクリートの寝台の上である。生の幕を閉じる寸前、この書を再び読み得たということは、私に最後の楽しみと憩いと情熱とを与えてくれるものであった。数ヵ年の非学究的生活の後に初めてこれを手にし一読するのであるが、何だかこの書の一字一字の中に、昔の野心に燃えた私の姿が見出されるようで、誠に懐しい感激に打ちふるえるのである。真の名著は何時何処に於てもまた如何なる状態の人間にも燃ゆるが如き情熱と憩いとを与えてくれるものである。私は凡ての目的、欲求からはなれて一息の下にこの書を一読した。そして更にもう一読した。何とも言えないすがすがしい気持であった。私にとっては死の前の読経《どきょう》にも比すべき感覚を与えてくれた。曾ての如き野心的な学究への情熱に燃えた快味ではなくして、凡そあらゆる形容詞をも超越した、言葉では到底現わし得ないすがすがしい感覚を与えてくれたのである。私はこの本を、私の書かれざる遺言書として、何となく私というものを象徴してくれる最適の記念物としてあとに残すのである。私がこの書にかゝれている哲理《てつり》を凡て充分に理解したというのではない。寧ろ私の理解したところは此の書の内容からは遥かに距離のあるものかも知れないが、私の言いたいことは、本書の著者田邊氏が本書をかゝんとして筆を採られたその時の気分が、私の一生を通じて求めていた気分であり、この書を遺品として、最もよく私を象徴してくれる遺品として残そうと思わしめる所以の気分である、ということである。」

最後に近い頁の余白にこの書を託して送る人について次のように書かれている。

「この本を父母に渡すようにお願いした人は上田大佐である。氏はカーニコバルの民政部長であって、私が2年に亙って御厄介になった人である。他の凡ての将校が兵隊など全く奴隷の如く扱って顧みないのであるが、上田氏は全く私に親切であり、私の人格も充分尊重された。私は氏より一言のお叱りをも受けたことはない。私は氏より兵隊としてでなく一人の学生として取扱われた。若しも私が氏にめぐり会うことがなかったら、私のニコバルに於ての生活はもっと惨めなものであり、私は他の兵隊が毎日やらされていたような重労働に依り恐らく病気で死んでいたであろうと思われる。私は氏のお陰に依りニコバルに於ては将校すらも及ばない優遇を受けたのである。これ全く氏のお陰で氏以外の何人のためでもない。これは父母に感謝されてよい。そして法廷における氏の態度も実に立派であった。」

最後の頁には次のような記入がある。

「此の一書を私の遺品の一つとして送る。昭和21年4月13日、シンガポール、チャンギー監獄に於て読了。死の直前とは言い乍ら、この本は言葉では現わし得ない楽しさと、静かではあるが真理への情熱とを与えてくれた。何だか凡ての感情を超越して私の本性を再びゆり覚ましてくれるものがあった。これがこの世に於ける最後の本である。この本に接し得たことは、無味乾燥なりし私の生涯の最後に一抹の憩いと意義とを添えてくれるものであった。母よ泣く勿《なか》れ、私も泣かぬ。」

3

彼は何故このように静かな心境を以て死を迎えることが出来たのであろうか。死を迎えんとする彼自身の心構えについて彼は幾つかの断片を遺書の中に書いている。其等の文章は確かに彼が静かな落着きを以て死を迎え得たことの実感を示している。また彼が静かに死を迎え得ることの理由を説明しようとさえしている。然し乍ら自分の感ずるところでは、其等の文章は彼がかゝる心境にあり得たことの真の原動力を必ずしも説明し得てはいないと思う。まずこの点に関する彼自身の言葉を読み、そのあとで自分の意見を述べることとしよう。『哲学通論』の23頁目に、愈々この書物への書きこみを以て遺書に代えようと決心した時に書いたものと見える次のような一文がある。

「私の死に当たっての感想を断片的に書き綴ってゆく。紙に書くことを許されない今の私にとってはこれに記すより他に方法はないのである。私は死刑を宣告された。誰がこれを予測したであろう。年齢30に至らず、且つ学半ばにして既にこの世を去る運命、だれがこれを予知し得たであろう。波瀾の極めて多かった私の一生はまたもや類まれな一波瀾の中に沈み消えてゆく。我乍ら一篇の小説をみるような感じがする。然し凡ては大きな運命の命ずるところと知ったとき、最後の諦観《ていかん》が湧いてきた。大きな歴史の転換の陰には私のような陰の犠牲が如何に多くあったかを過去の歴史に照して知るとき、全く無意味のものであるように見える私の死も、大きな世界歴史の命ずるところなりと感知するのである。日本は負けたのである。全世界の憤怒《ふんど》と非難との真只中に負けたのである。日本がこれまで敢えてして来た数限りない無理非道を考えるとき、彼等の怒るのは全く当然なのである。今私は世界全人類の気晴らしの一つとして死んでいくのである。これで世界人類の気持が少しでも静まればよいのである。それは将来の日本に幸福の種を残すことなのである。私は何等死に値する悪をなしたことはない。悪をなしたのは他の人々である。然し今の場合弁解は成立しない。江戸の仇を長崎で打たれたのであるが、全世界からして見れば彼も私も同じく日本人である。彼の責任を私がとって死ぬことは、一見不合理のように見えるが、かゝる不合理は過去の日本人がいやと言う程他国人に強いて来たことであるから、敢て不服は言い得ないのである。彼等の眼に留った私が不運なりとするより他、苦情のもって行き処がないのである。日本軍隊のために犠牲になったと思えば死に切れないが、日本国民全体の罪と非難とを一身に浴びて死ぬのだと思えば、腹も立たない。笑って死んで行ける。…このたびの私の裁判に於ても、また判決後に於ても、私の身の潔白を証明すべく私は最善の努力をなして来た。然し私が余りにも日本国のために働きすぎたため、身は潔白であっても責《せめ》は受けなければならないのである。ハワイで散った軍神も今となっては世界の法を犯した罪人以外の何者でもなくなったと同様に、ニコバル島駐屯軍のために敵の諜者を発見した当時は全島の感謝と上官よりの讃辞を浴び、方面軍より感状を授与されるやも知れずとまで言われた私の行為も、一ヵ月後に起った日本降伏のため忽《たちま》ちにして結果は逆になった。然しこの日本降伏が全日本国民のために必須なる以上、私一個人の犠牲の如きは涙をのんで忍ばねばならない。苦情を言うなら、敗戦と判ってい乍ら此の戦を起した軍部に持ってゆくより仕方がない。然しまた更に考えを致せば、満州事変以後の軍部の行動を許して来た全日本国民にその遠い責任があることを知らなければならない。…我が国民は今や大きな反省をなしつゝあるだろうと思う。その反省が、今の逆境が、明るい将来の日本のために大きな役割を果たすであろう。これを見得ずして死するは残念であるが、世界歴史の命ずるところ所詮致し方がない。…日本は凡ての面に於て混乱に陥るであろう。然しそれでよいのだ。ドグマ的な凡ての思想が地に落ちた今後の日本は幸福である。マルキシズムもよし、自由主義もよし、凡てがその根本理論に於て究明せられ解決せられる日が来るであろう。日本の真の発展は其処から始まるであろう。すべての物語りが私の死後より始まるのはまことに悲しいが、我にかわるもっともっと立派な、頭の聡明な人がこれを見、且つ指導してくれるであろう。何と言っても日本は根底から変革され構成され直さなければならない。若い学徒の活躍を祈ること切である。」

また別のところには、(次のようにある)。

「降伏後の日本は随分変わったことだろう。思想的にも政治的経済的にも随分の試練と経験とを受けるであろうが、その何れもが見応えのある一つ一つであるに相違ない。その中に私の時間と場所とが見出されないのは誠に残念だ。然し世界歴史の動きはもっともっと大きいのだ。私の如き者の存在には一瞥《いちべつ》もくれない。泰山鳴動して踏み殺された一匹の蟻にしか過ぎない。私の如き者の例は数限りなくあるのだ。戦火に散って行った幾多の軍神たちもそれだ。原子爆弾で消えた人々もそれだ。かくの如き例を全世界に渉《わた》って考えるとき、自《おのずか》ら私の死もうなづかれよう。既に死んで行った人達のことを考えれば、今生き残りたいなどと考えるのはその人たちに対してさえすまないことだ。若し私が生きていれば或いは一人前の者となって幾分かの仕事をするかも知れない。然しまた唯のつまらぬ凡人として一生を送るかも知れない。未だ花弁も見せず蕾のまゝで死んでゆくのも一つの在り方であったかも知れない。今は唯、神の命ずるまゝに死んでゆくより他にないのである。」

父母を慰めようとして或る場所には次のように言っている。

「私が戦も終った今日に至って絞首台の露と消えることを、私の父母は私の不運を嘆くであろう。父母が落胆の余り途方にくれられることなきかを最も心配している。思いめぐらせば私はこれで随分武運が強かったのである。印度洋の最前線、敵の反抗の最も強烈であった間、これで最後だと自ら断念したことが幾たびもあった。それでも私は擦り傷一つ負わずして、今日まで生き長らえ得たのである。私としては神がかくもよく私をこゝまで御加護して下さったことを感謝しているのである。私は今の自分の不運を嘆くよりも過去に於ける神の厚き御加護を感謝して死んでいきたいと考えている。父母よ嘆くな。私が今日まで生き得たということが幸福だったと考えて下さい。私もそう信じて生きて行きたい。」

また或る場所では次のような考え方を述べている。

「私の死を聞いて先生や学友が多く愛惜してくれるであろう。きっと立派な学徒になったであろうに、と愛惜してくれるであろう。若し私が生き長らえて平々凡々たる市井の人として一生を送るとするならば、今このまゝ此処で死する方が私として幸福かも知れない。まだ未だ世俗凡欲《せぞくぼんよく》に穢され切っていない、今の若き学究への純粋さを保ったまゝで一生を終わる方が或いは美しく潔いものであるかも知れない。私としては生き長らえて学究としての旅路を続けて行きたいのは当然のことではあるが、神の眼から見て、今運命の命ずるまゝに死する方が私には幸福なのであるかも知れない。私の学問が結局は積読以上の幾歩も進んだものでないものとして終るならば、今の潔い此の純粋な情熱が一生の中最も価値高きものであるかも知れない。」

愈々最期が近づいた頃の死に対する敢えて恐れぬ心境を次のように表現している。

「此の頃になって漸《よう》く《や》死というものが大して恐しいものではなくなって来た。決して負け惜しみではない。病で死んでゆく人でも、死の前になればこのような気分になるのではないかと思われる。時々ほんの数秒間、現世への執着がヒョッコリ頭をもち上げるが、直ぐ消えてしまう。この分なら大して見苦しい態度もなく死んでゆけると思っている。何を言っても一生にこれ程大きな人間の試験はない。今では父母妹の写真もないので毎朝毎夕、眼を閉じて昔の顔を思い浮かべては挨拶をしています。あなた達もどうか眼を閉じて私の姿に挨拶を返して下さい。…私のことについては以後次々に帰還する戦友たちが告げてくれましょう。何か便りのある毎に、遠路ながら戦友たちを訪問して私のことを聴き取って下さい。私は何一つとして不面目なことはして居らない筈です。死んでゆく時もきっと立派に死んでゆきます。私はよし立派な日本軍人の亀鑑《きかん》たらずとも、高等の教養を受けた日本人の一人として、何等恥ずるところのない行動をとって来た積りです。それなのに計《はか》らずも私に戦争犯罪者なる汚名を下されたことが、孝子《こうこ》の縁談や家の将来に何かの支障を与えはせぬかと心配でなりません。カーニコバル島に終戦まで駐屯していた人ならば誰もが皆私の身の公明正大を証明してくれます。どうか私を信じて安心して下さい。」

彼は之等の文章の中に、彼が如何様に考えて死をうべない得るに至ったかを一応説明しているように見える。然し乍ら、日本国の将来の発展のために一つの小さな犠牲となることの故に喜んで死んでゆけると言い、こゝ迄生き残って来たことが既に感謝すべきことなのであると言い、また幾百万の同様の運命にあった死者たちのことを思えば、生き残りたいという希望をもつことすら不正と感ずる、というような論理そのものが彼をして安らかに死なしめたというよりは、むしろ落着いてこのような論理を駆使せしめ、大きな祖国の運命や多くの人々の死の運命などを独房の中で大観することを得せしめたところの、論理の底にあるゆるぎなき実感こそ、彼を安んじて死なしめた当の原動力であると思われるのである。そしてそのゆるぎない実感とは、彼がよく生きて、或る程度まで生きることの真髄にふれることが出来ていた、その無意識の実感に他ならないであろうと思われてならないのである。そしてこの実感の少くとも一つの要素をなしていたものは、彼がまだ年少でありГら真に好学《こうがく》の念をもち、真理追求の純粋なる悦びを既に味わい知っていた、という一つの事実であると思われる。彼は所謂秀才肌の学生ではなかった。殊に高等学校時代の初期には家庭的な葛藤、殊に父親と母親とが感情的にしっくりゆかず、父親にはかなり封建的な我儘が見られるということを苦にして、勉強も手につかず、写真を写してまわったり、喫茶店めぐりをしたり、酒を飲んで町を歩いたりしていたので、学校当局からは不頼《ぶらい》の生徒と見られ、友人や町の人々からも放逸《ほういつ》の生徒と見られていた。殊に講義のより好みをして彼の好まぬ講義は徹底的にさぼるので、教師たちの人望も甚《はなは》だ芳しくなかった。然し乍ら、彼の内には、こういう表面の姿からは想像もつかぬような真摯な好学心が潜んでいて、簡潔な不自由な衣食住にも耐えて幾日でもぶっ続けに勉強に没頭することの出来る逞しい力をもっていた。自分が彼の提出した論文に対して些《いささ》かの批評や感想を与えると、これに感激してまた驚くほどの労苦を投じて新しい論文を作り上げた。最初は政治学的なものを書いていたが徐々に経済学的なものに深入りしてきた。二年生の頃の論文はやたらに広く読んで其等の材料をつなぎ合わせたものに過ぎず、たゞその読書の量に感心する程度のものであったが、三年生になると次第に自己独自のものを閃《ひら》めかすようになった。「このように難しいものには私にはとても手が出ません」と語っている難解の書物を、一、二ヶ月の後にはいつのまにか読んで了《しま》っているのでこちらが驚かされた。読書の範囲も哲学経済学政治学歴史学など広汎な領域に亙っていて、結局は経済学専攻ということに決めたのであるが、彼のねばり強さと広汎な理解力とを以てすれば、彼が所謂俊敏な秀才肌でなかったことの故に、却ってむしろ重厚な学徒らしい学徒となり得る可能性が大であったのではないかと思う。学問への興味が増してくるにつれて、彼の「聖僧」的な要素が愈々圧倒的に全生活を支配するようになり、休暇などには、幾十日を山間の小さな宿屋などに閉じこもって、昼も夜も読書や論文の起草に没頭するようになって来た。遺書の中に次のような断片があるが、これは高等学校二年のときの夏休みに剣山（注・正しくは石鎚山《いしづちやま》）の麓の宿屋に閉じこもって初めて組織的な読書を始めたときのことを書いたものと思われる。

「私の一生の中最も記念せらるべき日は昭和14年8月だ。それは私が四国の面河《おもご》の渓《たに》で初めて社会科学の書をひもといた時であり、また同時に真に学問というものの厳粛さを感得し、一人の自覚した人間として出発した時であって、私の感激ある生はたゞその時から始まったのである。」

彼は卒業すべき年に落第して三年生を二回繰返さねばならなくなった。欠席日数が多過ぎたり嫌いな講義の勉強をおろそかにしたりしたためである。及落会議の結果が発表されたときに彼は学校をやめることを考えた。彼の特に嫌った一、二の講義を思い浮かべて、いま一度あの講義を聞かねばならぬと思うと到底辛抱ができない気がしたのであると言う。然るにその夜、気分転換のために殆ど徹夜して或る経済学書を読んでいるうちに、尽きざる学問的興味のために憂鬱は一掃せられ、この学問を大成するためにはどんなに厭な一年をも我慢してどうしても大学まで行かねばならぬと考え直して再び学校を続ける気持ちになったという。自分などは学問を仕事としていると称し乍ら、憂鬱な気分から脱却しようとするときに、経済学書はおろか他の如何なる学術書にせよ、これを読むことに依って厭世感《えんせいかん》から救われるというような事は到底起り得ない。何か宗教的な乃至は生活的な文章を読んだり、静坐したりする他はない。木村君は若年にして既に学問の書に依って人生の憂鬱に打克ち得るだけの好奇心と真理追求の歓びとを知っていたのである。死刑の直前に静かに難解の哲学書を読み得るだけの素地は既に高等学校の時から養われつゝあったのである。彼の望みは立派な書物を書くということにあったが、その望みが成就されて真実見事な書物を書き得たならば、言うまでもなくその社会的効果は大きかったであろう。然し乍ら彼自身の幸福と生甲斐感との根底は、書物を書き得ることにはなくて、寧ろ真に学問の楽しさを知り、真理追求の人格完成的意義を実感する所にあった。彼をして真に安んじて死なしめ得る力は、幾冊の書物を書いても恐らく出ては来なかったであろうが、たゞ真に学を楽しむ実感を持ち得たところからは生まれて来る可能性があった。少くとも此の一点に於て彼はよく生きたものであり人生の真髄にふれたものであるからである。故河合栄治郎《かわいえいじろう》教授の最後の日記を見ると、教授が43、4歳の頃、西洋留学から帰ってくる船の中で、もういつ死んでもよいと感じた、ということを述懐している。53、4歳の頃の教授は、少くとももう十年、「理想主義体系」を完成する迄は石にかじりついても生きていたい、と言っていた。独自の仕事や真剣な仕事をもっているものは何人でも、それを成しとげる迄は石にかじりついても生きていたいと思うに違いない。自分などは、小さな一つの文章を書くにすぎない時ですから、少なくともこれを書き了《おわ》るまでは自分も死なず、子供たちも死なないように、と祈るような気持ちが起ることがある。そしてそういう仕事の出来上がるか否かは、社会的観点から見れば、凡てかゼロかの相違であると一応は言ってよいであろう。然し乍ら仕事する人間自体に着目して言えば、彼の幸福の核心は必ずしもその仕事の成否にかゝってはいない。彼の人間が既に如何なる処にまで成長して来ているか、如何なる生活内容を実感し得ているかということが決定的な問題である。そして此の点に関する実力は、またそれ自体が、仕事の成否とは関係なしに、他の人間の実生活に対して直接間接の影響力と感化力とをもち得る点に於て、やはり広汎顕著な社会的効用を発揮することが出来るのである。晩年の河合教授も一応は、理想主義体系が完成するまでは石にかじりついても生きていたいと言い乍ら、同時に「但し死すべき時にはいつでも死なねばならない、それこそが理想主義哲学の命ずるところであるから」とつけ足すことを忘れなかった。そして此の但書を添加し得る実力は、教授が十年前に、もういつ死んでもよい、という実感をもち得たところに既に成熟していたと見てもよいのである。教授が四十代の初めに再度西洋留学の旅に上り得ることになったときに、如何に勇躍の思いでそれを迎えたかは、その頃の教授の言論や文章の中に到る処にうかゞわれたのであって「学徒として生まれた身の幸い」を心から感謝していたのであった。そして西洋諸国に留学している間に、恐らく学問することの意味と歓びとの奥深いものにふれて、自己の生涯に於て味わい得るであろう最高の生活感情を既に味わうことが出来たという無意識の実感をもち得たのであろう。これが帰国途中の船中の「もういつ死んでもよい」という実感となって現われたのであろうと思われる。何れにせよ、木村君の死は、真の学徒というものが、如何なる武人にもまして、死すべき時に晏如《あんじょ》として死に得るものであることを身を以て実証したものと言わねばならない。学問には限らない、幾つまで生きていても為し尽くせない程の大きな仕事をもち乍ら、然しそれを途中にしていつでも晏如として死んでゆける、ということが真人の境地であるに相違ないのである。

4

木村君を安んじて死なしめた原動力のいま一つの要素は、彼の恵まれた天分の一つであったところの、生まれながらの愛情の深さと大まかさとであったと思われる。彼の母方の祖父は吹田市《すいたし》近郊の有名な義民農夫であって、生涯他人の世話ばかりをして暮したと言う、今もその土地に彰徳碑《しょうとくひ》の残っている農夫であった。木村君が友人の世話をするためには甚《はなは》だ親切で大まかで実にきれいに物ばなれもしたということは、単に彼の家になお相当の資産があって食うには困らなかった、という経済的事情だけでは片づけられないものがあった。彼には学問的天分よりももっと貴重な愛情的天分があった。彼の瑞々《みずみず》しい愛情は、縁あって彼のふれたところの、到るところの人々に注ぎかけられた。カーニコバル島でも子供たちが彼にまつわり歩いたということがあるが、高等学校時代に彼のいた高知の町でも子供たちをよく可愛がり、彼のいたましい死が伝えられたときに、そこでは彼に愛された子供たちとその母親たちとでまた別に追悼の集まりをもった程である。一週一度の自分の面会日には欠かさず自分の家に入り浸りになり、自分が転居すると彼も自分の家の近くに下宿を転じてくる、という程に人なつっこかった。講義用のプリントを刷ることや書斎の整理をすることや、其他家庭生活の雑事に至るまで、気がつくことは何事でも「先生手伝いましょう」と申出てくれて、自分はこの世の中にこれ程喜んで人の助力を申出るものがあるのに驚く位であった。自らは屢々徹夜に近い程の勉強を続けている若い学生が、同時にこういう物惜しみしない助力を申出るということは、よくよくの天分でなければ出来ることではない。愛情のゆたかな、他人に物惜しみしない心の豊かな者ほど、安んじて死を迎える力の強い者であるということは、自分にとってはいつの間にか牢固たる確信となってきているように思われる。よりよく愛し得るものほど充実して生きることの核心をよりよく知っているものであるからである。J．S．ミルはその「宗教論」の中に「死後に残す人々の運命を自分自身の運命と感じ得る能力を欠如しているものほど、また利己的にのみ生きて来て利他の喜びを実感した経験のないものほど、老年に至って自己自身の快楽がゼロに近づくに及んでいよいよ利己的な形に於ける生命の存続を妄執《もうしゅう》するものである」ことを力説しているが、如何なる人の永生の欲求をも凡て利己的な欲求であるかのように断定し得ないことは言うまでもないとしても、ミルの指摘しているような傾向は確かに実在していると思う。どのように立派な社会改革の理論をもっている人でも、彼の言動の最深の動機が単なる事業欲や名誉欲から出ているものである限りは、また民衆に対する沁々とした愛情を欠いている限りは、いざという時に牢獄の中で喜んで死んで行ける、ということにはなりがたいであろう。木村君も後に引用するように、一時は生きんがための猛烈な努力を試みた。然し或る段階まで来てもはや無益と悟るや、看視《かんし》のイギリス兵なども不思議に思った程の静かな諦観《ていかん》に移行したということである。彼は生きることをも理不尽に貪《むさぼ》らず、この点に於ても大まかでさばさばと物ばなれすることが出来た。

残してゆく人々への彼のこまやかな心の運び方について、遺書の中から二、三の実例を拾い上げて見よう。父母に対しては先立つ不孝を繰り返してわび、父母が自分の非業な最期に依って生きる力を失うに至らんことを心配して様々の言葉を以て勇気づけようと力《つと》め、妹孝子《こうこ》さんの幸福な結婚を念願することを繰返し、更に次のような文句がくり返して現れている。

「私の最も気がかりなのは、私の死後一家仲よく暮して行って下さるかということです。私の記憶にある我が家は決して明朗なものではなかった。私が死に臨んで挨拶する父の顔も、必ずしも朗らかな笑顔でないことは悲しいです。何うか私の死を一転機として、私への唯一の供養として、今後明朗な一家として日々を送って下さい。不和は凡ての不幸不運の基のような気がします。因縁論者ではないが、このたびの私の死も、その遠因の一部が或は其処から出ているのではないかとも強いて考えれば考えられないこともないかも知れません。新時代の一家の繁栄のために、唯々和合をばモットーとしてやって下さい。これが私の死に当たって切に父に希《こいねが》う一事であります。」

親戚や知人の多くに対しても一々別れを告げ、生前の恩誼に対して手厚い感謝の言葉を捧げた。例えば（次のようにある）。

「家庭問題をめぐって随分な御厄介をかけた一津屋《いちつや》の御祖母様の御苦労、幼な心にも私には強く刻みつけられていた。私が一人前となったら、先ず第一にその御恩返しを是非せねばならないと私は常々それを大切な念願として深く心に抱いていた。然し今やその御祖母様よりも早く立って行かねばならない。此の大きな念願の一つを果し得ないのは、この私の心残りの大きなものの一つである。この私の意志は妹の孝子に依り是非実現されんことを希う。今まで口には出さなかったが、此の期に及んで特に一筆する次第である。」

昔の教師に対する挨拶も勿論忘れてはいない。

「塩尻、徳田、八波の三先生はどうしていられるであろう。私のことを聞けばきっと泣いて下さるであろう。随分私はお世話をかけた。私が生きていれば思いは尽きない方々なのであるが、何の御恩返しも出来ずしてはるか異郷で死んでゆくのは私の最も残念とするところである。せめて私がもう少しましな人間になるまでの命が欲しかった。私の出征するときに言い遺《のこ》したように、私の蔵書は全部塩尻先生の手を通じて高等学校に寄附して下さい。塩尻先生にどうか宜しくお伝えして下さい。先生より頂戴した御指導と御好意とはいつまでも忘れず死後までも持ちつゞけて行きたいと思っています。先生の著書『天分と愛情の問題』をこの地の遠隔なりしため今日の死に至るまでついに一度も拝読し得なかったことはくれぐれも残念です。」

彼の人なつっこい温かみはどのような境遇にあっても自然に周囲の人々に通じたらしい。牢獄の中でもオランダ兵もイギリス兵も彼に対してのみは不思議に親切であったようである。上官の命に従って公判廷でかくしていた事実の真相を早くぶちまけて死を免れるようにと親切に勧めてくれたオランダ兵もあったそうである。遺書の中には次のような一節がある。

「我々罪人を監視しているのはもと我が軍の俘虜《ふりょ》たりしオランダ軍兵士である。曾て日本兵士より大変ひどい目にあわされたとかで我々に対するしっぺ返しは相当のものである。なぐる、ける、などは最もやさしい部類である。しかし我々日本人もこれ以上のことをやっていたのを思えば文句も言えない。ぶつぶつ文句を言っている者に陸軍の将校の多いのは、曾ての自己の所行《しょぎょう》を棚に上げたもので、我々日本人から見てさえ尤もとは思われない。一度も俘虜を使ったことのない、また一度もひどい行為をしたことのない私が斯様な所で一様に扱われるのは全く残念ではあるが、然し向こうからすれば私も同じ日本人である。区別してくれと言う方が無理かも知れない。然し天運なのか私はまだ一度もなぐられたことも蹴られたこともない。大変皆々から好かれている。我々の食事は朝米粉の糊《のり》と夕方にかゆを食う二食で、一日中腹がぺこぺこで、やっと歩ける位の精力しかないのである。然し私は大変好かれているのか、監視の兵隊がとても親切で、夜分こっそりとパン、ビスケット、煙草などを持ってきて呉れ、昨夜などはサイダーを一本持って来てくれた。私は全く涙が出た。その物に対してよりもその親切に対してである。その中の一人の兵士が或は進駐軍として日本へ行くかも知れぬと言うので、今日私は私の手紙を添えて私の住所を知らせた。この兵士は私の言わば無実の罪に非常に同情して親切にしてくれるのである。大局的には極めて反日的である彼等も、個々人に接しているうちには斯様に親切にしてくれる者も出てくるのである。やはり人間だと思う。」

彼が静かに死に当面することを可能にした原動力の一部を形作るものとして、自分は以上に彼の好学心と愛情とをあげて来た。だが、なおその他に、彼はおぼろげ乍ら永生《えいせい》の予感をもっていたのではないかと思われる。自分と同級生の尾崎秀実《おざきほつみ》君も木村君と似た境遇にあって、同じように立派な死に方をしたが、彼は最後まで死後の生活を信じなかったようである。死後の生活を信じ得る心とそうでない心と、人間として何れが優れているかは軽々に断定できない。正義のために或は社会改革の大目的のために立派な死に方をした志士仁人《ししじんにん》でも少しも永生の予感をもたなかった人は少なくない。然し乍ら、真によく深く生きた手ごたえを持った人々や、自己の内に無窮の向上心を自覚し得た人々の中に、利己的動機からではなしに、かくの如き生活をなし得る魂や斯くの如く尽くるところのない向上の大志を抱きうる魂の突如たる断滅《だんめつ》をどうにも肯《うべな》い得ない心から、永生を信じざるを得ない人々が存在している。この種の人々は、哲学的論議や科学的論証のようにあくまでも懐疑の余地を残すものとは異って、最も動かし難い永生の実感を抱き得る人々であるように思われる。ゲーテやベートーベンやバッハなどは、このタイプの人々ではないかと思われる。この種の人々の永生感は、彼等が粗野なルースな迷信に陥っていたことを物語るものではなくて、彼等の実生活の真実に優れていたことと、彼等の魂の高貴で繊細で鋭利であったことを物語るものであると言わねばならない。木村君は死刑の運命が確定してから後にも度々《たびたび》周囲の人々に述懐して、どうも自分が居なくなってしまうとはどうしても信じられないと語っていたそうである。自分は彼のこの言葉を、善良にして潤いある、彼の魂の性格をそのまゝに露出した声として聞きたいような気持がする。遺書の中には半ばたわむれの口ぶりで書いた次のような断片がある。

「若しも人々が言うように、あの世というものがあるなら、死ねば祖父母にも戦死した学友たちにも会えることでしょう。あの世で其等の人々と現世の思い出話しをすることを楽しみの一つとして行きましょう。また人々が言うように、若しも出来るものなら、あの世で陰乍ら父母や妹夫婦を見守ってゆきましょう。常に悲しい記憶を呼び起さしめる私かも知れませんが、私のことも時々思い起して下さい。そして却って日々の生活を元気づけるように考えを向けて下さい。」

5

彼は静かに死を待ちつゝ、最期の一瞬まで沁々と現世の感触を惜しんだようである。毎週金曜日に、次の死刑台に上るべき人々とその時間との通達があって、その中に入らないものは少なくとも一週間は命が延びたことになる。また彼のいた独房からは、処刑される人々の最期の気配や物音がよく聞きとられたということである。こういう環境の中で、彼は遺書の中の次のような断片を書いたのである。

「吸う一息の息、吐く一息の息、喰《くら》う一匙《さじ》の飯、これらの一つ一つが今の私にとっては現世への触感である。昨日は一人、今日は二人と絞首台の露と消えてゆく。やがて数日の中《うち》には私へのお呼びも掛かってくるであろう。それまでに味わう最後の現世への触感である。今迄は何の自覚もなく行って来た之等のことが、味わえば味わうほど、このように痛切な味をもっているものであるかと驚くばかりである。口に含んだ一匙の飯が何とも言い得ない刺激を舌に与え、溶けるが如く喉から胃へと降りてゆく触感を、眼を閉じてじっと味わう時、この現世の千万無量の複雑な内容が、凡てこの一つの感覚の中にこめられているように感ぜられる。泣きたくなることがある。然し涙さえもう今の私には出る余裕はない。極限まで押しつめられた人間には何の立腹も悲観も涙もない。たゞ与えられた瞬間々々をたゞ有難くそれあるがまゝに享受して行くのである。死の瞬間を考えるときにはやはり恐ろしい、不快な気分に押し包まれるが、その事はその瞬間がくるまで考えないことにする。そしてその瞬間が来た時は即ちもう死んでいる時だと考えれば、死などは案外易しいものではないかと自ら慰めるのである。」

だがいさぎよく死を受取る気持となるまでに、彼は彼にとって不当の死と思われたものを免れるために、出来る限りの努力は払ったのであった。公判廷では上官に命ぜられた通りに、上官の責任に帰着すべき多くの事実を隠していたために、彼にとっては意外に早く最後の判決が下され、また彼にとっては意外千万にも死刑の判決が下された。その判決を受取ってのち、彼は事実の真相を明らかにするために長文の文書をかいた。これを知った上官たちは一様に不安の念にかられたということである。次のように憤激した一文が遺書の中に見出される。

「私は生きるべく、私の身の潔白を証明すべくあらゆる手段を尽した。私は上級者たる将校たちより、法廷に於て真実の陳述をなすことを厳禁され、それがため命令者たる上級将校が懲役、被命者《ひめいしゃ》たる私が死刑の宣告を下された。これは明らかに不合理である。私にとっては、私の生きることが斯かる将校連の生きることよりも日本にとって数倍有益なことは明白と思われ、また事件そのものの事実としても、命令者なる将校に責《せめ》が行くべきが当然であり、また彼等はこれを知れるが故に私に事実の陳述を厳禁したのである。また此処で生きることは私には当然の権利であり日本国家のためにも為さねばならぬことであり、また最初の親孝行でもあると思って、判決のあった後ではあるが、私は英文の書面を以て事件の真相を暴露して訴えた。判決後のことであり、また上告のない裁判であり、私の真相暴露が果して取上げられるか否かは知らないが、とにかく最後の努力を試みたのである。初め私は虚偽の陳述が日本人全体のためになるならば止むなしとして命《めい》に従ったのであるが、結果は逆に我々被命者の仇となったので、真相を暴露した次第である。若しもそれが取上げられたならば、数人の大佐中佐、数人の尉官たちが死刑を宣告されるかも知れないが、それが真実である以上は当然であり、また彼等の死に依って此の私が救われるとするならば、国家的見地から見て私の生きることの方が数倍有益であることを確信したからである。美辞麗句ばかりで内容の全くない、彼等の所謂『精神的』なる言語を吐き乍ら、内実に於ては物欲、名誉欲、虚栄心以外の何ものでもなかった軍人たちが、過去に於てなして来たと同様の生活を将来も生き続けてゆくとしても、国家に有益なる事は何事もなしえないことは明白なりと確信するのである。日本の軍人には偉い人もいたであろう。然し私の見た軍人には誰も偉い人はいなかった。早い話が高等学校の教授程の人物すら将軍と呼ばれる人の中にいなかった。監獄にいて何々中将何々少将という人々に幾人も会い、共に生活して来たが、軍服を脱いだ赤裸の彼等は、その言動に於て実に見聞するに耐え得ないものであった。この程度の将軍を戴いていたのでは、日本に幾ら科学と物量とがあったとしても、戦勝は到底望み得ないものであったと思われる程である。殊に満州事変以後、更に南方占領後の日本軍人は、毎日利益を追うことを天職とする商人よりも、もっと下劣な根性になり下っていたのである。然し国民は之等軍人を非難する前に、かゝる軍人の存在を許容しまた養ってきたことを知らねばならない。結局の責任は日本国民全般の知能の程度の低かったことにあるのである。知能程度の低いことは結局歴史の浅いことである。二千六百有余年の歴史があると言うかも知れないが、内容の貧弱にして長いばかりが自慢にはならない。近世社会人としての訓練と経験とが少かったのだと言っても今ではもう非国民として軍部からお叱りを受けることはないであろう。私の学校時代の一見反逆的と見えた生活も、全くこの軍閥的傾向への無批判的追従に対する反撥に他ならなかったのである。」

こゝにその片鱗を示しているように職業軍人乃至は軍閥に対する、過去の日本国民乃至は日本文化に対する反省や批判の言葉が、遺書の到る処に長々と書き綴られている。今日の我々から見れば平凡至極に見え、また聞きあきたものと見られるような多くの言葉も、終戦後間もない頃、日本の事情も世界の事情もよくは分からぬ南方の牢獄の中にあって、たゞ自己の陣中に於ける生々しい体験を基礎として、血液のしたゝる実感を以て書かれたものとして彼の文章を読むときには、また新なる感慨に打たれざるを得ないものがあるのである。何れにせよ、彼は右のようにして、能う限りは生き残るための努力を試みたばかりではない。時として、はかない噂さ話をたねに果ない希望をつないで暫しを生きたこともあったのである。彼自ら遺書の中に次のような断片を書いている。

「今、計らずつまらないニュースを聞いた。戦争犯罪者に対する適用条項が削減されて我々に相当な減刑があるだろう、と言うのである。数日前番兵から、このたび新に規則が変って命令を受けてやった兵卒の行動には何等罪はないことになったとのニュースを聞いたのと考え合わせて、何か淡い希望のようなものが湧き上った。然し之等のことは結果から見れば死に至る迄のはかない一つのうたかたに過ぎないと思われるのである。私が特にこれを書いたのは、人間が愈々死に至るまでには、色々の精神的な葛藤をまき起してゆくものであることを記しおかんがためである。人間というものは死を覚悟し乍らも絶えず生への執着から離れ切れないものである。」

6

彼は葬儀のことなどについては次のように書き残している。

「私の葬儀などは簡単にやって下さい。ほんの野辺送りの程度で結構です。盛大は却って私の気持に反します。墓石は祖母様の横に立てて下さい。私が子供のとき、この新しい祖母様の石碑の次に立てられる新しい墓は果して誰の墓であろうと考えたことがあるが、この私のそれが立つであろうなどとは想像もしなかった。其処からは遠く吹田の放送局や操車場の広々とした景色が見えましたね。お盆の時、夜おまいりして遠くの花壇で打ち上げられる花火を遠望したことも思い出します。お墓の前の柿の木の果を、今度帰ったら存分に喰ってやりましょう。…私の仏前及び墓前には従来の仏花よりもダリヤやチューリップなどの華やかな洋花を供えて下さい。これは私の心を象徴するものであり、死後は殊にはなやかに明るくやって行きたいと思います。美味しい洋菓子もどっさり供えて下さい。私の頭に残っている仏壇は余りにも静かすぎた。私の仏前はもっと明るい華やかなものでありたい。仏道に反するかも知れないが、仏になる私自身の願うことだからよいでしょう。そして私一個人の希望としては私の死んだ日よりは寧ろ私の誕生日である4月9日を仏前で祝ってほしいと思います。私はあくまでも死んだ日を忘れていたい。我々の記憶に残るものは唯私の生まれた日だけであってほしいと思います。」

彼が遺書の中で幾たびかなつかしんで書いている、故郷の村の見晴らしのよい木村家の墓地や、彼が幼年時代によく遊んだという、故郷の部落を見下す美しい桃畑や、近所の小父さんがよく魚を釣っているのを見た桃畑の下の池など―ピチピチと糸にかゝって上って来た鮒《ふな》の姿をありありと今も思い浮かべることができる、と書いている―彼の生前には幾たびか誘われ乍ら一度も訪ねることの出来なかった其等の風光を、内地留学で京都に滞在している数ヶ月の間に、自分は三回までも訪れることが出来た。そして南方の獄中で彼のしきりに見たがっていた其等の景色を、彼の代りに見るような気持で、感じ深く眼をみはって眺めた。彼の姿や心がまざまざと自分の心によみがえって来る気がした。殊に彼がなつかしんで止まなかった彼の書斎部屋と書棚とは自分にとって最も感じの深いものであった。最後の訪問のときには、一夜、そして続く日の午前と午後と、いつも時間をものおしみしている自分が我乍ら不思議な程に落着いた心で『哲学通論』の余白にぎっしりと書き込まれた彼の言葉を残らず原稿用紙に清書していった。彼のいつも愛用していた机の上で、彼の使いのこした原稿用紙に向ってである。彼の父親が恐縮して、娘に書かせましょう、というのを辞退して、彼と会って話をする気持だから、と言い乍ら一人で全部を写し取った。曾ては先生々々と自分を呼んでくれていた若き彼が、今は人生の大先達《だいせんだつ》として自分の前に立っているかのように感じた。この時に自分の写し取った彼の遺書を読み返し乍ら、いま自分はこの一文を草したのである。幾年か前の彼は、時々彼の所謂「先生の不遇」なる言葉を以て自分をあわれんで呉れたものである。生徒にそういう感じを与える程に自分は不遇顔をしていたのであろうかと恥しく覚える。だが彼の愛情はありがたく受取らなくてはならないのである。彼はある時

「先生から頂いた手紙なども全部保存してあるから、いつかきっと先生のことを書きます」

と言っていた。その全く逆のことが思いもかけない形でいま出現して来て、自分の方がこういう一文を草さねばならない羽目となった。彼は

「先生の行くところならどんな田舎でもついて行きます」

とよく言っていた。若し彼が生きていたら、同じ学校に、同僚としてまた人生の友として、いつ迄も一緒に勉強してゆくことが出来るようになったかも知れないのである。彼の成長を唯一の生甲斐として、彼の教育に対しては特別の骨折を惜しまなかった彼の両親や、戦争中も何か断物をして兄の帰りを待っていたという兄思いの彼の妹を訪ねて、あのように喜ばれ歓迎されたのも、全く彼自身が其等の人々を通して喜び、其等の人々を動かして歓待してくれているように感じられた。京都にいる数ヶ月の間、予《あらかじ》め覚悟して行った食物の不足などにも少しも苦しむことがなかったのも、彼の一家の親切な後援のたまものであり、これはまだ死後までも自分に運んでくれた彼の愛情の賜物に他ならなかった。暫くのちに自分によこした彼の父親の手紙も同じような感じを物語っていた。

「彼は死に臨んで恩師に対する思慕を死後まで持ち続けてゆくと言い、いついつまでも父母や妹を見守っていると申し遺しました。私共はこの頃になりまして彼が今もなお明かに私共の心中に身辺に現存して活きてい

ることに気づきました。それは曾ての欠点の多かった彼ではなく総てが美しく貴《けだか》くなった彼であります。実に朝目覚めて夜眠るまで私共は彼と共に暮し彼と共に考え彼と共に行動していることを知りました。今まで死灰《しはい》のように寂しかった心の中に微か乍らも明るさと賑かさとを感じて参りました。先生を迎えて泣いた私共は実は久夫であり、京都の御下宿までいつもいそいそと御使いに参った妹は実は久夫でありました。云々」

最後に、彼の遺書の中に散在して現われている和歌の二、三を拾い上げることにしよう。彼は勿論専門の歌人ではないのみならず平素から心がけて和歌をよんでいた人間でもない。少しでもその道の心得のある人々から見れば、却って彼の生活と実感との価値を傷つけるような技術的欠陥の印象が強烈に来るのではないか、という懼れを持つのであるが、敢てその若干を書き抜いておくことにしよう。最後の2首は死の前夜のものである。

みんなみの露と消えゆくいのちもて朝かゆすゝる心かなしも
朝かゆをすゝりつつ思ふ故郷の父よ嘆くな母よ許せよ
遠国《とおくに》に消ゆる生命の淋しさにまして嘆かる父母のこと
指をかみ涙流して遥かなる父母に祈りぬさらばさらばと
眼を閉じて母を偲《おも》へば幼な日の懐《いと》し面影消ゆるときなし
音もなく我より去りしものなれど書きて偲びぬ明日といふ字を
かすかにも風な吹き来そ沈みたる心の塵の立つぞ悲しき
悲しみも涙も怒りもつき果てしこのわびしさを持ちて死なまし

明日という日もなき生命抱きつゝ文よむ心つくることなし
をののきも悲しみもなし絞首台母の笑顔をいだきてゆかむ
風もなき雨もやみたりさわやかに朝日を浴びて明日は出でまし
（48・5・4）

3　木村久夫の「遺書B」（木村久が筆写した下書き案、全文）

・ゴチック体（赤字?）は、久による書き込み、訂正などである。
・久は、この下書き案を参考にして久夫「遺稿」を作成したと考えられる。

久夫の「遺書B」（下書き案）（1）

同上（2）

木村久夫の「遺書B」（全文）

遺書

木村久夫

○未だに30才に満たざる若き生命を以て老いたる父母に遺書を捧げるの不孝をお詫びします。愈々私の刑が執行されることになった。絞首に依る死刑である。戦争が終了し戦火に死なゝかった生命を、今此処に於て失って行くことは惜みても余りあることであるが、これも大きな世界歴史の転換の下、国家のために死んで行くのである。宜しく父母は、私は敵弾に中って華々しい戦死を遂げたものとでも考えて諦めて下さい。私が刑を受くるに至った事件の内容に付いては、福中英三氏に聴いて下さい。此処で述べることは差控える。

○父母は其後お達者でありますか。孝ちゃんは達者か。孝ちゃんはもう22才になるんですね。立派な娘さんになっているんでしょうが、一眼見られないのは残念です。早く結婚して私に代って家を継いで下さい。私の居ない後、父母に孝養を尽くせるのは貴女だけですから。

○私は随分なお世話を掛けて大きくして頂いて、愈々孝養も尽くせると言う時になって此の始末です。これは大きな運命で、私の様な者一個人では如何とも為し得ない事でして、全く諦めるより外ないです。言えば愚痴は幾らでもあるのですが、総てが無駄です。止しましょう。大きな爆弾に中当って跡形なく消え去ったのと同じです。

○斯うして静かに死を待ちながら坐っていると、故郷の懐しい景色が次から次へと浮んで来ます。分家の桃畑から佐井寺の村を下に見下した、あの幼な時代の景色は今もありありと浮んで来ます。谷さんの小父さんが下の池でよく魚を釣って居られました。ピチピチと鮒が糸にかゝって上って来たのも、ありありと思い浮かべることが出来ます。家のお墓も思い出します。其処からは遠くに吹田の放送局や操車場の広々とした景色が見えましたね。お盆の時、夜お参りして、遠くの花壇で打ち上げられる花火を遠望したことも思い出します。お墓の前には柿の木がありました。今度帰ったら、あの柿を食ってやります。略『御先祖の墓があって、祖父祖母の石碑がありますね。小供の頃に、此の新しい祖母の石碑の横に建てられる次の新しい墓は果して誰の墓であろうかと考えたことがありますが、私のが建つのだとは全く考え及びませんでした。お祖父様、お祖母様と並んで、下の美しい景色を眺めながら、柿の実を食ってやりましょう。暮々もお願いして置きますが、私の葬儀などは余り盛大にやらないで下さい。ほんの野辺の送りの程度で結構です。盛大なのは却て私の気持に反します。お供物なども慣習に反するでしょうが、美味そうな洋菓子や美しい洋花をどっさりお供え下さい。私は何処迄も晴やかに明朗でありたいです。』

○次に思い出すのは何と言っても高知です。私の境遇及び思想的に最も波乱に富んだ時代であったから、思い出も尽きないものがあります。新屋敷の家、鴨の森、高等学校、堺町、猪野々、思い出は走馬燈の如く走り過ぎて行く。『塩尻、徳田、八波の三先生は何うして居られるであろう。私の事を聞けばきっと泣いて下さるであろう。随分私はお世話を掛けた。私が生きて居れば思い尽きない方々なのであるが、何の御恩返しも出来ずして遥かな異郷で死んで行くのは私の最も残念とする所である。せめて私がもう少しましな人間になるまでの生命が欲しかった。私の出征する時に言い遺したように、私の蔵書は全部、塩尻先生の手を通じて、高等学校に寄贈して下さい。(但し孝子の婿に当る人が同学を志して必要とするならば、其の人に蔵書の全部を渡してもよい) 塩尻先生に何うか宜しくお伝えして下さい。先生より頂戴した御指導と御厚意とは何時迄も忘れず、死後迄も持ち続けて行きたいと思っています。**先生の著書「天分と愛情の問題」をこの地の遠隔なりしため今日の死に至るまでついに一度も拝読し得なかったことは、くれぐれも残念です。**』

○総ての望みが消え去った時の人間の気持は実に不可思議なものである。如何なる現世の言葉を以てしても表し得ない。己に現世より一歩超越したものである。何故か死の恐ろしさも感じなくなった。総てが解らない。夢で、よく底の知れない深みへ落ちて行くことがあるが、丁度あの時のような気持である。

○死刑の宣告を受けてから、計らずも田辺元博士の「哲学通論」を手にし得た。私は唯、読みに読み続けた。私は此の書を幾度か諸々の場所で手にし愛読したことか。高知の下宿の窓で、学校の図書館で、猪野々の里で、洛北白川の下宿で、そして今又異国の監獄の一独房の中で。然し時と場所とは異っていても、私に与えてくれる感激は常に唯一つであった。私は独房の寝台の上に横たわりながら、此の本を抱き締めた。私が一生の目的とし、理想としていた雰囲気に再び接し得たる喜びであった。私には、せめてもの最後の憩いであり慰みであった。

○私は戦終り、再び書斎に帰り、好きな学問に精進し得る日を幾年待って来たことであろう。然し総てが失われて仕舞った。私は唯、新しい青年達が自由な社会に於て、自由な進歩を遂げられむことを地下より祈ることゝとしよう。「マルキシズム」もよし、自由主義もよし、如何なるものもよし。総てが其の根本理論に於て究明され解決される日が来るであろう。真の日本の発展は其処から始まるであろう。総ての物語が私の死後より始まるのは誠に悲しい。

○一津屋のお祖母様はお元気だろうか。私には唯一人の生き残った祖母である。本当に良い懐かしいお祖母様だ。南に来る日にも会って来た。よく一目にでもお会いして来たことゝ思っている。私の幼少の時から、此の祖母に、家のことで随分御心配を掛けたことを知っている。私が一人前になれば、御恩の幾分なりとも返したいと念願していたのも駄目になった。今は其の志だけを述べて其れに代える。重雄叔父様を始め一家一族の方々、名残の尽きない方々である。新田の叔父様叔母様に宜しく。阿部先生に宜しくお伝えして下さい。

○私の死したる後、父母が其の落胆の余り、途方に迷われる事なきかを最も心配しています。思えば、私はこれで随分武運が強かったのです。印度洋の最前線、しかも敵の反抗の最も強烈なりし時、これで命も終かと自ら諦めた危険もありました。それでも擦り傷一つ負わなかったのは、神も出来るだけ私を守って下さったのだと考えましょう。父母は、私は其の時既に死んだものと諦めて頂きたい。私の死については、出来るだけ多く、私の友人知人に知らせて下さい。

○降伏後の日本は随分変わったことだろう。思想的にも、政治経済機構的にも随分の試練と経験と変化とを受けるであろうが、其の何れもが見耐えのある一つ一つであるに相異ない。其の中に私の時間と場所とが見出されないのは誠に残念だ。然し、世界の歴史の動きは、もっともっと大きいのだ。私の如き者の存在には一瞥も呉れない。泰山鳴動して踏み殺された一匹の蟻にしか過ぎない。私の如き者の例は、夥多あるのである。戦火に散って行った幾多軍神もそれだ。原子爆弾で消えた人々もそれだ。斯くの如きを全世界に渉って考えると き、自ら私の死もうなずかれよう。既に死んで行った人々のことを考えれば、今生きたいなど、考えるのは、その人達に対してさえ済まないことだ。若し私が生きて居れば、或は一人前の者となって、幾分かの業績はするかも知れない。然し又、唯の拙らぬ凡人として一生を送るかも知れない。未だ花弁も見せず、蕾のまゝで死んで行くのも一つの在り方であったかも知れない。今は神の命ずるまゝに死んで行くより他にないのである。

○此の頃になって、漸く死と言うことが大して恐しいものではなくなった。決して負け惜しみではない。病で死んで行く人でも、死の前になれば斯の様な気分になるのではないかと思われる。時々ほんの数秒間、現在への執着がひょっこり頭を持ち上げるが、直ぐ消えてしまう。此の分なら、大して見苦しい態度もなく死んで行けると思っている。何と言っても、一生に於てこれ程大きい人間の試験はない。今では、父母や妹の写真もないので、毎朝毎夕、眼を閉じて、昔の顔を思い浮べては挨拶をしている。あなた達も何うか眼を閉じて、私の姿に挨拶を返して下さい。

○もう書く事とて何もないが、何かもっと語り続けたい。筆の動くまゝに前後もなく何か書いて行こう。

○私の事については、以後次々に帰還する戦友達が告げてくれるでしょう。何か便りのある度に、遠路ながら戦友達を訪問して、私の事を聴いて下さい。私は何一つ不面目なることはして居らない筈だ。死んで行く時もきっと立派に死んで行きます。私は、よし立派な軍人の亀鑑たらずとも、高等の教養を受けた日本人の一人として、何等恥ずる所のない行動をとって来た筈です。それなのに、図らずも私に戦争犯罪者なる汚名を下されたことが、孝子の縁談や家の将来に何かの支障を与えはせぬかと心配でなりません。「カーニコバル」に終戦まで駐屯していた人ならば、誰も皆、私の身の公明正大を証明して呉れます。何うか私を信じて安心して下さい。

○私の最も気掛かりなのは、私の死後、一家仲良く暮して行って下さるかと言うことです。私の記憶にある我が家は、残念ながら決して明朗なるものではなかった。私が死に臨んで挨拶する父の顔も、必ずしも朗らかな笑顔でないことは、悲しいです。何うか私の死を一転機として、私への唯一の供養として、今後明朗な一家として日々を送って下さい。不和は凡ての不幸不運の基のようなきがします。因縁論者ではないが、此度の私の死も、其の遠因の一分が、或は其処から出ているのではないかとも、強いて考えられないこともないかも知れません。新時代の一家の繁栄の為に、唯、其の和合を「モットー」としてやって頂きたい。これが私が死に当って、切に父に希う一事であります。

○若しも人々の言うように、あの世というものがあるなら、祖父母にも、戦死した学友達にも会えることでしょう。あの世で、それ等の人達と現世の思い出語をすることも楽しみの一つとして行きましょう。又、人の言うように、若しも出来るものなら、あの世で蔭ながら父母や妹夫婦を見守って行きましょう。常に悲しい記憶を呼び起させる私かも知れませんが、私のことも時には思い出して下さい。そして却って日々の生活を元気づけるように考を向けて下さい。

○~~「ドイツ」人か誰かの言葉を思い出しました。~~
~~「生れざらむこそよけれ。生れたむには、生れし方へ急ぎ帰るこそ願はしけれ」~~（この2行は二線で削除）

○私の命日は昭和21年5月23日。

○私の遺品が充分送れないのは残念である。然し出来るだけの機会をとらえて、多くの人に遺品の一部づゝつを頼んだ。其の内の幾つかは着くであろう。英和、和英辞典、哲学通論、ズボン其の他である。又、福中英三氏も、私の遺品となるべき物を、何か持って居られるかも知れない、お尋ねして下さい。遥かの異郷に於て、血の繋がる福中氏と共に居られたことは幸福であった。氏は私のために心から嘆いて下さるであろう。最後お目に掛って、御礼を言えなかったことは残念である。宜しくお伝えして下さい。

もう書くことはない。愈々死に赴く。皆様、お元気で、さようなら。さようなら。

一、大日本帝国に新しき繁栄あれかし。

一、皆々様お元気で。生前は御厄介になりました。

一、末期の水を上げて下さい。
一、遺骨は届かない。爪と遺髪とを以て、それに代える。

注・父・木村久氏の写しは、以上である。以下の文は、「筆跡」や「木村久による写しA」（「遺書A」）の追記と照合すれば、久夫の妹の孝子が追記したものである。

辞　世

（独房に入りし初めの頃の歌）
悲しみも怒りも今はつき果てし　此のわびしさを抱《だ》きて死なまし
みんなみの露と消えなむ命もて　朝粥すゝる心わびしも
（中略の歌に）
朝粥をすゝりて思ふ故里の　父よゆるせよ母よなげくな
友のゆく読経の声をきゝながら　われのゆく日を指折りて待つ
（死の前夜の歌）
をのゝきも悲しみもなし絞首台　母の笑顔をいだきてゆかむ
風も凪ぎ雨もやみたりさわやかに　朝日をあびて明日《あす》は出でなむ

処刑半時間前擱筆す

（以上）

付録3　木村久夫遺稿についての主要参考文献

1、塩尻公明『或る遺書について』新潮社、1948年。
2、中谷彪『塩尻公明』（大学教育出版）出版、2012年、付録に塩尻公明「或る遺書について」を収録。
3、中谷彪『受取るの一手―塩尻公明評伝―』大学教育出版、2013年1月。
4、中谷彪『塩尻公明評伝―旧制一高教授を断った学究的教育者―』桜美林大学北東アジア総合研究センター、2013年。
5、中谷彪・関ほか編・塩尻公明『或る遺書について』桜美林大学北東アジア総合研究所、2013年2月。
6、中谷彪・関ほか編・塩尻公明『新版　或る遺書について』大学教育出版、2013年2月
7、中谷彪『塩尻公明と戦没学徒木村久夫―「或る遺書について」の考察―』大学教育出版、付録に久夫の「手記」と「遺書」と「略年譜」を収録、2014年7月。
8、加古陽治編著『真実の「わだつみ」』東京新聞出版、2014年8月。
9、中谷彪『「わだつみのこえ」木村久夫遺稿の真実』桜美林大学北東アジア総合研究所、2015年2月。
10、山口紀美子『奪われた若き命―戦犯刑死した学徒兵、木村久夫の一生―』幻冬舎、2015年11月。
11、中谷彪『戦没学徒　木村久夫の遺書―父よ嘆くな、母よ許せよ、私も泣かぬ―』桜美林大学北東アジア総合研究所、2016年7月。

あとがき

本書は拙著『戦没学徒　木村久夫の遺書』（2016年7月刊）に続いて執筆していた4つの論稿をまとめたものである。貴重な資料を分析するという論稿の性格上、想像以上に字数が多くなってしまった。しかし、資料それ自体が価値あるものであるので、〝原典から学ぶ塩尻公明論・木村久夫論〟と受け止めていただければ、望外の幸せである。

さて、本書の執筆に際して多くの人々にお世話になったが、そのお一人お一人の名前を挙げることは断念しなければならない。しかし以下の人々だけは、敢えてお名前を付してお礼を申し上げたい。

まず、貴重な資料を提供くださった塩尻先生のご遺族の塩尻道雄様、木村久夫氏のご遺族の木村泰雄様にお礼を申し上げたい。

また、資料と原稿との照合で協力を惜しまれなかった「塩尻公明記念館」の廣済喜代子副館長にお礼を申しあげたい。

つぎに、原稿を読んでくださり、貴重なご意見をくださった我那覇繁子様（大阪府立高津高等学校教論）に感謝したい。

最後に、出版事情の厳しい時期にもかかわらず、本書の刊行を快諾してくださった一般財団法人・アジア・ユーラシア総合研究所と川西重忠所長とに、心から感謝とお礼とを申し上げたい。

２０１８年１月21日

奈良県五條市西吉野町和田52　塩尻公明記念館

中　谷　彪

（著者略歴）
中　谷　　彪（なかたに　かおる）
1943年　大阪府に生まれる
1966年　神戸大学教育学部教育学科卒業
1968年　東京大学大学院教育学研究科修士課程修了（教育学修士）
1972年　東京大学大学院教育学研究科博士課程単位取得退学
1979年　イリノイ大学、ウィスコンシン大学客員研究員
1988〜9年　トリニティー大学・文部省在外研究員
専　攻　教育学・教育行政学
職　歴　大阪教育大学講師、助教授、教授、学長を経て退官
現　在　大阪教育大学名誉教授、博士（文学・大阪市立大学）
　　　　塩尻公明研究会（代表）・塩尻公明記念館（館長）n-kaoru43@plum.plala.or.jp

主要著・訳書
『戦没学徒 木村久夫の遺書』、『「きけ わだつみのこえ」木村久夫遺稿の真実』、『塩尻公明評伝』（以上、桜美林大学北東アジア総合研究所）、『塩尻公明と戦没学徒木村久夫』、『塩尻公明―求道者・学者の生涯と思想』、『受取るの一手―塩尻公明評伝』、『塩尻公明と河合栄治郎』、『現代教育思想としての塩尻公明』（以上、大学教育出版）、『アメリカ教育行政学』（溪水社）、『教育風土学』、『1930年代アメリカ教育行政学研究』（以上、晃洋書房）、J．H．ニューロン『社会政策と教育行政』共訳、同『デモクラシーのための教育』、G．S．カウンツ『地域社会と教育』共訳（以上、明治図書）、R．E．キャラハン『教育と能率の崇拝』共訳、教育開発研究所、カウンツ『シカゴにおける学校と社会』共訳、大学教育出版、R．E．キャラハン『アメリカの教育委員会と教育長』共訳、F．W．テイラー『科学的管理法の諸原理』共訳（以上、晃洋書房）、他多数。

現代に生きる塩尻公明と木村久夫

2018年2月15日　初版第1刷発行

著　者　中谷　彪
発行者　川西　重忠
発行者　一般財団法人 アジア・ユーラシア総合研究所
〒151-0051　東京都渋谷区千駄ヶ谷1-1-12
Tel/Fax：03-5413-8912
http://www.obirin.ac.jp
E-mail: n-e-a@obirin.ac.jp
印刷所　株式会社厚徳社

2018 Printed in Japan
ISBN978-4-909663-02-3